Klaus Reinhardt

Vom Wissen zum Buch

Verlag Hans Huber

Psychologie Sachbuch

HUBER

Klaus Reinhardt

Vom Wissen zum Buch

Fach- und Sachbücher schreiben

2., überarbeitete und erweiterte Auflage

Verlag Hans Huber

Adresse des Autors:

Dr. Klaus Reinhardt
Immentalstr. 9
DE-79014 Freiburg
Tel.: +49 (0)761 2022380
E-Mail: reinhardt@vom-wissen-zum-buch.de
www.vom-wissen-zum-buch.de

Lektorat: Tino Heeg
Herstellung & Gestaltung: Daniel Berger
Umschlag: Claude Borer, Basel
Umschlagbild: istockphoto
Inhaltbilder: Atelier Mühlberg, Basel
Satz: Claudia Wild, Konstanz
Druck und buchbinderische Verarbeitung: AZ Druck und Datentechnik GmbH, Kempten
Printed in Germany

Bibliografische Information der Deutschen Nationalbibliothek
Die Deutsche Nationalbibliothek verzeichnet diese Publikation in der Deutschen Nationalbibliografie; detaillierte bibliografische Daten sind im Internet über http://dnb.d-nb.de abrufbar.

Anregungen und Zuschriften bitte an:
Verlag Hans Huber
Hogrefe AG
Länggass-Strasse 76
CH-3000 Bern 9
Tel: 0041 (0)31 300 45 00
Fax: 0041 (0)31 300 45 93

2. Auflage 2011

(E-Book-ISBN 978-3-456-94917-8)
ISBN 978-3-456-84917-1

Inhalt

Vorwort

Der Experten-Status wird mir immer etwas peinlich bleiben. Ich weiß, was dieses Buch leistet und wie viel Arbeit und Erfahrung darin steckt. Aber manche der freundlichen Rückmeldungen, die der ersten Auflage von unerfahrenen Autoren zuteil wurden, klangen so, als stünde darin die einzig wahre Anleitung, wie man ein nicht-fiktionales Buch schreiben müsse. Dem ist nicht so: Letztlich schreiben Sie Ihr eigenes Buch, auf Ihre eigene Weise. Um es mit der beliebtesten Metapher für die Lektoratsarbeit auszudrücken: Die Hebamme sollte nicht so tun, als würde sie das Kind zur Welt bringen.

Trotzdem ist man natürlich dankbar für Anerkennung. Aus den Zuschriften habe ich gelernt, dass meine Leserschaft weniger akademisch ist, als ich sie mir zu Beginn vorgestellt hatte. Es scheint immer noch so, als würden deutschsprachige Wissenschaftler keine Autorenratgeber benutzen – oder es wenigstens nicht zugeben. Es bleibt noch viel zu tun, um eine Kultur der Aufklärung wie in den angelsächsischen Ländern zu schaffen, in der die besten Experten sich den bestmöglichen Rat holen, um ein möglichst breites Publikum zu erreichen. Wer auf Deutsch schreibt, sieht anscheinend noch oft die falsche Alternative von Trivialität oder Unlesbarkeit. Dagegen kämpfe ich weiterhin.

Aber es gibt offenbar eine größere Gruppe von Berufstätigen, die ihre Erfahrungen gerne in seriöse Fach- und Sachbücher umsetzen würden, dafür auch Arbeit in Kauf nehmen, und die anscheinend von vielen Verlagen nicht ernst genug genommen werden. Ihnen verdanke ich in den letzten drei Jahren zahlreiche anregende Gespräche, und letztlich auch die Möglichkeit, eine zweite Auflage dieses Buches zu schreiben.

Ich habe die Zeit genutzt, um weitere Autorenratgeber zu lesen, besonders amerikanische. Sie haben meine grundsätzliche Haltung nicht umgestoßen, mich aber auf viele neuen Ideen gebracht, von denen einige in dieses Buch eingeflossen sind. Es teilt daher mit dem Autor eine Tendenz, die für Nachauflagen unausweichlich zu sein scheint: dicker zu werden. Ich hoffe, Sie nehmen es trotzdem leicht, als das angeregte Geplauder unter Bücherliebhabern, als das ich es Ihnen anbiete.

Freiburg, im Januar 2011

Klaus Reinhardt

Vorwort zur ersten Auflage

Nach einem Vortrag auf der Frankfurter Buchmesse bezeichnete mich der Rezensent der «Neuen Zürcher Zeitung» als «Autor eines Fachbuchs über das Schreiben von Fachbüchern». Er wusste nicht, dass es dieses Buch noch gar nicht gab – ja, dass sein spöttisches Lob mit zum Anstoß wurde, dass ich es überhaupt schreiben wollte.

Wenn man ein Fachbuch über das Schreiben von Fachbüchern schreibt, gerät man in eine vertrackt selbstreflexive Position. Ich habe mir beim Schreiben dieses Buches ständig selbst über die Schulter geblickt, und ich hoffe dadurch keine bleibenden Deformationen davongetragen zu haben. Jedenfalls garantiere ich Ihnen, dass Sie in diesem ganzen Buch keinen einzigen Tipp finden werden, den ich nicht an mir selbst ausprobiert und als hilfreich empfunden hätte.

Andererseits habe ich dieses Buch nicht für mich geschrieben. Schreiben ist eine sehr individuelle Tätigkeit, und würde ich Ihnen alles erzählen, was mir dabei hilft, würde ich Sie mit vielem langweilen. Ich habe aber die Erfahrung gemacht, dass es einige einfache Überlegungen gibt, die den meisten Autoren das Schreiben eines nicht-fiktionalen Buches sehr viel leichter machen. Diese Erfahrung verdanke ich einerseits einer langjährigen Tätigkeit als Lektor, in der ich über fünfhundert Buchprojekte betreut habe, andererseits unzähligen Seminaren über wissenschaftliches Schreiben. Mit manchen Problemen haben viele Autoren immer wieder zu kämpfen, und es spricht nichts dagegen, aus Fehlern anderer klug werden.

Meistens geht es gar nicht um Richtig oder Falsch, sondern eher um mehr oder weniger umständliche Wege zum Ziel. Dieses Buch kann kein Leitfaden für «richtiges Schreiben» sein, aber es kann Ihnen helfen, mit reduziertem Aufwand zu Ihrem eigenen Schreiben zu finden. Es vermittelt nicht in erster Linie Regelwissen, sondern regt zu einer grundsätzlichen Einstellung an, die das Schreiben eines Buches angenehmer und effektiver macht. Deshalb können Sie auch nur ein bisschen darin herumlesen, anstatt es brav abzuarbeiten.

Wenn Sie es doch von vorne nach hinten lesen, werden Sie feststellen, dass der Ablauf einem realen Buchprojekt folgt: Kapitel 1 konkretisiert Ihre Planungen von der vagen Frage, ob Bücherschreiben überhaupt etwas für Sie wäre, bis zum unterschriebenen Verlagsvertrag. Kapitel 2 begleitet Sie beim Schreiben der ersten Fassung, während Kapitel 3 Ihnen hilft, dieses Rohmaterial zu sortieren. In diesen ersten Stadien ist übertriebene Selbstkritik Ihr größter Feind, deshalb habe ich alle Hinweise zu «gutem Schreiben» für später aufgespart. Kapitel 4 und 5 regen dazu an, Ihr Manuskript so lange zu bearbeiten, bis Sie die bestmögliche Version gefunden haben. Denn auch wenn Sie dieses Buch in einem fortgeschrittenen Stadium Ihres Schreibprojekts lesen, kann es Ihnen helfen, Durststrecken zu überwinden und Ihrem Buch den letzten Schliff zuteil werden zu lassen, den es verdient.

Der erste Glaubenssatz eines Lektors lautet: Es gibt keine perfekten Bücher, sondern nur verbesserbare. Ich würde mich freuen, wenn Sie an der Verbesserung dieses Buches mitwirken würden, indem Sie mir Ihre Meinung dazu sagen. Sie können das anonym auf www.amazon.de tun oder direkt an meine auf S. 4 angegebene Adresse. Wenn Sie Fragen zu Ihrem persönlichen Buchprojekt haben, werde ich mich bemühen, Ihnen weiter zu helfen.

Danken möchte ich neben meinen Gesprächspartnern Werner Bartens, Klaus Hurrelmann, Tilmann Moser, Maja Storch und Gabriele Weiss, außerdem ganz besonders meinen unschätzbaren Testlesern Ulrike Boos, Cornelia Brink, Frauke Koppelin, Julia Obertreis, Angelika Rees und Isabelle Ziem, sowie für wichtige Gespräche und Anregungen Thomas Bender, Ulrich Bröckling, Götz Fabry, Jürg Flury, Doris Schaeffer und Peter Stehlin. Für das Geschenk der Stimmungsbilder und den schönen Umschlag danke ich Nicholas Mühlberg. Tino Heeg, Monika Eginger, Susann Seinig, Daniel Berger, Carsten Königsberg und Christian Liengme vom Verlag Hans Huber danke ich für die Bereitschaft, Ihre Professionalität einem Autor zur Verfügung zu stellen, den sie anderntags wieder als Kollegen ertragen mussten. Und natürlich Susanne, speziell für die unverdrossene Kritik an Überheblichkeiten, Tobias, speziell für den Anstoß zum Abschluss, und Jakob, speziell für musikalische Beratung; und allgemein dafür, dass Ihr meinen unvermeidlichen Autorengrößenwahn schon ertragen habt, als der Arbeitstitel dieses Buches noch «Fach- und Sachgeschichten mit dem Klaus» hieß.

Freiburg, den 26. Dezember 2007

Klaus Reinhardt

1 Planen Sie Ihr nächstes Buch

You can't always get what you want
But if you try
sometimes you might find
you get what you need
The Rolling Stones

1.1 Das Buch und das Leben: Warum schreiben Sie?

Dies ist ein Buch über das Schreiben von Büchern; aber einer besonderen Sorte von Büchern, nicht-schöngeistiger Literatur, *nonfiction*, Fach- und Sachbüchern. Ratgeber zu literarischem Schreiben gibt es genug.* Aber beim nichtfiktionalen Schreiben halten sich im deutschsprachigen Raum* hartnäckig zwei Vorurteile: erstens, dass es dort auf die literarische Qualität nicht so ankomme, solange der Autor fachlich kompetent genug sei; zweitens, dass man fachliches Schreiben nicht eigens lernen müsse oder überhaupt nicht lernen könne. Dieses Buch tritt an, um das Gegenteil zu zeigen.

Warum Sie überhaupt ein *Buch* schreiben sollen? Das fragt jemand, der gerade ein Buch in Händen hält?

Leser wollen Bücher

Für Leser steht der Sinn von Büchern ganz außer Zweifel. Die Rede vom Tod des Buches ist ebenso weltfremd wie die vom papierlosen Büro: Jede technische Neuerung hat dazu geführt, dass nur noch immer mehr Bücher veröffentlicht wurden, z. B. darüber, warum demnächst niemand mehr Bücher lesen wird.

* Die Sternchen beziehen sich auf die Anmerkungen ab S. 191.

Diese Hartnäckigkeit, mit der sich das alte Medium behauptet, hat gute Gründe. Aus Zeitschriftenartikeln oder dem Internet lassen sich viele nützliche, aber vereinzelte und verstreute Informationen entnehmen; *Wissen* in einem umfassenden Sinn erwirbt man aus Büchern. Deshalb wird es weiterhin Bücher geben, und nicht nur solche, die man zur Unterhaltung liest, sondern auch solche, die Wissen vermitteln.

Veränderte Lesegewohnheiten

Allerdings ändert sich der Umgang mit Büchern. Immer weniger Menschen lesen, weil sie das schon immer getan haben, weil sie sich einen Tag ohne Buch nicht vorstellen können. Heute lesen die meisten auch Fachliteratur nutzenorientiert oder hedonistisch: weil sie sich einen unmittelbaren Mehrwert davon versprechen, aber auch weil und nur solange ihnen das Buch gefällt. Auch der wichtigste Vertreter eines Fachgebietes kann nicht mehr sicher sein, dass Studierende sein Buch lesen, wenn sie es nicht nützlich und interessant genug finden.

Vor allem hat mit dem Internet eine wesentliche Funktion von Büchern Konkurrenz bekommen: die Vorratshaltung von Informationen. Traditionell wurden Fach- und Sachbücher, vor allem die dicken mit den vielen Autoren, oft gekauft, um in die Bibliothek gestellt und bei Bedarf hervorgeholt zu werden. Das brauchen wir nun nicht mehr. Heute unterscheidet sich der Zugang zu nichtfiktionalen Büchern nicht wesentlich von der Entscheidung für oder gegen einen Krimi: Wir blättern das Buch (in der Buchhandlung oder im Internet) durch, lesen es an, und nur wenn es hier und jetzt attraktiv erscheint, kaufen wir es, um es dann auch gleich zu lesen. Wertvolle, aber schwer erschließbare Informationen sind kein hinreichender Grund mehr, ein Buch zu lesen; denn das bietet das Internet auch. Leser erwarten von einem nichtliterarischen Buch wie eh und je, dass es ihnen die Arbeit abnimmt, verstreutes Wissen zusammenzutragen. Aber neuerdings fordern sie auch, dass es lesbar ist, womöglich sogar Spaß macht. Herumsuchen kann man auch am Bildschirm; nur ein Buch macht es möglich, sich auf die Couch zu legen und zu genießen, während man sich informiert.

> Wenn Ihnen beim Schreiben Zweifel kommen, ob das lesbar ist und überhaupt jemanden interessiert: Denken Sie an den Leser auf der Couch. Drucken Sie aus, was Sie gerade geschrieben haben, und lesen Sie es selbst im Liegen.

Chancen für neue Autoren

Was bedeutet das für Sie als Autor eines zukünftigen nichtfiktionalen Buches? Sie sind vermutlich, wenn Sie das hier lesen, nicht die Altmeisterin Ihres Fachs, sondern eher jünger, offen, experimentierfreudig, durchdrungen von echter Begeisterung für Ihre Sache und dem Willen zur Aufklärung Ihrer Leser. Dann arbeitet Ihnen die Entwicklung entgegen. Etablierte Schulen, abgesteckte Claims, große Namen – das alles verliert an Bedeutung. Das ist Ihre Chance. Sie müssen nicht die weltgrößte Koryphäe zu dem Thema sein. Alles, was Sie tun müssen, ist ein verdammt gutes Buch zu schreiben.

Das Wissen haben Sie!

Und das können Sie. Sie sind Expertin, Fachmann, Spezialistin. Im Vergleich zu literarischen Autoren haben Sie den großen Vorteil, dass Sie noch etwas anderes gelernt haben als Schreiben. Es ist doch immer wieder erstaunlich, wie klein der Kreis der Menschen ist, die eine spezielle Sache wirklich beherrschen und dann auch noch verständlich beschreiben können. Fach- und Sachbücher haben denn auch wesentlich bessere Veröffentlichungschancen als Romane oder gar Kinderbücher oder Gedichte.

Ich werde Sie gelegentlich auch als Wissenschaftler bezeichnen, denn die meisten Fach- und Sachbuchautoren haben eine akademische Ausbildung. Ich bin keineswegs der Meinung, nur Professoren könnten erfolgreiche Fach- und Sachbücher schreiben. Vielleicht arbeiten Sie nicht an einer Hochschule, sondern wollen Ihre Praxiserfahrungen zu Büchern machen; dennoch wird Ihr Denken und noch mehr Ihr Schreiben tiefgreifend von der deutschen Wissenschaftstradition geprägt sein. Von manchen Problemen dieser Prägung wird noch die Rede sein, hier erst einmal das Positive: Ich bin sicher, dass Sie das Bücherschreiben erst in Erwägung ziehen, nachdem Sie sich ausgezeichnet im Thema auskennen. Deshalb spare ich mir alle Ratschläge zur Beschaffung von Wissen, zum Recherchieren, Bibliografieren und dergleichen. Damit hätte ich auch so meine Probleme, denn die Methoden der Wissensbeschaffung sind derart unterschiedlich für den Mikrosystemtechniker, die Anwältin, den Atemtherapeuten, die Eventmanagerin oder was auch immer sonst Sie sein mögen, dass ich mich mit allgemeinen Tipps nur blamieren würde. Für fast jedes Fach gibt es gute Bücher darüber, wie Sie sich Literatur besorgen. Ich gehe davon aus, dass Sie bereits eine große Schachtel oder einen Ordner mit Fotokopien und die einschlägigen Fachbücher gesammelt haben. Weitergehende Recherchen sind erst nötig, wenn Sie im Schreibprozess auf eine Wissenslücke stoßen. Der Buchplan hängt nicht davon ab, sondern von der Erfahrung und dem intuitiven Gesamtwissen über ein Thema, das in Ihrer Person verkörpert ist.

Jetzt geht es darum, wie aus Ihrem unzweifelhaft vorhandenen Wissen ein Buch wird. Dazu finde ich es sinnvoll, noch einmal aus Ihrer, aus Autorensicht zu überlegen, wozu ein Buch gut sein soll.

> Machen Sie sich nicht zu viele Gedanken, ob Sie überhaupt ein Buch schreiben wollen. Ob ein Weg gangbar ist oder in die Irre führt, stellt sich erst heraus, wenn wir ihn ein Stück weit gehen. Nachdem die Buchidee einmal in Ihrem Kopf aufgetaucht ist, lohnt es sich, sie zumindest eine ganze Strecke weiterzuverfolgen.

Schreiben aus Vergnügen

Weshalb gehen Sie so zögerlich mit der Entscheidung um, ein Buch zu schreiben? Dass es Arbeit macht und Zeit kostet, ist völlig richtig, aber ein schwaches Argument. Wenn es nicht um die Niederschrift Ihres fachlichen Wissens ginge, wenn Schreiben bloß Ihr Hobby wäre, dann wäre Ihnen der Zeitaufwand auch egal. Wie die Weinwerbung sagt: «Es dauert lange, ein Bordeaux-Kenner zu werden. Aber es ist eine schöne Zeit.» Abends immer mal wieder ein halbes Stündchen vor sich hin schreiben, den einen oder anderen Urlaub mit einem Notizbuch verbringen, das kann man schwerlich als Strapaze ansehen. Aber genau so entstehen gute Bücher.

Ob Ihnen das Schreiben Spaß macht, entscheidet tatsächlich mit über die Wirkung das Buches. In Zeiten, in denen Wissen zunehmend nach dem Spaßprinzip konsumiert wird, hat die Autorin einen Vorsprung, deren Texten man die Freude am Schreiben anmerkt. Hätscheln und pflegen Sie Ihre Schreiblust. Sie werden sie brauchen, um Durststrecken zu überstehen, und letztlich wird sie Ihnen bei Verlagen und Lesern mindestens so viel Sympathien einbringen wie Ihre fachliche Qualifikation.

Große Erwartungen

Aber das ist nicht Ihre einzige Sorge. Mag ja sein, dass es Spaß machen könnte, ein Buch zu schreiben; mag auch sein, dass Leser davon profitieren könnten. Aber wird es denn jemanden interessieren? Die Frage ist, wen Sie sich unter «jemandem» vorstellen. Die meisten potenziellen Autoren zögern oder werden mit ihrem Buch nie fertig, weil ihre Erwartungen im Grunde viel zu hoch sind. Ein paar hundert Leser findet jedes Buch, und dass sich ein paar hundert Menschen derart intensiv mit Ihrem Lieblingskind beschäftigen, müsste Sie eigentlich schon wunschlos glücklich machen. Nur Ihre weiter gespannten Erwartungen stehen dem entgegen.

Wer meint, dass ein Buch zu schreiben sich nicht lohne, weil die Leute ja doch nicht mehr läsen, der sagt damit: Die Lust am Schreiben ist mir zu wenig Motivation, ich will bei ganz vielen ganz groß rauskommen. Gut, lassen Sie uns diese Träume genauer ansehen, um zu einer realistischen Einschätzung dessen zu kommen, was ein Buch für Sie tun kann.

> Der Nutzen eines Fach- oder Sachbuches für den Autor ist fast immer ein sekundärer: Sie machen das nicht zum Geldverdienen. Deshalb finde ich es wichtig, sich die primären Motive von Anfang an ehrlich einzugestehen.

Was eigentlich erhoffen Sie sich für Ihr weiteres Leben davon, dass Sie ein Buch schreiben? Das muss keine zielstrebige, rationale oder moralisch hochstehende Begründung sein. «Ich würde auf Partys gerne davon sprechen, dass ich gerade an einem Buch schreibe», «Ich fühle mich beruflich unterfordert und brauche eine Nebenbeschäftigung, um langweilige Bürozeiten zu überstehen» oder «Ich möchte bei den Fortbildungen, die ich anbiete, zusätzlich am Verkauf des Buches verdienen» sind ausgezeichnete Motivationen.

Veröffentlichungen und Karriere

Zu Stellen, Aufstieg und Gehaltserhöhungen kommen Sie zunächst durch die mit einer akademischen Ausbildung verbundenen Qualifikationsschriften (Diplomarbeit, Masterarbeit, Dissertation). Viele Doktoranden sind auf ihre Qualifikationsschrift so fixiert, als wollten sie nie wieder ein anderes Buch schreiben. Das tut der Dissertation nicht gut, und schon gar nicht ihrer Umsetzung in eine akademische Karriere. Die entscheidet sich an Artikeln in (englischsprachigen) Fachzeitschriften. Daneben behält für Hochschulkarrieren das «zweite Buch» seine Bedeutung, in Deutschland oft noch in der Sonderform der Habilitationsschrift. Und irgendwann werden Sie mehr als nur die formalen Qualifikationen erfüllen wollen: Sie werden Themen «besetzen» wollen, bei deren Diskussion man nicht an Ihnen vorbei kommt. Und außerhalb der Universität regiert der ökonomische Zwang, sich mit einem Thema gut zu verkaufen. Da geht es ausschließlich darum, dass die richtigen Leute Ihren Namen kennen, und dazu taugt ein Buch allemal mehr als eine sperrige Qualifikationsarbeit und viele Einzelaufsätze.

Sich einen Namen machen

So oder so: Sie wollen «sich einen Namen machen», genauer gesagt, den eigenen Namen auf Dauer mit gewissen Themen und Begriffen verknüpft sehen. Mit zunehmendem Alter wird das für Fachleute die entscheidende Frage: Welche Spuren habe ich hinterlassen, wer kennt mich – nicht unbedingt im Sinne des Ruhms bei der breiten Masse, aber des Ansehens, das mein Name und meine Arbeit bei einigen wichtigen Menschen haben. Das erreichen Sie einerseits, indem Sie als Person öffentlich und medial präsent sind, in Vorträgen, Seminaren, Zeitungsinterviews, Podiumsdiskussionen, Fernsehauftritten. Zum anderen setzt ein derartiger Expertenstatus voraus, dass die Zuhörer und Zuschauer die seriösen, gewichtigen Grundlagen Ihrer Aussagen in Ruhe nachlesen können. Und damit sind wir wieder bei den Büchern.

Der Entschluss, Autor zu werden

Beide Motivationen – die Freude am Schreiben und der Wunsch, sich einen Namen zu machen – bedeuten zusammen genommen, dass das Schreiben von Büchern zu viel mit der Person und dem Leben der Autorin zu tun hat, um als bloße Endstufe einer sonstigen Tätigkeit funktionieren zu können.

> Fach- und Sachbücher leben von der Kompetenz des Autors, und wenn Sie nicht mit Ihren ganzen Erfahrungen und Ihrer Persönlichkeit hinter dem Thema stehen können, dann ist es nicht das richtige für Sie.

Schon der Verlag, erst recht die Leser werden fragen: Wer sind Sie überhaupt? Was qualifiziert Sie dazu, dieses Buch zu schreiben?

Autoren berufen sich manchmal auf den überwältigenden Erfolg des mittelmäßigen Buches eines Prominenten: «Was der kann, kann ich schon lange.» Was das reine Schreiben angeht, mag das stimmen; aber der Promi hat zuvor eine Menge dafür getan, einer zu werden.

Das Fachwissen und damit das allgemeine Thema haben Sie längst, und Sie wissen auch, dass Ihnen ein Buch mit Ihrem Namen darauf gefallen würde. Was Ihnen fehlt, ist der Entschluss, es auch wirklich zu schreiben; das Schreibprojekt so anzulegen, dass Sie sich mit Ihrer ganzen Person, mit Haut und Haaren hineinstürzen können. Nehmen Sie Schreiben als Schreiben ernst. Auch wenn das Buch vollständig auf Ihrer Forschung, Ihrer Qualifikationsarbeit, Ihrem in der Praxis bewährten Vorgehen beruht, ist das doch noch immer eine besondere Entscheidung: Ich schreibe jetzt ein Buch.

Zeitplanung

Diese Entscheidung will geplant und überlegt sein, denn sie wird einen erheblichen Teil Ihres Lebens beanspruchen. In **Tabelle 1** finden Sie einen Zeitplan für ein Sachbuch von 100 oder 150 Seiten, das Sie alleine und neben einer vollen Berufstätigkeit schreiben wollen. Dann ist der dargestellte Zeithorizont von zwei Jahren realistisch; das heißt, man kann alle zwei Jahre ein Buch veröffentlichen, auch wenn man nebenher zu tun hat.

Das kann nur ein Beispiel sein (und nicht zufällig war es das Entstehungstempo dieses Buches). Für Qualifikationsschriften, Mehrautorenbücher und Lehrbücher brauchen Sie natürlich mehr Vorlauf. Ein kurzes Sachbuch dagegen lässt sich auch schneller auf den Markt bringen. Der Zeitplan ist so angelegt, dass Sie zwei derartige Projekte ineinander schieben könnten – in der Mitte der Arbeit am ersten Buch das zweite beginnen –, um jedes Jahr zu einem Buch zu kommen. Auf jeden Fall sollten Sie einkalkulieren, dass von der Fertigstellung der Rohfassung bis zum fertigen Buch mehr Zeit vergehen wird, als Sie für das Schreiben dieser ersten Fassung gebraucht haben.

Sie werden bald den Ihnen gemäßen Rhythmus finden, und Sie werden herausfinden, wie viel Termindruck Ihnen gut tut. Nur ganz ins Blaue hinein, ohne jeden Abgabetermin, würde ich nicht schreiben, sonst besteht die Gefahr, dass Sie Ihr Schreiben selbst nicht mehr ernst genug nehmen und es in der Flut anderer Aufgaben untergeht. Außerdem entlastet es die Erwartungen an das erste Buch, die bei uns allen zwischen Größenwahn und Depression pendeln, wenn Sie von vorneherein das zweite mitplanen. Dann wird jedes Buch mit seinen Freuden und Verzweiflungen nur eine Phase nach dem vorherigen und vor dem nächsten, und es ist eingebettet in eine Publikationsstrategie, die ebenso Zeitschriftenartikel, Beiträge und öffentliche Auftritte beinhalten kann.

Das heißt nicht, dass ich unbedingt dazu rate, ständig neue Bücher zu produzieren, oder dass ich Sie nicht ernst nehme, wenn Sie nur ein einziges Buch schreiben wollen und dann nie wieder. Bestimmend bleibt Ihre ehrliche Vorstellung davon, welche Bedeutung Ver-

Tabelle 1: Beispiel für einen Zeitplan

Weihnachten 2011	Ich habe da so eine Idee …
Januar 2012	Projektskizze
Januar bis März 2012	Verhandlungen mit Verlagen, erste Schreibversuche, Themenliste
März bis Mai 2012	nachlesen, Spezialliteratur besorgen, Aufsatz zu einem Teilthema schreiben
April bis Juni 2012	Rohfassung schreiben
Juli 2012 (Schweden)	Schreiburlaub, Rohfassung fertigstellen
August 2012	erste Leser suchen
September 2012	mit Gliederung experimentieren, Literatur überprüfen, Fehlendes ergänzen
Oktober 2012	Lesefassung zusammenstellen und herumschicken
Weihnachten 2012	Rückmeldungen sichten
Januar 2013 (Kanaren)	Satz für Satz überarbeiten
Februar 2013	Manuskript für Verlag vorbereiten und abgeben
April 2013	Abzüge lesen
August 2013	Buch erscheint: Buchvernissage, Pressekonferenz
September bis Oktober 2013	Vorträge halten
Weihnachten 2013	nachdem ich mir jetzt einen Namen als … gemacht habe, wäre doch die nächste Idee …

öffentlichungen für Ihr Leben haben sollen. Lassen Sie sich nicht einreden, das Buch müsste unbedingt das ultimative Großwerk werden, wenn es Ihnen eigentlich nur darauf ankommt, dass es zügig erscheint. Nehmen Sie sich umgekehrt so viel Zeit, wie Sie brauchen, wenn Ihr Herz daran hängt.

Setzen Sie sich jetzt gleich hin und schreiben Sie einen großzügigen Masterplan bis zum Erscheinen des Buches.

Die strategische Publikationsplanung ist ein Teil der Lebensplanung. Sie fügen dem Planungs-Polygon «Arbeit – Beziehung – Kinder –

Ort – Geld» einfach eine weitere Ecke hinzu. Ich will die beliebte Metapher vom Bücherschreiben als Kinderkriegen nicht überstrapazieren, aber auch das erste Buch ist eine Lebensentscheidung. Familienplanung heißt auch hier nicht, dass Sie mit 25 Jahren jeden weiteren Schritt festgelegt haben. Aber die Entscheidung zu schreiben ist eine grundsätzliche, und meist bleibt es doch nicht beim Einzelkind. Natürlich kommt wie im richtigen Leben am Ende alles ganz anders, als Sie es geplant haben. Doch Träumen ist nicht nur erlaubt, sondern lebensnotwendig, wenn Sie Ihre begrenzte Energie sinnvoll einteilen wollen. Viele Themen und Termine von Veröffentlichungen werden Ihnen von Vorgesetzten oder vom Zufall aufgedrängt; aber lassen Sie nicht zu, dass Ihre ganze Schreibkarriere fremdbestimmt wird. Die Themen, mit denen Sie sich schließlich einen Namen machen werden, können nur Ihre eigenen sein.

Fünf Muster für Publikationsstrategien:

Denken Sie nicht so viel daran, was die anderen sagen werden, ob man Ihr Buch oder Ihre Bücher loben wird und ob sie hohe Auflagen erreichen. Dafür ist immer noch Zeit, wenn Sie geklärt haben, welche Funktion das Bücherschreiben für Sie selbst und Ihr Leben haben wird. Ich will Ihnen fünf Muster von Publikationsplanung darstellen. Ich habe die Gesprächspartner für dieses Buch so ausgesucht, dass sie für unterschiedliche Publikationsstrategien stehen und bezeugen, dass es viele Wege zum Glück gibt.

- **Der Wissenschaftler**

Da wäre einmal die klassische wissenschaftliche Laufbahn. Wie Sie dem Gespräch mit Klaus Hurrelmann (S. 97) entnehmen können, spielen Bücher für Hochschulkarrieren immer noch eine große Rolle, weil sie umfassende Themengebiete besetzen. Um solche Besetzungen sollte man sich früh kümmern. Die beiden typischen Formen sind die zu einem Buch mit achtunggebietendem Titel umgearbeitete Dissertation und das Sammelwerk, das Sie herausgeben und in das Sie alle einbinden, die auch noch etwas zum Thema zu sagen haben. Danach treten Bücher eine Zeitlang in die zweite Reihe zurück. Statt dessen feuern Sie Aufsätze in einem Tempo ab, dass man gar nicht umhin kommen wird, Sie zu Bewerbungsvorträgen einzuladen. Sobald Sie eine halbwegs sichere Stelle haben, wird Ihr hochgelobtes, wenn auch selten gelesenes Mammutwerk erscheinen. Noch während Sie zu diesem Thema auf jedem Fachkongress einen Vortrag halten, überraschen Sie alle mit einer kleinen, allgemein verständlichen und provokativen Monografie, die eine mittlere Feuilletondebatte auslöst und Ihnen zwei Fernseheinladungen einbringt. Ab da sind Sie in Ihrer Fakultät unanfechtbar und können einen Gang zurückschalten, um mit einem inzwischen eingespielten Kollegenteam das ultimative Lehrbuch zu schreiben.

- **Die Grenzgängerin**

Ich weiß, die Zahl solcher Positionen, wo Sie vom Forschen und Schreiben sorglos leben können, ist begrenzt. Also Muster 2: die Schreibkarriere an der Grenze zur Hochschule. Es sieht nicht so aus, als würde aus Ihnen der Großordinarius, aber Sie haben vielleicht eine befristete Stelle, wo Sie viel lehren und/oder Auftragsforschung betreiben. Daneben arbeiten Sie zielsicher auf das eigene Ausbildungsinstitut, Repetitorium, Forschungsinstitut oder Beratungsunternehmen hin. Vor allem erwerben Sie die Kompetenz, der Fachpraxis oder Fachöffentlichkeit das zu vermitteln, was sie wirklich braucht: ohne langatmiges wissenschaftliches Brimborium geschriebene Lehrbücher und Praxisanleitungen. Wenn Sie noch eins drauf setzen wollen, machen Sie sich mit Sachbüchern auch dem breiteren Publikum bekannt. Bei uns erwartet man nicht wie in englischsprachigen Ländern von den hochrangigsten Wissenschaftlern, dass sie immer wieder ein populäres Sachbuch schreiben; umso mehr Platz ist für Grenzgänger. Die Qualität dieser Bücher wird die beste Werbung für Ihre Nebentätigkeit sein; vielleicht wird sie dadurch erst zum Hauptberuf. Man wird Ihren wissenschaftlichen Hintergrund schätzen; als Gutachterin oder Berater werden Wirtschaftsunternehmen und Politiker Sie aber deshalb einladen, weil man verstehen kann, was Sie schreiben. Wenn Sie darüber hinaus, wie Maja Storch (S. 163) freimütig erklärt, mit dem Schreiben richtig Geld verdienen, umso besser.

■ **Der hauptberufliche Autor**

Muster 3 ist, vom Verkauf der eigenen Bücher leben zu wollen. Das kann gehen, allerdings nur mit Sachbüchern und nur dann, wenn Sie die Bedürfnisse Ihrer Zielgruppe ganz genau treffen und darüber hinaus noch Freude am massenmedialen Auftritt haben. Sie müssen nicht zum abgedrehten Guru werden; Werner Bartens (S. 127) steht dafür, dass man auch mit völlig seriösen Themen sehr erfolgreich sein kann, wenn man sie so aufbereitet, dass alle Welt sie versteht. Dann sind Sie allerdings auf Gedeih und Verderb dem Markt ausgeliefert; da Sie ohnehin fachlich auf dem Laufenden bleiben müssen, wäre es vielleicht nützlich, nicht alle Brücken zu Ihrem erlernten Beruf abzubrechen.

■ **Der selbstständige Experte**

Die meisten Leser dieses Buches, nehme ich an, werden einen anderen Weg gehen. Die meisten wissenschaftlichen Ausbildungen münden in irgendeine Form von Fachpraxis. Auch und gerade in der Berufspraxis können Sie persönliche Freiräume vergrößern, indem Sie ein Buch schreiben. Nehmen wir an, Sie spezialisieren sich schon in den ersten Anstellungen auf ein zukunftsträchtiges Thema, und genau zur Eröffnung Ihrer Therapeutenpraxis oder Kanzlei kommt Ihr Sachbuch über Osteopathie, Angststörungen oder Erbrecht auf den Markt. Damit tingeln Sie durch die Lokalzeitungen, Telefonpanels und Volkshochschulkurse, um einen regionalen Expertenstatus zu erreichen, der Ihnen interessante Fälle zutreibt, aus denen Sie wiederum das nächste Sachbuch gewinnen. Ein äußerst produktives Beispiel für diesen Zirkel zwischen Praxiserfahrung und Schreiben stellt Tilmann Moser dar (S. 71).

■ **Die glückliche Gelegenheitsautorin**

Auch das muss nicht sein. Vielleicht sind Sie in Ihrer Berufstätigkeit völlig zufrieden. Nur einmal im Leben reizt es Sie – wie es

Gabriele Weiss (S. 45) und mich gereizt hat –, das angesammelte Wissen weiterzugeben: sei es als Praxisanleitung an die nächste Kollegengeneration, sei es als Sachbuch an die Klienten Ihres langjährigen Tuns. Sie müssen dann nur streng darauf achten, dass Sie nicht all ihr Wissen in das Buch packen, sondern nur das, was diese Leser brauchen können. Ihre Publikationsstrategie besteht in diesem Fall darin, den Buch-Solitär mit anderen öffentlichen Auftritten einzufassen. Und dann warten Sie in Ruhe ab, welche neuen Erfahrungen sich aus dem Status der Buchautorin ergeben. Mag sein, dass das so befriedigend ist, dass Ihnen doch noch ein weiteres Buchprojekt einfällt.

Langfristig planen

Im Grunde läuft jede individuelle Publikationsstrategie auf die alte Personalleiter-Frage hinaus: «Wo sehen Sie sich in fünf Jahren?» Schreiben Sie diese Vision auf (zeigen Sie sie niemandem!), und entwickeln Sie daraus die Kernzielgruppe (s. Kap. 1.2), die wichtigsten Themen und die Medien, die Sie brauchen.

Wenn Sie mehrere Buchpläne gleichzeitig im Kopf haben, denken Sie daran, dass man Sie am Verkaufserfolg des ersten Buches messen wird; soweit es sich mit Ihrer Lebensplanung vereinbaren lässt, schreiben Sie also das populärere Buch zuerst.

Bedenken Sie die unterschiedlichen Vorlaufzeiten. Ein Buch dauert am längsten, deshalb sollten Sie gleich damit anfangen. Eine Zeitschriftenpublikation oder ein Handbuchbeitrag wird so oft hin- und hergeschoben, gegengelesen, peer-reviewt und umterminiert, dass erstaunlich viel Zeit vergehen kann, bis in Ihrer Publikationsliste endlich das «im Druck» verschwindet. Ein Vortrag lässt sich ziemlich kurzfristig organisieren. Und die Medien interessieren sich für Experten nur dann, wenn sie von heute auf morgen zur Verfügung stehen.

Gebiete besetzen

Das Ideal wäre, alle Veröffentlichungen Jahre voraus auf den Punkt zu planen. Erinnern Sie sich noch an die Einstein-Welle 2005, den Freud-Hype 2006 oder die Darwin-Diskussion 2009? Ich bin sicher, dass es Tausende gab, die sich in der Relativitätstheorie, der Psychoanalyse oder der Evolutionsbiologie viel besser auskannten als die damals überall präsenten Experten. Aber zum Zuge kommen halt immer die, die genau zum richtigen Zeitpunkt das passende Buch mit dem einprägsamen Titel vorlegen, das überall besprochen wird. Ärgern Sie sich nicht darüber, sondern gehören Sie das nächste Mal dazu.

Lässt sich rund um den Erscheinungstermin laut Masterplan (sagen wir, ein halbes Jahr vorher bis zwei Jahre nachher) ein Ereignis oder Jubiläum vorhersehen, das Ihrem Thema mehr Aufmerksamkeit verspricht? Dann ist das ab jetzt der Termin, auf den Sie hinarbeiten.

Die Zeit ist günstig. Während viele über den Niedergang des Buches jammern, bieten sich gute Chancen für Newcomer, die sich nicht an akademischen Traditionen orientieren, sondern an Leserbedürfnissen, und die wissen, was sie erreichen wollen. Ich sage ja nicht, dass Sie sich einen großen (oder nicht ganz so großen) Namen machen *müssen*, dass Sie in diese Welt noch weitere Bücher setzen müssen. Ich will Ihnen nur zeigen, dass Sie es mit vertretbarem Aufwand können, wenn Sie wollen.

1.2 Fachbuch oder Sachbuch: Für wen schreiben Sie?

Die Absicht des nächsten Buches

Nachdem Sie geklärt haben, welche Bedeutung dieses nächste Buchprojekt für Sie selbst hat, können Sie darüber nachdenken, welche Bedeutung es für künftige Leser haben könnte. Sonst geraten Sie in Versuchung, alles auf einmal erreichen zu wollen. Viele Autoren werden unglücklich, weil sie sich selbst und ihren Vorbildern beweisen wollen, dass sie das wissenschaftliche Handwerkszeug beherrschen, gleichzeitig aber auf ein Massenpublikum schielen. Wenn Sie dagegen wissen, was Sie mit dem nächsten Buch für sich erreichen wollen, dann können Sie einen Schritt weiter gehen und fragen: *Wen* wollen Sie erreichen?

Das Thema offen halten

Diese Formulierung führt weiter als die Frage, *worüber* Sie schreiben wollen. Schon klar: Sie werden wohl über das schreiben, worin Sie sich wirklich auskennen. Aber da ist noch viel Spielraum für Präzisierungen. Sie werden während des Schreibens ständig mit der genauen Beschreibung des Themas kämpfen, und es lohnt sich, diese Experimente auch schriftlich durchzuführen (vgl. Kap. 2.2).

> Denken Sie noch nicht über den ganzen Umfang Ihres Themas nach. Denken Sie lieber an den zentralen Punkt. Was ist die Botschaft, die Leser auf jeden Fall von diesem Buch erwarten?

Ganz am Ende werden Sie wissen, worüber Sie geschrieben haben. Jetzt sind noch unendlich viele Themenvarianten möglich, und Sie würden das Buchprojekt abwürgen, wenn Sie sich gleich festlegen wollten. Nachdem Ihr Entschluss zu schreiben nun feststeht, ist das Buch so etwas wie ein neuer Arbeitsplatz, und da verkündet man nicht am ersten Tag, wie der Laden von nun an zu laufen habe. Man schaut sich erst einmal um, fängt an zu arbeiten und sammelt Erfahrungen.

Markt und Konkurrenz

Genauer gesagt haben Sie sich auf eine freiberufliche Tätigkeit eingelassen. Da ist der Maßstab von Arbeitszufriedenheit und Erfolg nicht der Chef und die Kollegen, sondern der Markt. Ich bin kein Marktradikaler, und ich halte nichts davon, Schreiben als reine Vermarktung von Ideen zu begreifen. Dennoch lohnt es sich, ganz am Anfang darüber nachzudenken, wie denn der Markt Ihres Buches aussieht. Es macht wenig Spaß, als Freiberufler von Anfang an mit dem Rücken zur Wand zu stehen. Sie würden einen Buchladen nicht in einer Straße eröffnen, in der es schon einen gibt. Ebenso hat es wenig Sinn, ein Buch zu schreiben, das in direkter Konkurrenz zu einem erfolgreichen anderen stehen wird. Also schauen Sie sich mal an, was die anderen so anzubieten haben. Dazu brauchen Sie nicht gründlich zu bibliografieren, denn es interessieren ja nur die bekannten Konkurrenten. Weichen Sie ihnen klug aus.

> Schreiben Sie kein Buch, das es schon gibt.

Auch wenn es Sie lockt, dem unglaublich erfolgreichen Buch dieses Scharlatanen Müller ein viel besseres entgegenzusetzen: Die Leute haben sich an Müller gewöhnt und werden Ihr Buch für den zweiten Aufguss halten. Es muss doch etwas geben, was Müller komplett vergessen hat und was Ihr Buch sofort sichtbar unterscheidet.

Die Frage ist weniger, was Sie schreiben können, als was niemand außer Ihnen schreiben kann; Marketingfachleute nennen das die USP (*unique selling proposition*, einzigartiges Verkaufsargument). Suchen Sie sich eine Nische, in der sich nicht schon allzu viele drängeln, damit Sie in Ruhe arbeiten können.

Grenzen der Marktgängigkeit

Und dann vergessen Sie die Konkurrenten auch mal wieder für ein Weilchen. Für die schreiben Sie nicht. Entscheidend wird die innere Beziehung sein, die Sie zu Ihren Lesern aufbauen, nicht die «Marktgängigkeit» Ihres Buches. Es wird Leute geben, die Ihnen einreden, mit den richtigen Marketingtricks könnten Sie den todsicheren Bestseller produzieren*. Für Fachbücher ist das ganz unsinnig, und für Sachbücher immer noch sehr zweifelhaft. Selbst wenn es funktionieren würde: Ging es nicht darum, dass Sie sich einen Namen machen wollen, der zu Ihrer Person passt und zu dem, was Sie sonst tun?

Die Zielgruppe

Damit sind wir wieder bei der Frage, für wen Sie das Buch schreiben. Auf Marketingdeutsch heißt das die «Zielgruppe» des Buches. Es kann nur eine geben.

> Für zwei Zielgruppen gleichzeitig schreiben zu wollen, geht ganz sicher schief; ebenso der abstrakte Wunsch, eine Zielgruppe erreichen zu wollen, die man sich gar nicht konkret vorstellen kann.

Der ideelle Leser

Während der ersten Experimente mit Ihrem Buchplan gewinnen Sie das innere Bild eines realen oder imaginierten, männlichen oder weiblichen, naiven (aufzuklärenden) oder kritischen (zu beeindruckenden) «ideellen Lesers». Das ist der innerste Kern Ihrer Zielgruppe. Arbeiten Sie daran, stellen Sie sich das Vorwissen, die Leseerfahrung, die konkrete Lesesituation, die Erwartungen und den Widerwillen Ihrer ideellen Leserin möglichst plastisch vor. Dann wird das Buch weniger stark von dem geprägt sein, was Sie alles auch noch wissen, und mehr von dem, was Ihre Leser brauchen.

Schreiben Sie auf, wie Sie sich den perfekten Leser Ihres Buches vorstellen. Denken Sie an Dinge, die mit dem Thema des Buches gar nicht so viel zu tun haben, wie Lebenssituation, Alter, Geschlecht, Sozialschicht, Bildungsgrad, Leseerfahrung, Wohnungseinrichtung, Musikgeschmack, Automarke.

Natürlich wird die tatsächliche Leserschaft denn doch etwas größer sein als Eins, und wir sind immer froh um Leser, auf die wir nicht gleich gekommen wären. Aber jedes Buch hat eine Kernzielgruppe; einige zugespitzte Beispiele habe ich in **Tabelle 2** entworfen. Die verlagstechnischen Begriffe in der linken Spalte finden Sie im Glossar, aber ich gehe auch gleich noch darauf ein.

Geografische Reichweite

Sowohl das einzelne Buch als auch Ihre langfristige Publikationsstrategie kann sich nur an eine begrenzte Gruppe richten. Da sind zwei Entscheidungen zu treffen: Erstens, wie wichtig ist Ihnen überregionale Berühmtheit? Interessieren Ihre Forschungen über die Lautverschiebungen im Alemannischen amerikanische Leser? (Ja, doch, möglicherweise.) Wenn Sie Sachbücher schreiben, um Ihrer Praxis, Kanzlei usw. interessante Kunden zuzutreiben, dann ist Ihr Zielgebiet ziemlich lokal; dann wären die mächtige Lokalzeitung und eine Lesung in der wichtigsten Buchhandlung Ihrer Stadt sinnvollere Verbündete als «Zeit» und Fernsehen.

Ausbildungsniveau

Zweitens, welches Ausbildungsniveau sprechen Sie an? Wenn Sie das Wahlverhalten der Deutschen, den Umgang von Eltern mit Computerspielen oder die Ernährung Übergewichtiger verändern wollen, dann ist Ihre Zielgruppe praktisch unbegrenzt («General Interest»), und Sie können keinerlei Vorkenntnisse voraussetzen. In diesen Fällen ist die schiere Höhe der verkauften Auflage der beste Gradmesser für den Erfolg.

Aber das ist beileibe nicht überall so. Viele angesehene Autoren haben große Wirkung innerhalb einer begrenzten Interessengruppe, Fachöffentlichkeit oder Fachpraxis («Special Interest»). Ich bin sicher, dass es sinnvolle und sehr erfolgreiche Bücher über Sanitärinstallationen, Direct Mailing oder Netzwerksoftware gibt; auch wenn Sie und ich das nicht verstehen können, weil uns die Fachkenntnisse fehlen. Hier ist der Erfolgsmaßstab ein anderer als die bloße Zahl verkaufter Bücher. Aus dieser Überlegung legitimiert sich

Tabelle 2: Einige Buchtypen und ihre Kernzielgruppen

Buchtyp	fiktives Titelbeispiel	Kernzielgruppe
Fachbuch – Qualifikationsschrift	*Das fakultative Privatinsolvenzverfahren unter besonderer Berücksichtigung der Gläubigerabfindung*	die Lehrstuhl-Besetzungskommission
Fachbuch – Handbuch	*Aspekte der Paläoklimatologie*	die Professorin bei der Planung eines neuen Seminars
Fachbuch – Monografie	*Geschichte der weiblichen Homosexualität*	der Historiker-Kongress
Fachbuch – Praxisanleitung	*Professionelles Eventmarketing*	die ehrgeizige Managerin
Lehrbuch	*Medizin*	das eifrige Erstsemester mit dem Büchergutschein von zuhause
Sachbuch – Aufklärung	*Tod auf dem Amselfeld. Serbien zwischen Orient und Okzident*	der pensionierte Geschichtslehrer
Sachbuch – Ratgeber	*Krawattenbinden für Dummies*	der vielversprechende junge Mann, der sich nicht zu fragen traut
Sachbuch – Selbsthilfebuch	*50 Ways To Keep Your Lover*	die Single, der die beste Freundin nicht reicht
Sachbuch – Special Interest	*Fallschirmspringen in Formation*	der perfektionistische Freak
historischer Roman (als Beispiel für Belletristik)	*Miranda, die Alchemistin des Kaisers*	die Zahnarztgattin aus Rosenheim

auch das Spezialistenbuch par excellence, das wissenschaftliche Fachbuch, auch wenn es nur von Wenigen gelesen werden kann und deshalb die Auflage klein bleibt. Vielleicht sind diese Wenigen ja die, die über Ihre Karriere entscheiden.

Der «interessierte Laie»

Sie müssen nur wissen, was Sie wollen. Verlage reagieren leicht allergisch auf die Aussage, das Buch sei «auch für den interessierten Laien» gedacht; dieser Satz gilt geradezu als Indiz für Bücher, von denen man besser die Finger lässt. Denn er deutet darauf hin, dass der Autor sich zwar eine massenhafte Verbreitung wünscht – und enttäuscht sein wird, wenn sie ausbleibt –, aber nicht bereit ist, sich in Thema, Didaktik, Stil und Wortwahl wirklich auf ein breites Publikum einzulassen. Da fährt man besser mit einer Autorin, die für eine genau definierte Berufsgruppe von dreitausend Fachleuten schreibt, von denen zweitausend die Verbandszeitschrift abonniert haben und fünfhundert auf dem Jahreskongress zu finden sind und die das Buch von der Steuer absetzen können.

Fachbuch und Sachbuch

Ganz strikt ist die Unterscheidung zwischen Fachbüchern und dem, was Verlage Sachbücher oder Ratgeber nennen (vgl. Tab. 2).

Fachbücher setzen bei ihren Lesern eine bestimmte *Berufsausbildung* voraus. Sachbücher und Ratgeber dagegen liest man aus einem mehr oder weniger spezifischen *Interesse.*

Zu den Fachbüchern zählen also Praxisanleitungen für Fachleute ebenso wie Handbücher, Monografien, auch Dissertationen und Habilitationen. Eine besondere Art Fachbücher sind diejenigen, die der Ausbildung künftiger Fachleute dienen: die *Lehrbücher.*

Bei den Sachbüchern reicht der Bogen von der harten How-to-do-Anleitung über die historisch-politische oder naturwissenschaftliche Aufklärung bis zum weichen Psycho-Ratgeber. Das *aufklärende Sachbuch* im engeren Sinn kann vom Thema her extrem vielgestaltig sein: von der Darstellung des Amerikanischen Bürgerkriegs über die Veranschaulichung der Evolutionstheorie bis zur populären Kunstgeschichte. Demgegenüber wird ein *Ratgeber* definiert als ein Buch, das Hilfe bei praktischen, zwischenmenschlichen, medizinischen, psychologischen, pädagogischen, religiösen usw. Lebensfragen verspricht. Der Ausdruck «Ratgeber» verrät eine unzeitgemäß paternalistische Haltung. Besser gefällt mir die Bezeichnung *self-help books*, Selbsthilfebücher: Schließlich kann die beste Beratung nur bewirken, dass die Leser im wirklichen Leben selbst die richtigen Entscheidungen treffen.

Die Trennung zwischen Sachbuch und Ratgeber ist unscharf, weil der Wunsch nach Aufklärung und der Wunsch nach Beratung oft Hand in Hand gehen.

Man kann Sachbücher und Ratgeber am ehesten stilistisch unterscheiden: Ein Ratgeber will seine Leser dazu bringen, etwas Bestimmtes zu tun; dementsprechend ist hier die direkte Leseransprache, das «Sie», angemessen. In einem aufklärenden Sachbuch ist das nicht sinnvoll. (Was Sie hier lesen, ist also ein Ratgeber.)

Klarer abzugrenzen sind die vielen Arten von *Special-Interest-Sachbüchern*, die sich etwa mit speziellen Hobbies beschäftigen. Dazu gehören so riesige Buchsparten wie Sport-, Tier-, Reise- oder Kochbücher. Ein Vorteil von Special-Interest-Ratgebern ist ihre relativ lange Haltbarkeit. Ein allgemeines Sachbuch zur Klimakatastrophe ist vielleicht nächstes Jahr schon wieder von den Ereignissen überrollt; ein Ratgeber zur Dämmung von Altbaudächern bleibt so lange aktuell, bis jemand eine ganz neue Form der Isolierung erfindet.

Eine folgenreiche Entscheidung

Die Unterscheidung zwischen Fachbuch und Sachbuch ist absolut trennscharf, und deshalb verlegen viele Verlage auch nur das eine oder nur das andere. Es gibt Autoren, die sowohl Fach- als auch Sachbücher schreiben, aber dann immer klar getrennt und oft bei verschiedenen Verlagen. Es ist vielleicht genau das gleiche Thema, aber ein völlig anderes Buch. Denn wer sich beruflich mit einer Sache beschäftigt, wird ganz anders an sie herangehen als jemand, der sich privat noch so sehr dafür interessiert. Es ist ein Unterschied, ob ich als Arzt meine Kenntnisse in Onkologie vertiefe oder ob ich Krebs habe. Dementsprechend hat man ganz andere Erwartungen an ein Buch.

Sie sollten sich also von vorneherein vorstellen können, ob Ihre ideelle Leserin das Buch am Arbeitsplatz oder in der Freizeit lesen wird. Natürlich werden viele Sachbücher auch mit beruflichem Interesse gelesen, etwa Kommunikationsratgeber; aber als Autorin eines solchen Sachbuchs haben Sie keine Ahnung, welchen beruflichen Hintergrund Ihr Leser hat, und müssen sich am kleinsten gemeinsamen Nenner orientieren.

Stilistische Konsequenzen

Das schwieriger zu schreibende Buch ist denn auch das Sachbuch. Hier werden Sie in jedem Satz, bei jedem Wort darauf achten müssen, ob Sie den Graben zwischen Ihrer Fachwelt und dem Alltagswissen angemessen überbrückt haben – ohne sich anzubiedern oder zu schulmeistern. Menschen ohne Fachausbildung sind nicht dümmer, aber Sie können nicht voraussetzen, dass sie mit «Diskurs», «Resektion», «Client» oder «statistisch signifikant» etwas anfangen können. Von einem Sachbuchautor wird daher ein Verlag immer eine Leseprobe verlangen, und in aller Regel wird man kräftig in den Text eingreifen – bis dahin, dass ein Ghostwriter das Sachbuch schreibt und Sie als Expertin nur Material liefern und Ihren Namen hergeben. Bei einem Fachbuch ist es nicht ganz so schlimm, wenn Sie so schreiben, als müssten nur Sie es verstehen – schließlich sind die Leser ja Ihresgleichen.

Das Ziel wird klar

> Der zweite Schritt nach der strategischen Publikationsplanung ist also, für das jeweils nächste Buch festzulegen, an wen es sich vor allem wendet und was für eine Art Buch es daher wird.

Damit liegt das Wesentliche fest; auch wenn Sie noch gar nicht wissen, wie der Titel lauten wird und was von Ihrem Wissen alles hinein soll.

Ein Buch ist, auch wenn Sie es aus purer Lust am Schreiben angehen, immer auch Mittel zum Zweck. Es stellt einen intensiven Kontakt her zu einer ziemlich großen Gruppe von Menschen, deren Gemeinsamkeit darin liegt, dass sie Ihnen wichtig sind. So laufen Ihre ehrlich eingestandenen Motive und die Bedürfnisse der Zielgruppe letztlich auf das Gleiche hinaus. Wenn Sie wissen, warum und für wen Sie dieses Buch schreiben, dann wird auch klar, was für ein Buch es sein wird.

1.3 Für sich selbst und für andere schreiben

Fühlten Sie sich im letzten Abschnitt zu etwas überredet, was Sie eigentlich noch gar nicht im Sinn hatten? Wollten Sie, bevor Sie in die Details des Buchmarkts einsteigen, nicht zunächst in Ruhe für sich selbst klären, wie es Ihnen beim Schreiben eines langen Manuskripts geht, ohne dass daraus unbedingt ein Buch werden muss?

> Natürlich schreiben Sie für sich selbst. Hat man erst die qualvollen ersten Anläufe hinter sich, tut Schreiben richtig gut.

Schreiben als Selbsterfahrung

Das gilt keineswegs nur für die Arbeit an schöngeistiger Literatur. Aus Anleitungen zum therapeutischen Schreiben* können Sie entnehmen, dass für die wohltuende Wirkung der Schreiberfahrung weniger der Inhalt zählt als der Prozess, in dem man positive oder negative Erfahrungen aus sich heraus entlässt und sich in Textform gegenüberstellt. Und sofort beginnt dieser Text ein Eigenleben zu entfalten: Er erzwingt Anschlüsse, wo das bloß stumme Denken sich in Sackgassen verrennt; er verleiht dem Dargestellten wesentlich mehr Sinn, als es in der realen Erfahrung je hatte. Die eigene Stimme entfaltet sich zu einem selbständigen Gegenüber, das wesentliche Züge des eigenen Selbst spiegelt, zugleich aber vieles von den Zufälligkeiten und Kleinlichkeiten des Alltagsdenkens verblassen lässt.

Bei Fach- und Sachbüchern kommt der Effekt dazu, den auch eine Lehrtätigkeit hat: Was man einmal jemandem erklärt hat, hat man in ganz anderer Weise selbst verstanden. Die Buchform mit ihrem langen Atem zwingt zu einem integralen Verständnis der Sache. Seit ich dieses Buch geschrieben habe, hat das, was ich Autoren seit vielen Jahren erkläre, wesentlich mehr Logik und System.

Ich bin also, soweit es um die Schreiberfahrung als solche geht, jederzeit bereit einzugestehen, dass Sie Ihr Buch zum größten Teil für sich selbst schreiben. Dennoch kann ich mich nicht ganz damit abfinden, wenn viele potenzielle Erstautoren sich auf die Haltung zurückziehen, mit der sich schon der junge Goethe getröstet hat: «Ich kehre in mich selbst zurück und finde eine Welt» (übrigens wurde der *Werther*, aus dem dieses Zitat stammt, für seine Zeit ein Megaseller). Ich bin skeptisch, wenn jemand behauptet, ganz und ausschließlich für sich alleine oder «für die Schublade» zu schreiben. Auch meine längst begrabenen Studentengedichte waren für Leserinnen bestimmt, die ich in der realen Welt leider nicht kannte. Und was ich für den höchst individuellen Ausdruck meiner literarischen Selbstverständigung hielt, hätte sich im Licht einer noch so kleinen Öffentlichkeit, etwa bei einem Poetry-Slam, als ziemlich konventionell herausgestellt – oder einfach als schlecht.

Ohne Blick auf eine Veröffentlichung zu schreiben, verändert das Schreiben selbst. Das ist wie im richtigen Beziehungsleben: Wer mit einem, selbst abwesenden, Partner lebt, der verhält sich anders in vielen Kleinigkeiten, vom Spülmaschineeinräumen bis zum Einschlafritual, und wer für lange Zeit alleine bleibt, der neigt in vielen dieser alltäglichen Verhaltensweisen zu gewissen Eigenheiten. Das wäre, was das Schreiben angeht, nicht weiter schlimm; vielen Fach- und Sachbüchern würde ein eigenwilligerer Stil ganz gut tun. Aber an die Stelle des inneren Du, an dem ich die Wirkung jedes Satzes messe, während ich ihn schreibe, tritt bei vielen Autoren nicht ein Werthersches Ich, sondern eher das, was man in der Psychologie ein Über-Ich nennt.

Über-Ich und Autoren-Narzissmus

Nur so kann ich mir erklären, dass sich ausgerechnet die Texte unerfahrener Schreiber oft so lesen, als wären sie an einen imaginären Deutschlehrer oder an eine Prüfungskommission gerichtet. Sie strotzen vor hypotaktischen Verschachtelungen, Passivkonstruktionen, krampfhaften Nominalisierungen und amtssprachlichen Ausdrücken (zu den Details siehe Kapitel 4.3 und 5.1). Je weniger klar wird, wer das eigentlich lesen soll, desto stärker tritt ein anonymes, bürokratisches Monster namens «Man» als eigentlicher Adressat hervor: Muss man nicht so schreiben?

> Man muss nie. Sprachliche Konventionen sind nützlich und notwendig, weil und solange sie die Verständigung mit Lesern erleichtern. Wenn Konventionen Ihren Text unlesbar machen, werfen Sie sie über Bord.

Wenn Sie das Gefühl bekommen, dass Sie Ihr eigentliches Anliegen in der Sprache des fachlichen Über-Ich gar nicht ausdrücken können, dann sollten Sie sich radikal davon befreien. Schreiben Sie so, wie Sie eigentlich schreiben wollen, nicht, wie «man» Ihrer Meinung nach schreibt. Zukünftige Leser werden Ihr Buch in die Hand nehmen, weil sie Ihrer persönlichen Kompetenz vertrauen, weil sie interessiert, was Sie zu sagen haben – und niemand anders. Wenn Sie das Buch so schreiben, dass «man» es auch geschrieben haben könnte, dann enttäuschen Sie diese Leser.

Aber um zu dieser eigenen Sprache zurückzufinden, hilft meiner Erfahrung nach nur, immer wieder an ein Du, einen möglichen Leser zu denken. Denn viele Schreibende versteigen sich, gerade wenn sie schon erste Erfahrungen mit unlesbaren und deshalb auch ungelesenen Über-Ich-Texten gemacht haben, in eine Scheinlösung: den Autoren-Narzissmus. Ich bin mir selbst genug, ich bin so genial, dass ich auf von anderen aufgestellte Regeln pfeifen kann, von einem durchsichtigen Aufbau bis zur Rechtschreibung. Im Endeffekt läuft das auf dasselbe hinaus wie die ängstlichen Über-Ich-Texte. Auch ein Schreiben, das hauptsächlich der Selbsterfahrung und Selbstbespiegelung des Autors dient, produziert – da die Goethes doch eher selten sind – weit überwiegend einfach schlechte Texte. Lesbarkeit ist nichts, was einem Text nachträglich und von außen angehängt wird wie Ohrwurmtauglichkeit einem Musikstück, sondern gehört zum innersten Kern guten Schreibens. Die narzisstische Autorin schützt sich nur vor dem Wissen um ihre Unlesbarkeit, indem sie ihre Missachtung möglicher Leser vor sich herträgt.

Die Tatsache, dass Sie einen Autorenratgeber lesen, beweist, dass Sie das nicht so sehen. Aber in abgeschwächter Form ist der Autoren-Narzissmus eine Bedrohung, mit der wir alle zu kämpfen haben. Denn die Motivation, sich auf das Abenteuer Schreiben für so lange Zeit ohne unmittelbaren materiellen Nutzen einzulassen, enthält wohl immer einen Anteil von Überheblichkeit der nichtschreibenden Masse gegenüber. Im Produktionsprozess eines Buches besteht die Aufgabe darin, den Autoren-Narzissmus als Antrieb zu nutzen und ihn zugleich hinwegzuarbeiten. Je professioneller Sie werden, desto weniger werden Sie es nötig haben, sich genial zu fühlen.

Über das Buch reden

Wenn die Erschaffung eines inneren Du so schwierig wie um des eigenen Schreibens willen notwendig ist, wie kommt man dann dahin? Nun, vor allem mithilfe realer Gegenüber. Zu der segensreichen Wirkung von Testlesern werde ich in Kapitel 4.1 noch etwas sagen. Vorerst, da Sie noch gar nichts vorzuweisen haben, geht es darum, die Idee in die Welt hinaus zu tragen. Ihre Träume, sich einen Namen zu machen, gehen nur Sie etwas an; aber der konkrete Entschluss zum Buch muss in die Welt hinaus. Reden Sie darüber.

> Verkünden Sie überall, dass Sie an einem Buch arbeiten.

Die Reaktionen, ob wohlwollend oder vernichtend, werden nützlich sein. Zu zentralen Fragen wie Zielgruppe oder Titel werden Sie, wenn Sie mit fünf Leuten reden, sechs Meinungen hören. Aber in Ihnen selbst wird sich Einiges klären. Hören Sie sich alles an und lassen Sie sich nicht verunsichern. Am Ende schreiben Sie ja doch, was Sie wollen und was Sie können; aber mit den Stimmen Ihrer Gesprächspartner im Ohr wird es konkreter, fokussierter, nützlicher.

Berater und Agenten

Der nächste Schritt ist die Kontaktaufnahme zu professionellen Gesprächspartnern. Unter deutschsprachigen Fachautoren ist noch unüblich, was in den USA der Normalfall ist: sich von einem Agenten beraten und vertreten zu lassen*. (Sachbuch-Agenturen vermitteln den Verlagen daher überwiegend Übersetzungsangebote, was schade ist, weil es den Eindruck verstärkt, deutsche Wissenschaftler könnten keine populären Bücher schreiben.) Zumindest im Sachbuch-Sektor, wo sich Autoren nicht mehr auf die Wirkung ihres akademischen Titels verlassen können, werden sicher auch hierzulande Agenturen an Bedeutung gewinnen.

Aus meiner Sicht spricht nichts dagegen, sich einem Agenten anzuvertrauen – vor allem dann, wenn Ihr Buchprojekt noch so vage ist, dass es einer Beratung bedarf, um überhaupt ein verlagstaugliches Exposé zu erstellen (vgl. Kap. 1.4). Verständlicherweise möchte der Agent für seine Arbeit bezahlt werden. Wenn sich das in der Belletristik übliche Modell der Honorarbeteiligung im Erfolgsfall durchsetzt, bleibt das Risiko für Autoren überschaubar. Aber auch für eine zum Stundensatz abgerechnete Beratung ist das Geld wesentlich sinnvoller investiert als für einen «Vanity Press»-Verlag, der Ihr Buch ohne große Rückfragen publiziert, Hauptsache, Sie legen einen ordentlichen Zuschuss auf den Tisch. Nur müssen Sie die Empfehlungen Ihrer Agentin ernst nehmen und befolgen, sonst ist es immer noch rausgeschmissenes Geld. Sie wird Ihre Buchidee ziemlich auseinandernehmen, mit der harten Wirklichkeit des Buchmarkts konfrontieren und Sie so in den Stand setzen, ein spezifisches Exposé zu schreiben für diejenigen Verlage, bei denen Ihr Buch eine realistische Chance hat.

Wir nähern uns langsam der Schwelle, die den Buchtraum vom tatsächlich publizierten Buch scheidet:

> Suchen Sie frühzeitig einen Verlag.

Das ist bei vielen Erstautoren deshalb so angstbesetzt, weil es danach kein Zurück mehr gibt. Ich habe Verständnis, wenn Sie diesen Schritt nicht gleich tun wollen. Überlegungen zu Titel, Abgabetermin, Seitenzahl und vor allem Geld ziehen das, was eben noch lustvolle Nebenbeschäftigung war, in die Sphäre des Geschäftlichen hinein. Und vielleicht ist es dafür noch nicht reif. Im nächsten Kapitel werde ich erklären, welche Informationen Sie beisammen haben müssen, damit eine Verlagssuche sinnvoll ist. Einiges davon klärt sich am besten beim Schreiben. Solange schreiben Sie «für sich» weiter, auch wenn der Gedanke an zukünftige Verlage und Leser in Ihrem Hinterkopf immer mehr Raum einnimmt.

Nicht zu spät auf Verlagssuche gehen

Aber die grundsätzliche Entscheidung muss sein. Im Unterschied zur Belletristik ist es bei Fach- und Sachbüchern überhaupt nicht sinnvoll, das ganze Buch fertig zu schreiben, bevor man sich auf die

Verlagssuche begibt. Schieben Sie es nicht unendlich lange auf. Ihr Buchprojekt wird seine Bedeutung schon dadurch drastisch ändern, dass Sie den Markt austesten. Fürs Weiterschreiben macht es einen gewaltigen Unterschied, ob sich drei Verlage um die in ihren Augen erfolgversprechende Idee bemühen oder ob Sie überall kühle Absagen ernten. Und wenn Sie einen Verlag gefunden haben, dann wird der in vielen Dingen mitreden wollen, vom Gesamtumfang über die Gliederung bis zur Illustration.

Was Verlage tun

Wozu ist ein Verlag da? Am besten kann ich das erklären, wenn ich die in Fachverlagen üblichen Abteilungen durchgehe:

- Das *Lektorat* berät Autoren, sorgt für eine konsistente Programmlinie und redigiert die Manuskripte.
- Die *Herstellung* legt die Gestaltung der Bücher fest und vergibt Satz- und Druckaufträge.
- Der *Vertrieb* sorgt dafür, dass jedes lieferbare Buch in jeder interessierten Buchhandlung und im Internet binnen Stunden erhältlich ist.
- Die *Werbeabteilung* macht potenzielle Leser auf Bücher aufmerksam, die sie interessieren könnten.
- Die *Presseabteilung* organisiert Buchbesprechungen.
- Die *kaufmännische Geschäftsführung* finanziert mit den Erträgen der Vorjahres-Bestseller die Experimente im neuen Programm.

In **Tabelle 3** (S. 32) finden Sie eine Übersicht dessen, was ein Verlag meiner Meinung nach für Sie leisten sollte. Daneben habe ich die Wünsche aufgeführt, die ich am häufigsten enttäuschen muss. Die Bedeutung mancher Fragen wird erst im Verlauf dieses Buches und im Verlauf Ihres Buchprojektes deutlich werden; vielleicht blättern Sie dann zu dieser Tabelle zurück.

Selbstverlag und E-Book – problematische Alternativen

Könnten Sie das auch alleine? Das kommt darauf an. Der Selbstverlag ist genau dann die beste Lösung, wenn Sie die Leser exakt kennen. Der Abstractband eines Kongresses, den Sie den Teilnehmern zuschicken oder auf dem Folgekongress verteilen und den sonst eh niemand liest, muss wirklich nicht unbedingt in einem Fachverlag erscheinen. Die andere Autorengruppe, die im Grunde ohne einen Verlag auskäme, sind etablierte Bestsellerautoren. Doch davon sind wir hier weit entfernt. Ihr Buch herauszubringen und bekannt zu machen, wird richtig viel Arbeit machen. Da werden Sie zwar nicht reicher, aber glücklicher, wenn Sie allen Ärger mit Manuskriptbearbeitung, Herstellung, Lagerung, Vertrieb, Werbung und Rechten einem professionellen Verlag überlassen.

Das gilt auch für die neue Variante des Verlagsgeschäfts, das E-Book. Wenn Sie die Adressaten persönlich kennen, können Sie Ihnen auch eine pdf-Datei schicken. Und Autoren, deren Bücher schon weltbekannt sind, in E-Book-Form direkt zu vermarkten, dürfte eine der leichteren Übungen sein. Ansonsten aber werden,

Tabelle 3: Was Sie von einem Verlag erwarten können – und was nicht

das bietet ein seriöser Verlag	das geht leider nicht
Planungsphase	
fester, fachlich kompetenter Ansprechpartner	«ich will nur mit dem Chef sprechen»
Beratung zu Konzeption, Titel, Zielgruppe, Konkurrenz, Gestaltung	«kann man daraus ein Buch machen?»
Entscheidung innerhalb eines Monats nach vollständigem Exposé	sofortige Entscheidung aufgrund einer vagen Idee
Angebot eines Verlagsvertrages	dauerhafte Bindung an eine Zusage ohne Ihre Unterschrift
Berücksichtigung Ihrer finanziellen Interessen	Offenlegen der Kalkulation
Schreibphase	
Terminkontrolle, Verständnis für Unwägbarkeiten	monatliche Mahnung und Motivation, Hilfe bei Lebenskrisen
Rückmeldung zu Inhaltsverzeichnis	inhaltliche Ergänzung
generelle Rückmeldung zu Tonfall, formalem Aufbau und auffälligen Fehlermustern	Korrektur einzelner Textteile, Bewertung von Abbildungen o. ä. ohne Gesamtmanuskript
das offene Ohr eines Informierten für Ihr Gesamtprojekt	jemand, der jederzeit für Detailfragen zur Verfügung steht
Korrekturphase	
Beginn von Korrektur- und Satzarbeiten innerhalb eines Monats nach vollständigem Manuskript	Beginn von Korrektur- und Satzarbeiten, solange noch Teile fehlen
inhaltlich unbeschränkte Eingriffsmöglichkeit bis zum satzreifen Manuskript	Änderung des formalen Aufbaus, neue Überschriftenstufen und andere Strukturelemente
Korrekturabzug nach dem Satz	Umschreiben und Ergänzen längerer Textteile nach dem Satz
Vermarktungsphase	
realistischer Erscheinungstermin	Festlegung auf Ihren Wunschtermin
Mitsprache bei Titel und Umschlaggestaltung	Entscheidung des Autors über endgültigen Titel und ästhetische Fragen
Mitsprache bei Werbeaussagen	Entscheidung über Werbemaßnahmen
der erwartbaren Verkaufsauflage angemessene Bewerbung	dass man aus Ihrem Buch einen Bestseller macht

sollte sich das E-Book durchsetzen (was noch nicht ausgemacht ist), Verlage nicht abgeschafft, sondern in veränderter Form neu erfunden. Lektorat und Herstellung sind auf einem ganz neuen Niveau gefragt, wenn ein «enhanced e-book» zusätzlich zur Kopie von Buchseiten auch multimediales Hintergrundmaterial bieten soll oder gar ein interaktives Programm oder App ganz anders konzipiert werden muss als ein Manuskript. Und auch Vermarktung und Vertrieb von E-Books funktionieren noch nicht annähernd so gut wie beim Buch. (Finden Sie mal eben heraus, welche Standardlehrbücher Ihres Studienfachs in welchem Format als E-Book erhältlich sind. Kaufen Sie eines, und dann versuchen Sie es gleich wieder umzutauschen.) Je weniger eingespurt alle diese Wege sind, desto schwieriger ist es für Autoren, sich ohne professionelle Hilfe zurechtzufinden.

Urheberrechtliche Bedenken

Warum wollen Autoren manchmal alles selbst tun? Erstaunlich oft höre ich Bedenken von der Art: «Was weiß ich, was die mit meinem Text machen?» Dahinter steht eine gravierende Unkenntnis des rechtlichen Rahmens, in dem Autoren und Verlage sich bewegen; deshalb habe ich in Anhang 3 (S. 171) die wichtigsten Grundsätze des Urheberrechts zusammengefasst. Jetzt ist erst einmal wichtig, dass das (deutschsprachige) Urheberrecht nicht Veröffentlichungen schützt, sondern Ideen. Sie haben sämtliche Rechte an Ihrem Werk, sobald es als «persönliche geistige Schöpfung» existiert, auch ohne dass Sie es irgendwo anmelden oder ein ©-Zeichen darauf stempeln. Sie können völlig unbesorgt Exposés und Manuskripte an Agenten oder Verlage schicken; niemand, der etwas vom Publizieren versteht, wird damit Unredliches anstellen.

> Ein Verlag wird Ihre Urheberrechte immer bestmöglich verteidigen. Er lebt davon.

Diese Verteidigung gegen Dritte ist leider oft notwendig. Ohne Verlag müssen Sie alleine das Prozessrisiko tragen, wenn jemand Ihren Text einfach klaut. Und wenn es keine Verlagszeitschriften und offiziell registrierten Bücher gäbe, könnten Sie niemals beweisen, dass der Konkurrent die Sätze von Ihrer Website hat und nicht umgekehrt Sie von ihm.

Leider gibt es in letzter Zeit von ganz anderer Seite Tendenzen, den Urheberrechtsschutz auszuhöhlen, indem etwa Texte elektronisch der Unibibliothek, dem Intranet oder als «Open Source» jedem zur Verfügung gestellt werden sollen. Ursprünglich unterstützten viele Fachautoren solche Vorstößen, in der Annahme, ihnen würden damit Rechte zurückgegeben. Mittlerweile wird die Gefahr immer deutlicher, dass die Institution, etwa die Universität, die Autoren zwangsenteignet und ihre Texte in einen anonymen Wissenspool einbringt. Wer den laxen Umgang von Universitäten mit dem Urheberrechtsschutz kennt – etwa die Unsitte der «Ehrenurheberschaften», der Nennung des Lehrstuhlinhabers als Coautor, auch wenn er nichts zur geistigen Schöpfung beigetragen hat – wird meine Bedenken teilen, ob hier das elementare Recht des Autors gewahrt bleibt, dass seine Gedanken nur unter seinem Namen veröffentlicht werden dürfen. Vielleicht sehe ich das zu schwarz, aber sicher ist: Wenn es korrekt gemacht wird, kostet es auch Geld. Natürlich kann eine Universität oder Fachgesellschaft Leute einstellen, die die Dienstleistungen der Registrierung, des Peer Review, der Redaktion, der Veröffentlichung, des Vertriebs usw. übernehmen – aber dann entsteht eben ein weiterer Verlag.

Am besten vertrauen Sie der bewährten Arbeitsteilung. Genießen Sie es, in lustvoller Selbstbespiegelung für sich zu schreiben. Und zugleich suchen Sie jemanden, der das Ergebnis professionell an Leser vermittelt.

1.4 Beim richtigen Verlag ankommen

Gezielte Verlagssuche

Wenn ich sage: «Suchen Sie einen Verlag», dann meine ich das wörtlich. Es hat keinen Sinn, wahllos Manuskripte durch die Gegend zu schicken. Gehen Sie in eine gute Buchhandlung oder zu Amazon und schauen Sie sich die Verlagsprogramme genau an. Suchen Sie nach ähnlichen Büchern und achten Sie ausnahmsweise darauf, in welchem Verlag sie erschienen sind. Und dann schreiben Sie einen gezielten Projektplan, auch «Exposé» genannt, für die wenigen Verlage, zu denen Ihre Idee wirklich passt und deren Bücher Ihnen gefallen. Die meisten Ablehnungen verschicken Fach- und Sachbuchverlage zu Manuskripten, die überhaupt nicht in ihr Programm und zu ihren Zielgruppen passen. (Ungefähr einmal im Jahr erhalte ich als Fachbuchlektor ein Romanmanuskript. Die Chance, dass ich hineinlese, ist der Abwechslung halber recht groß; die Chance, dass wir es verlegen, ist natürlich Null.) Zu Ihrer Publikationsplanung gehören auch Überlegungen, welches Buch zu welchem Verlag passen würde. Die strategischen Absichten des Verlages können Sie erahnen, wenn Sie sich seine letzten Veröffentlichungen ansehen, aber Sie können sie nicht im Detail kennen; deshalb spricht nichts dagegen, fünf in Frage kommende Verlage gleichzeitig anzuschreiben. Von zweien werden Sie nichts hören, zwei werden absagen, einer sagt vielleicht zu.

Verlage beschäftigen Menschen – ich bin einer davon – als Lektoren oder Programmplaner, die dafür bezahlt werden, mit gewissen Fachkenntnissen ihre Nase in die (Fach-) Öffentlichkeit zu halten und zu erraten, was die Leute in fünf Jahren lesen wollen werden. Wenn Sie eine Lektorin für Ihr Buchprojekt gewinnen können, kann sie Ihnen alles, was ich hier abstrakt darstellen muss, am konkreten

Objekt raten. Sie wird auch gewohnt sein, über ungelegte Eier, Bücher im Projektstadium, zu sprechen. Nur sind Sie nicht die einzige, die dem Verlag eine Buchidee vorschlagen möchte.

Bereiten Sie den ersten Verlagskontakt gut vor. Bei Fach- und Sachbüchern ist die Anzahl der in Frage kommenden Verlage begrenzt, und wer Ihr Projekt einmal abgelehnt hat, wird ungern bereit sein, es sich in überarbeiteter Form ein zweites Mal anzusehen.

Arbeitsweise von Lektoren berücksichtigen

Die erste Überlegung, die schon beweist, dass Sie den Schritt vom Autoren-Narzissmus zur Rücksichtnahme auf Leser vollzogen haben, ist der Zeitpunkt der Kontaktaufnahme. Die denkbar schlechteste Zeit im Jahr ist der Oktober, denn da ist in Verlagen die Hölle los: zuerst die Frankfurter Buchmesse, dann muss das Frühjahrsprogramm vorbereitet werden, und die Budgetzahlen fürs nächste Jahr werden verhandelt. Bei Fachlektoren kommt hinzu, dass auch die wissenschaftlichen Gesellschaften ihre Jahreskongresse mit Vorliebe in die Monate September/Oktober legen (und in März/April, die auch durch die Planung des Herbstprogramms belastet sind). In einer solchen Situation kann es schon mal vorkommen, dass man rundheraus alles ablehnt, nur um wieder Platz auf dem Schreibtisch zu bekommen. Im Januar, Februar oder Juni dagegen hat man Zeit und das nächste Halbjahresprogramm dräut gerade genug am Horizont, um den Wunsch nach neuen Ideen zu stimulieren. Wenn Sie Ihr Buchprojekt langfristig geplant haben, dann können Sie diese Zeiten nutzen, um Verlage anzusprechen.

Auch sonst sollten Sie Lektoren die Entscheidung so einfach wie möglich machen. Zu den inhaltlichen Informationen komme ich gleich, nur noch etwas Formales: Rechnen Sie mit einer Leserin, die nach offiziellem Feierabend seufzend den über Wochen angewachsenen Stapel der Manuskriptvorschläge angeht. Wenn sie spontan eine Idee hat, wie man aus Ihrem Konzept mit kleinen Modifikationen ein gutes Buch machen könnte, dann muss sie Sie sofort erreichen können; das aber verhindern erstaunlich viele Autoren, indem sie keine oder nur eine institutionelle Telefonnummer angeben. Auch sonst können Sie ihr Verständnis für die Überlastung von Lektoraten signalisieren, in E-Mails etwa durch den Betreff «MeinName – Buchprojekt Soundso» und Dateinamen, die mit Ihrem Nachnamen beginnen, statt «Verlagsangebot.pdf», was niemand je wiederfindet. Die Kontaktaufnahme per E-Mail ist völlig in Ordnung. Aber ich würde vorher anrufen, um mich nach dem richtigen Ansprechpartner zu erkundigen. Machen Sie's kurz: «Hier Reinhardt, ich habe ein Exposé zu einem Ratgeber für Non-Fiction-Autoren geschrieben. Passt das eventuell für Sie? Wem in Ihrem Lektorat darf ich's schicken? Haben Sie für mich die direkte E-Mail-Adresse?»

Schicken Sie als erstes immer ein Exposé, kein dickleibiges Manuskript.

Sie müssen keine Angst haben, dass man Sie zurückweisen wird, weil Sie noch kein vollständiges Manuskript vorlegen können. Im Gegenteil: Die «unverlangt eingesandten Manuskripte» sind meistens die uninteressantesten. Bei einem klugen Exposé dagegen wird der Verlag gerne die Gelegenheit wahrnehmen, das entstehende Buch noch beeinflussen zu können. Oft ist der erste Anstoß noch gar kein Text, sondern eine interessante Begegnung auf einem Kongress, kurz danach gefolgt von einem Exposé.

«Kann man daraus ein Buch machen?»

Die Chancen, mit einer guten Buchidee auch verlegt zu werden, sind bei Fach- und Sachbuchverlagen gar nicht schlecht. Umso mehr wundern wir uns, wie schlecht vorbereitet die Vorschläge oft sind. Nicht so lustig finden Lektoren die dicken Umschläge, in deren Begleitbrief steht: «Anbei meine Masterarbeit. Kann man daraus ein Buch machen?» Mit klaren Vorstellungen über die Absicht und die Leser und ausreichendem Zeitbudget kann man aus *allem* ein Buch machen. Aber den Entschluss zum Buch und damit den Willen, sich Leserbedürfnissen zu unterwerfen, kann Ihnen niemand abnehmen. Wir können nur anhand eines ausgearbeiteten Exposés sagen, ob wir Ihre Vorstellungen für realistisch halten oder nicht.

Das Exposé:

Wie sollte ein Exposé aussehen, damit es Aussicht auf Erfolg hat? Den Autorenfragebogen unseres Verlages finden Sie in Anhang 1; die wichtigsten Fragen dürften bei anderen Verlagen dieselben sein. Wie ich formal ein Exposé aufbauen würde, steht in Anhang 2.

Ihr Exposé muss kluge Antworten auf die folgenden Fragen liefern, die sich jeder Verlag stellen wird:

- Warum sollte es dieses Buch geben?
- Was qualifiziert Sie dazu, es zu schreiben?
- Warum kommen Sie damit zu diesem Verlag?
- Für wen schreiben Sie es, und wozu sollten diese Leute es kaufen?
- Wie wird es aufgebaut sein?
- Wie wird es aussehen, vor allem: wie viele Seiten wird es haben?
- Bis wann werden Sie es schreiben?

■ Thema, Titel, Inhaltsverzeichnis

Erstens sagt das Exposé etwas zum Thema des Buches – aber, so leid es mir tut, alles in diesem Stadium Interessierende muss sich in maximal fünf Sätzen zusammenfassen lassen. Die Angaben zum Thema dienen uns nur dazu, grob einzuschätzen, ob das Buch ins Programm passt; manchmal auch dazu, Lektoren, die nicht überall

Fachleute sein könne, zu erklären, worum es bei dem Titel überhaupt geht (z. B. «Resilienz ist die Fähigkeit, ungünstige Lebensumstände unbeschadet zu überstehen ...»). Davon zu unterscheiden sind einige Sätze dazu, was das Buch zu diesem Thema leisten wird oder was seine Grundthese sein wird («Dieses Buch stellt die Resilienzforschung erstmals für ErzieherInnen vor und beweist die entscheidende Rolle, die Erfahrungen in der frühen Kindheit für die Entstehung von Resilienz haben ...»).

Inhaltlich fast noch interessanter ist ein pfiffiger Titelvorschlag und der Entwurf eines Inhaltsverzeichnisses. Da die Titelidee schon dem Verlag gegenüber ein entscheidendes Verkaufsargument ist, blättern Sie vielleicht schon einmal vor zu Seite 141 und setzen sich mit Kapitel 5.2 auseinander. Und das Inhaltsverzeichnis gibt einen besseren Eindruck vom Buch als fünf Seiten Zusammenfassung, die doch niemand liest. Wenn Sie wollen, schreiben Sie unter jede Kapitelüberschrift einen Satz, worum es in diesem Kapitel gehen soll.

■ **Buchtyp, Zielgruppe, Markt**

Nach dem in Kapitel 1.2 Gesagten wird Sie nicht wundern, dass zweitens Buchtyp, Zielgruppe und Marktsituation ebenso wichtig sind. Wenn ich nicht weiß, was für eine Art Buch die Autorin hier vorschlägt, weiß ich gar nicht, wo ich es hintun soll; und schließlich muss ich es der Marketingabteilung verkaufen. Man wird mich fragen: Wird das hier ein Fachbuch, ein aufklärendes Sachbuch, ein Ratgeber? Besteht dafür überhaupt ein Markt? Gibt es vielleicht schon ein ganz ähnliches Buch? Warum ist dieses hier besser? Ist das die zwanzigste Idee zu einem Modethema, die sich von den neunzehn existierenden Büchern nicht wesentlich unterscheidet? Umgekehrt: Wenn darüber noch kein Buch geschrieben wurde, liegt das vielleicht daran, dass niemand es braucht? Es ist nicht unbedingt wichtig, dass die Zielgruppe riesig groß ist; wenn Sie das behaupten, werden wir ohnehin rückfragen, warum dann noch niemand vor Ihnen auf die Idee gekommen ist. Mehr zählt Präzision (siehe den «interessierten Laien», S. 24).

■ **Physische Gestalt des Buches**

Immer wieder nachfragen müssen wir drittens nach der physischen Gestalt des geplanten Buches. Bücher treten ihren Lesern ja nicht nur als Inhalt gegenüber, sondern als sinnlich erfahrbare Gegenstände: Wie groß, wie dick wird das Buch sein? Gebunden (Hardcover) oder kartoniert (Softcover)? Wird das Erscheinungsbild durch Abbildungen, Tabellen usw. geprägt sein, oder steht der Text im Vordergrund? Soll es schwarz/weiß sein, mit einer Schmuckfarbe oder ganz farbig? Und übrigens, was darf es denn kosten? Alle diese Angaben sind notwendig, damit der Verlag seine Kosten abschätzen kann. Es macht einen gewaltigen Unterschied, ob wir hier von einem 600-Seiten-Farbatlas reden oder von einem 100-Seiten-Taschenbüchlein. Zum professionellen Verhandeln gehört, dass Sie Änderungsbereitschaft signalisieren (200 statt 300 Seiten, zweifarbig statt vierfarbig), aber auch, dass Sie eigene Vorstellungen mitbringen.

Informationen über den Autor

Der vierte Punkt, der ins Exposé muss, sind Informationen über die Autoren. Ich frage mich: Steht eine engagierte und disziplinierte Autorin hinter der Idee? Oder ist sie schwierig im Umgang oder unzuverlässig? Nimmt man ihr ab, dieses Thema kompetent und nutzenbringend zu behandeln? Welchen Stil schreibt sie? Wie groß wird der Aufwand sein, bis ein brauchbares Manuskript auf dem Tisch liegt? Was kann alles noch dazwischenkommen? Was wird sie für das Buch tun können, wenn es erst einmal auf dem Markt ist? Hat sie Spaß an öffentlichen Auftritten? Wie gut haben sich denn ihre bisherigen Bücher verkauft? Ich weiß, dass das schwer fällt, aber wir hätten gerne von Ihnen eine realistische Einschätzung Ihres eigenen «Marktwerts».

> Werfen Sie Ihre ganz Persönlichkeit, Ihre Fachkompetenz, Ihre Bekanntheit bei der Zielgruppe in die Waagschale. Aber erzählen Sie nichts, was sich durch einmal Googeln widerlegen lässt.

Das also sind die vier Fragen, die ich mir als Lektor angesichts eines Exposés stelle: Erstens, passt es in unsere Programmpolitik? Zweitens, wie sieht der Markt aus, konkret: Welche Erstauflage traue ich dem zu? Drittens, welche Kosten kommen da auf uns zu? Und viertens versuche ich ein Bild vom Autor zu bekommen. Wenn die vier Faktoren einigermaßen zusammenstimmen, dann sprechen wir über die Details. Ablehnungen sind schneller erledigt als Zusagen oder Rückfragen; d. h. wenn Sie nach vier Wochen nichts gehört haben, spricht nichts dagegen anzurufen und freundlich zu fragen, ob Sie noch etwas zur Entscheidung beitragen können.

Umgang mit Ablehnungen

Nun haben Sie sich wirklich bemüht, einen stimmigen Projektplan zu entwickeln – aber der Verlag schickt Ihnen eine Absage. Schlimmer noch, alle Verlage tun das. Am allerschlimmsten: Sie haben ein ganzes dickes Manuskript geschrieben, ohne mit irgend jemandem darüber zu sprechen, und niemand will es. Sie können sich jetzt in Verachtung für die Kommerzwelt suhlen, die Ihrem Genie die Anerkennung versagt. Oder Sie versuchen verzweifelt herauszufinden, was die Lektorin an dem Manuskript nicht verstanden hat, um es ihr zu erklären. Auch nicht sehr hilfreich, denn die meisten Lektoren werden sich nicht auf derartige Diskussionen einlassen. Der Verleger Klaus Wagenbach* rät aus leidvoller Erfahrung, mit Autoren, die man nicht haben will, nicht lange zu debattieren:

> Ablehnungsbriefe müssen kurz sein, längere führen nur dazu, dass der Autor dir in einer umfangreichen Antwort Punkt für Punkt beweisen wird, wie unrecht du hast, kurz: was für ein Blödmann du bist. Das weißt du aber auch selber.

Es gibt keinen Grund, auf Ablehnungen beleidigt zu reagieren: Das Urteil betrifft nicht Sie als Person, noch nicht einmal das Buch, sondern nur seine Verkaufbarkeit in diesem Verlag.

Ein beratbarer Autor

Sie können sich aber auch als beratbar darstellen. Fragen Sie nicht: «Warum gefällt Ihnen mein Buch nicht?», sondern: «Was für ein Buch hätten Sie denn gerne von mir?» Das erfordert Überwindung: Da erklärt ein fremder Mensch mal so eben, wenn Sie sich ganz auf die Zielgruppe XY konzentrierten, Teil A wegließen, Teil B auf die Hälfte kürzen und Teil C komplett umstellen würden und noch einen Teil mit praktischen Anwendungen hinzufügten, könnte es mit einem ganz anderen Titel brauchbar sein … und das, obwohl er eingestandenermaßen nur einen Bruchteil Ihres Fachwissens hat! Nur: Er ist ein Leser, und Leser haben recht. Wenn Sie diese Kritik im Frühstadium eines Buchprojekts ein paar Mal mitgemacht haben, dann bekommt Ihre Publikationsstrategie Hand und Fuß. Und wenn Sie erst einen Ruf als beratbare Autorin haben, dann finden Sie auch Profis, die Ihnen von Buch zu Buch weiterhelfen.

1.5 Reich und berühmt werden

Ernsthafte Verhandlungen

Die Entscheidung für einen Verlag muss sein. Ihr Buchprojekt erhält dadurch ein ganz anderes Gewicht – last but not least bei Ihren Nächsten, die Ihre Autorenlaunen werden ertragen müssen. Allerdings wird damit das, was vorher ein Traum war, in die Niederungen des Alltags gezogen: Es stehen Gespräche über Termine, Rechte und Geld an. Bei all diesen Verhandlungen empfehle ich eine professionelle Haltung, also weder herrisch noch unterwürfig aufzutreten.

Terminabsprachen

Sie wissen jetzt, dass wirklich jemand auf das Buch wartet – und zwar zum vereinbarten Zeitpunkt. Ich habe schon gesagt, dass der Verlag für seine Entscheidung keineswegs ein fertiges Manuskript braucht. Aber vor einer endgültigen Zusage wird man Sie auf verbindliche Terminabsprachen festlegen.

> Terminzusagen können weit in die Zukunft reichen, aber sie sind einzuhalten.

Die Arbeit eines Fach- oder Sachbuchverlags besteht ganz wesentlich darin, viele Buchprojekte zu terminieren und lange vor dem Erscheinen zu bewerben. Bei der Masse der aktuellen Neuerscheinungen sind Bücher, die es schon gibt, für den Buchhandel schon wieder ziemlich uninteressant; und Bücher, die es längst geben sollte, die aber aus welchen Gründen auch immer noch nicht erschienen sind, fallen völlig durchs Raster. Am besten erkundigen Sie sich, ab wann

Ihr Verlag das Buch für den Buchhandel ankündigt. Bis dahin sind Verschiebungen des Abgabetermins notfalls möglich; danach gilt nur noch der Tod des Autors als akzeptable Entschuldigung.

Machen Sie sich keine Illusionen über Ihr Tempo. Ein Buch braucht immer viel länger, als man denkt (mehr dazu in Kapitel 2.2). Verschärft gilt das, wenn Sie mit anderen zusammen ein Buch schreiben. Ihnen selbst ist in Ihrer Publikationsstrategie am meisten gedient mit großzügig geplanten, aber absolut verbindlichen Abgabe- und Erscheinungsterminen. Wenn Sie sich mit dem Verlag auch über diesen Punkt einig sind und beide Seiten sich wirklich miteinander wohl fühlen, dann spricht nichts dagegen, hier und jetzt über das zukünftige Buch einen Verlagsvertrag zu schließen.

Der Verlagsvertrag

Ein Verlagsvertrag dient im Wesentlichen dazu, dem Verlag überhaupt erst zu erlauben, dass er etwas mit Ihrem geistigen Eigentum anfängt. Der Verlag kann nur die Rechte nutzen, die Sie ihm ausdrücklich einräumen. Erschrecken Sie deshalb nicht, wenn jedes dieser Rechte in ellenlangen Paragrafen geregelt ist. Es mag so wirken, als würden Sie völlig ausgeplündert, wenn da steht, dass Sie dem Verlag «das Recht der Vervielfältigung, Veröffentlichung und Verbreitung … der Übersetzung in anderen Sprachen … des Vorabdrucks in Zeitungen und Zeitschriften … der Vergabe von Buchklub- und Taschenbuchlizenzen» bis hin zu den Bühnen- und Filmrechten abtreten sollen. Aber all das ist notwendig, damit der Verlag seine ganz normale Arbeit machen kann.

> Unterschreiben Sie keinen Vertrag, egal was man Ihnen verspricht, wenn Sie kein Vertrauen zu dem Verlag haben. Wenn Sie dieses Vertrauen haben, dann feilschen Sie nicht um einzelne Worte. Der hundertfach bewährte Autorenvertrag eines seriösen Verlages zielt immer auf einen fairen Interessenausgleich.

Wenn Sie Bedenken haben, zeigen Sie den Vertrag einem Anwalt, oder vergleichen Sie Vertragsangebote mehrerer Verlage. Das Schlimmste, was Ihnen passieren kann, ist, dass der Verlag keines dieser Rechte nutzt, weil er pleite ist und Ihr Buch gar nicht herausbringen kann. Dann können Sie sämtliche Rechte wegen Nichtausübung zurückfordern. Ohnehin haben Sie als Autor vor Gericht die weit bessere Position – selbst dann, wenn Sie nur wegen «gewandelter Überzeugung» aus einem Verlagsvertrag aussteigen wollen.

Über Geld reden

Nun muss auch von Geld die Rede sein. Auch darüber kann man verhandeln, professionell, nüchtern und illusionslos. Einige (längst nicht alle) Sachbuch- und Lehrbuchautoren verdienen ganz ordentlich an ihren Büchern. Für die üblichen Fachbücher ist es völlig illusorisch, den Arbeitsaufwand als Honorar vergütet sehen zu wollen.

Wenn Sie mit einem Buch wirklich viel Geld verdienen wollen, müssen Sie die Bedürfnisse Ihrer Zielgruppe ganz genau treffen und darüber hinaus noch Freude an (am besten schon Erfahrung mit) massenmedialen Auftritten haben.

An Produktion und Vertrieb eines Buches sind sehr viele Leute beteiligt (**Abbildung 1**). Sie könnten versuchen, durch harte Verhandlungen Ihren Anteil auf Kosten der anderen zu vergrößern. Aber viel mehr brächte es, wenn Sie dafür sorgen würden, dass der Kuchen insgesamt größer wird.

Auflagenhöhen

Der bestimmende Faktor ist die Auflage. Da fast alle Kosten einer Buchproduktion am Anfang anfallen, wird mit jedem zusätzlichen gedruckten und verkauften Buch der Gewinn für alle Beteiligten größer. Wenn Sie durch einen etwas ansprechenderen Titel und etwas weniger Scheu vor öffentlichen Auftritten die verkaufte Auflage um 500 steigern, dann kann Ihnen das mehr einbringen als jede noch so harte Vertragsverhandlung.

Natürlich spricht ein Verlag am liebsten von der Dreiviertel Million verkaufter Exemplare von «Moppel-Ich» oder gar von den drei Millionen von «Ich bin dann mal weg», aber realistische Auflagenhöhen von Fach- und Sachbüchern sind von solchen Zahlen meilenweit entfernt. Dennoch ist die Spannweite gewaltig. Sie reicht von einigen Hundert bei speziellen Fachbüchern (zum Beispiel Qualifikationsschriften) über einige Tausend bei erfolgreichen Fachbüchern und den meisten Lehrbüchern und Ratgebern bis zu einigen Zehntausen-

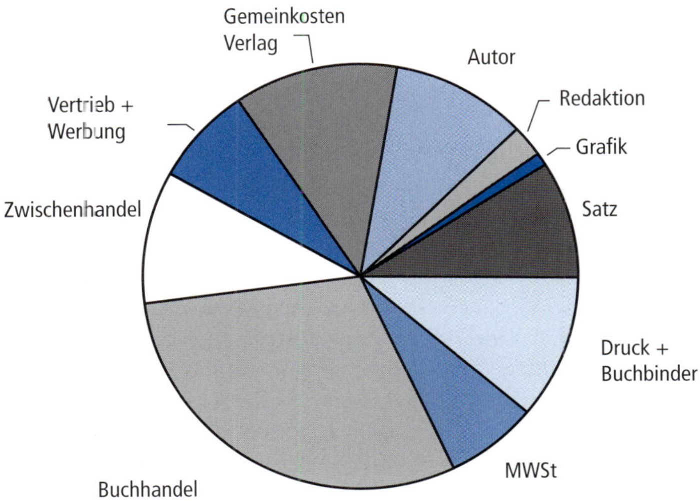

Abbildung 1: Ungefähre Anteile der einzelnen Kosten am Ladenpreis bei einem Fachbuch

den bei Sachbuch-Bestsellern. Würden Verlage diese Differenzen unmittelbar in Vertragskonditionen umsetzen, dann müssten unbekannte Autoren gewaltige Summen auf den Tisch legen, damit ihre Bücher überhaupt gedruckt werden können. Glücklicherweise weiß niemand vorher, welches Buch sich wie gut verkaufen wird. So subventionieren die Bestseller ständig die Newcomer – was außer Bestsellerautoren wohl jeder gerecht findet.

Welche Auflage ausreicht, um alle Verlagskosten wieder einzuspielen, hängt vom Aufwand ab: Wenn Sie fertige Druckvorlagen (pdf-Dateien) liefern und so die redaktionelle Bearbeitung und den Satz einsparen, kann schon eine Fachbuch-Auflage von 1000 kostendeckend sein; bei Lehrbüchern (wegen des hohen Gestaltungsaufwands) und Sachbüchern (wegen des niedrigen Preises) liegt die Grenze deutlich höher.

Honorar

Jenseits der kostendeckenden Auflage dürfen Sie mit Fug und Recht ein angemessenes Honorar erwarten. Was «angemessen» ist, können Sie aus Abbildung 1 abschätzen: ungefähr das, was der Verlag im Erfolgsfall zur Deckung seiner Gemeinkosten verdient.

> Wenn das Buch ein Erfolg wird, verdient der Verlag so viel wie Sie. Wird es ein Flop, haben Sie umsonst gearbeitet, und der Verlag verliert Geld. Das ist die faire Faustregel, die den meisten Honorarberechnungen zugrunde liegt.

Lassen Sie sich ein Angebot machen. Aber achten Sie darauf, auf welcher Basis gerechnet wird. Manchmal werden Honorare als Anteil vom Ladenpreis, manchmal vom «Verlagserlös» bestimmt. Da nur etwa 60 % dessen, was die Leser im Buchhandel bezahlen, den Verlag erreicht – aus dem Rest finanzieren sich Buchhandel und Zwischenhandel –, entspricht ein Angebot von 10 % des Verlagserlöses nur 6 % vom Ladenpreis.

Da Sie Ihr Buch wichtig nehmen sollen, sind auch finanzielle Erwartungen gut und richtig; aber sie sollten im Bereich des Möglichen bleiben. Eine kleine Modellrechnung: Nehmen Sie einmal als realistisch an, dass sich Ihr Buch 2000-mal für 15 Euro verkaufen wird. Bei den meisten Verlagen werden Sie höchstens 10 % vom Ladenpreis als Honorar bekommen. Das wären also am Ende 3000 Euro. Wir sind uns wohl einig, dass das in keinem Verhältnis steht zu dem Zeitaufwand, den Sie dafür treiben werden.

Was aber ist, wenn Ihr Buch keine Chance hat, in kostendeckende Auflagenhöhen vorzustoßen? Gehen Sie sich selbst und dem Verlag gegenüber ehrlich mit dieser Situation um. Sie haben drei Optionen: Erstens, Sie verringern die Kosten. Wie schon erwähnt, können Sie alle redaktionellen und Satz-Arbeiten selbst erledigen; das heißt Sie korrigieren das Buch auch formal bis zu Ende durch, formatieren es und schicken dem Verlag eine pdf-Datei (s. Anhang 4). Oder Sie können das Buch deutlich kürzer anlegen.

Zweitens, Sie überzeugen einen Sponsor – eine Industriefirma, eine Selbsthilfeorganisation, eine Stiftung, eine staatliche Bildungsstelle –, einen Teil der Auflage zu kaufen und an Kunden oder Mitglieder zu verteilen.

Zuschüsse

Drittens, Sie bezahlen Geld. Auch mit dieser Möglichkeit würde ich offen umgehen. Verlage, mehr noch Förderorganisationen wie die DFG, sprechen verschämt von «Druckkostenzuschüssen», als ginge es nur um die Finanzierung von Drittleistungen. Aus Abbildung 1 können Sie entnehmen, welch bescheidenen Teil an den Kosten eines Buches der Druck ausmacht. Tatsächlich ist der Zuschuss ein Ausgleich für fehlende Verkaufschancen. Deshalb kann bei einem anderen Verlag und mit einem etwas geschickter formulierten Exposé der Zuschuss wesentlich niedriger ausfallen. Wenn ein Verlag gar keinen Zuschuss verlangt, dann heißt das, dass er wirklich an Ihr Buch glaubt. Aber wenn Sie aus strategischen Gründen lieber ein wenig gelesenes, aber als hochseriös anerkanntes Buch im optimalen Umfeld platzieren möchten, dann ist eine niedrige Erstauflage keine Schande – sie kostet nur. In diesem Fall würde ich a) von vorneherein die Bereitschaft signalisieren, Geld aufzutreiben, b) den Verlag bitten, eine konkrete Summe zu nennen, und c) ein zweites Angebot einholen – dann aber nicht dem Billigsten zusagen, sondern dem, der am besten in Ihre Publikationsstrategie passt. Wenn Sie die Finanzierung der teuren kleinen Auflage gesichert haben, wird kaum ein Verlag etwas dagegen haben, für den Fall, dass das Buch sich weit über den Erwartungen verkauft, ein angemessenes Honorar zu zahlen. Oder Sie regeln das Finanzielle zunächst nur für die erste Auflage und können im Erfolgsfall dann ganz anders verhandeln. Im Grunde zahlen Verlage ja gerne hohe Honorare für erfolgreiche Bücher; sie müssen nur ihr Risiko begrenzen.

Umworben und beworben werden

Ich finde es sinnvoll und wichtig, dass Sie auch in materiellen Dingen Ihre Interessen wahren. Ein gutes Verlagsangebot bedeutet, dass ein Lektor wirklich von Ihrem Buch überzeugt ist und ihm eine hohe Verkaufsauflage zutraut. Dafür wird man dann auch etwas tun. Ihr Lektor wird sich ungern auf bestimmte Werbemaßnahmen festlegen lassen, denn da wollen noch viele Leute im Marketing und Außendienst mitreden. Sie werden aber spüren, ob Ihr Buch als Spitzentitel oder unter «ferner liefen» eingeordnet wird. Möglicherweise landen Sie als Anfänger nicht bei den ganz großen Verlagen; aber vielleicht ist das gar kein Schaden. Wichtiger ist, dass Ihr Buch dem Verlag programmatisch am Herzen liegt, und das sehen Sie an dem, was er sonst macht. Im Zweifelsfall würde ich immer den Verlag vorziehen, unter dessen Büchern ich mich wohler fühle – oder genauer gesagt, mit dessen Büchern mein ideeller Leser sich am wohlsten fühlen würde. Oft haben Sie mehr davon, bei einem Kleinverlag das wichtigste Buch des Herbstprogramms herauszubringen als bei einem großen Konzern eines unter Hunderten. Sie merken es daran, wie viel Ihnen zugemutet wird. Je mehr Einfluss man auf Ihren Buchplan nimmt und je mehr Termindruck man Ihnen macht, desto wichtiger sind Sie.

Verkaufbarkeit ist nicht alles

Ich will Ihnen nicht einreden, Sie müssten unbedingt einen Bestseller schreiben. Bestimmend bleibt für Sie die langfristige Publikationsstrategie. Verkaufbarkeit kann ein angenehmer Nebeneffekt sein, aber nicht Ihr Hauptziel.

> Auch in Geld bemessen ist der sekundäre Nutzen, den Sie aus dem Buch ziehen werden, fast immer größer als der primäre Verdienst durch Honorare*.

Besonders für Selbstständige ist ein Buch die perfekte Marketingkampagne. Mag sein, dass es Zeit und Geld kostet, aber das tut jede andere Werbemaßnahme auch, und am Ende erreicht sie selten die richtigen Leute und wenn, dann nur für ein paar Sekunden. Mit einem Buch dagegen werden sich die Leser tagelang beschäftigen, sie werden das gar nicht als Werbung empfinden, und es werden genau diejenigen sein, die auch Ihr sonstiges Angebot brauchen können.

Fach- und Sachbuchautoren ist es im Zweifelsfall immer wichtiger, berühmt als reich zu werden, denn sie haben ja noch einen Beruf, mit dem sie Geld verdienen. Für den Ruhm, den Ihnen nur ein Buch einbringen kann, werden Sie auch etwas tun. Sie sind bereit, das Buch so anzulegen und gegenüber Ihren ursprünglichen Plänen zu überarbeiten, dass Sie einen möglichst großen Teil Ihrer Zielgruppe erreichen. Aber wer diese Zielgruppe ist, entscheiden Sie allein. Nicht kleinmütig und nicht größenwahnsinnig: Sie stehen zu Ihren Träumen von Ruhm und Ehre, aber nicht Hinz und Kunz muss Sie kennen, sondern genau die Leser, die Ihnen wichtig sind. Und bei aller Rücksichtnahme auf den Markt achten Sie unbedingt darauf, dass Sie den Spaß am Schreiben nicht verlieren.

Der Erfolg beim richtigen Leser

Früher sagte man: «Bücher haben ihre Schicksale.»* Der Erfolg eines Buches ist nie ganz vorhersagbar. Aber er ist planbar in dem Sinne, dass Sie ihn auf Ihre persönliche Weise wollen müssen. Käufer und Nicht-Käufer, Leser und Nicht-Leser eines Buches reagieren auf die in seiner Anlage ausgedrückten Intentionen. Ihre Publikumsscheu oder Selbstdarstellungslust, die Angst vor Trivialisierung oder Ihre pädagogische Absicht werden unbewusst immer in das Buch einfließen. Sie können aber auch ganz bewusst diejenige Art von Öffentlichkeit suchen, die Sie brauchen. Einen Bestseller zu schreiben, ist nicht unbedingt das, was Ihrer Lebensplanung am besten entspricht. Der geplante Erfolg des nächsten Buches ist es.

«Dass mir das jemand zutraut»

Gespräch mit Gabriele Weiss

Gabriele Weiss ist Diplom-Sozialpädagogin und Diplom-Heilpädagogin. Sie arbeitet als Fachschulrätin im Fachbereich Heilpädagogik der katholischen Fachhochschule Freiburg i. Br. Sie ist Ausbilderin in *Jeux dramatiques*, einer heilpädagogischen Methode des Ausdrucksspiels aus dem Erleben. 1999 erschien ihr Buch *Wenn die roten Katzen tanzen … Jeux dramatiques für sozial- und heilpädagogische Berufe.*

In welcher Situation hast du dieses Buch geschrieben?
Ich war schon sieben Jahre an der Fachhochschule. Ich habe eine dieser Mittelbaustellen, die es eigentlich nicht mehr gibt, und bin ursprünglich weniger für wissenschaftliche Arbeit angestellt worden als im Methodenschwerpunkt. Zuvor hatte ich die Ausbildung in Jeux dramatiques gemacht, ich habe selbst Kurse gegeben, und ich habe die Methode an der Hochschule eingeführt. Ich habe aber überhaupt nicht daran gedacht, ein Buch zu schreiben.

Warum dann doch?
Das ging vom Verlag aus. Genauer gesagt hat mich U. angesprochen, mit dem zusammen ich studiert hatte und der damals Lektor beim Verlag L. war. Ich weiß gar nicht, ob er dazu einen Auftrag vom Verlag hatte, er hat sich halt umgeschaut und wir sind uns zufällig über den Weg gelaufen. Ich habe ihm erzählt, wie toll ich diese Methode finde und dass es dazu wenig Literatur gibt, und er hat einfach gesagt: «Mach doch mal!»

Wie war das?
Spannend. Ich hatte ja vorher außer meinen zwei Diplomarbeiten nichts Großes geschrieben, und dann kommt einer und sagt: «Mach daraus ein Buch!» Der hat ja nicht gesagt, schreib uns vier Seiten. Er hat gesagt, ein Buch. Das war ein ungeheurer Ansporn, dass mir das jemand zutraut. Die ganzen zwei Jahre hat mich das motiviert. Hey, jetzt beweis ich mir, dass ich das kann!

Du hast zwei Jahre daran gesessen?
Nein, ich habe nicht zwei Jahre daran gesessen, aber es vergingen zwei Jahre zwischen diesem «Mach doch mal!» und dem fertigen Manuskript. Ich hatte ja noch gar nicht das ganze Material zusammen. Ich hatte Ideen, aber ich habe dann in den zwei Jahren, in denen ich geschrieben habe, gezielt das eine oder andere Projekt gemacht, um mehr Material zu kriegen. Ich habe auch ganz anders dokumentiert in der Zeit. Zum Schreiben selbst habe ich die vorlesungsfreie Zeit benutzt, bin zwei Jahre mit dem Laptop in Urlaub gefahren.

Womit hast du angefangen?
Erst einmal musste sich die Perspektive des Buchs herauskristallisieren. Es gab zu der Methode Jeux dramatiques damals zwei Bücher, die vor allem aus Fotos bestanden und relativ wenig Text. Ich hatte ziemlich bald die Idee, die Leute, die diese Methode anwenden, brauchen ein Grundlagenbuch. Auch wenn das ein ziemlich kleiner Verein ist. Aber gerade deswegen hatte ich nicht so große Befürchtungen, wie das Buch aufgenommen würde. Es war ja nur für ein paar Menschen, die neugierig sind, und viele davon kannte ich.

Würdest du im Nachhinein sagen, du hättest dir manches leichter machen können?
Ich bin Umwege gegangen. Aber wahrscheinlich würde ich dieselben Umwege wieder gehen, weil ich relativ spontan schreibe. Erst im Nachhinein muss ich dann dem Ganzen eine Struktur geben. Inzwischen fiele mir das leichter, auch weil ich inzwischen viele Diplomarbeiten begleitet habe.

Aber du würdest es wieder so machen?
Ich würde es wieder so machen, weil das die Art zu schreiben ist, die mir Lust macht. Du hast eine Idee und dann schreibst du das auf mit allem Drum und Dran, und erst danach gibst du dem eine Form. Das ist einfach mein Stil.

Gab es Unterstützung vom Verlag?
Am Anfang hat U. mir geholfen zu sortieren und zu gliedern: Wie sieht so ein Buch aus, was muss rein? Das war schon wichtig, weil es doch eine andere Geschichte ist als eine Diplomarbeit zu schreiben.

Gab es auch Konflikte?
Manchmal hätte ich ihn in der Luft zerreißen können, wenn er stur auf seinen 150 Seiten beharrt hat. Er hat dann radikal seitenweise gestrichen, wusch, wusch, wusch. Das fand ich schwierig, weil an manchem mein Herzblut hing. Aber ich fand es auch sehr unterstützend.

Einen wirklich brutalen Konflikt gab es ums Titelbild. Die wollten ein süßes kleines Kind vorne drauf. Und ich habe gesagt, das ist eine der wenigen Chancen, eine Frau mit Behinderung in einer ausdrucksstarken Situation zu zeigen. Pädagogische Bücher mit süßen kleinen Kindern vorne drauf gibt es ohne Ende, das ist nichts Charakteristisches. Ich bin sehr stolz, dass ich mich durchgesetzt habe.

Wie war es, als das Buch dann da war?
Ich weiß noch genau, es kam morgens um neun Uhr an. Ich glaube, ich bin den ganzen Tag schwebend rumgelaufen. Ich fand dieses Buch so schön, musste es immer wieder anschauen. Es war schon so

ein bisschen wie ein Baby, das man jedem unter die Nase hält: «Oh, guck mal!»

Hatte das Folgen für deine übrige Arbeit?
Wenig. Wie ich gedacht hatte, war es doch für eine relativ kleine Gemeinde, und bei denen ist es sehr anerkannt – auch von den Müttern und Vätern der Methode. Ein paar Mal bin ich von fremden Leuten deswegen angemailt worden. Meine Studierenden finden es witzig, plötzlich mit jemandem zu tun zu haben, dessen Buch sie gelesen haben. Ab und zu gibt es Leute, die mit dem Buch kommen und mich bitten, was reinzuschreiben. Die Auflage waren 1500 Stück, und die sind jetzt fast weg.

Aber weißt du, das ist halt meine Einstellung, nicht «Oh Gott, wer liest das?» oder «Mist, nur eine Auflage», sondern «Mal sehen, was passiert».

Du benutzt es im Unterricht? Ich habe gesehen, dass du immer noch regelmäßig Kurse in Jeux dramatiques anbietest.
Ja, klar, jetzt am Wochenende wieder. Ich nehme immer wieder die Beispiele aus dem Buch oder verweise darauf. Das ist eher so etwas Selbstverständliches: «Lest das mal dort nach.» Auch andere Leute arbeiten damit, benutzen Geschichten aus dem Buch, und manchmal bekomme ich Rückmeldungen.

Wenn du wissen willst, ob «das Buch mein Leben verändert hat», es gibt da eine kuriose Geschichte: Ich musste mich mit dem Standesamt um die Schreibweise meines Namens streiten, mit ss oder mit ß. Da habe ich maßlos übertrieben und habe gesagt, sehen Sie, ich veröffentliche unter dem Namen, ich bin damit der Fachwelt bekannt.

Und sonst?
Schreiben ist für mich selbstverständlicher geworden. Ich habe ein paar Artikel veröffentlicht und Beiträge zu einigen Büchern, und nächstes Jahr bin ich Mitherausgeberin von einem Fachbuch über Spieltherapie. Die Erstherausgeberin hat mich angesprochen, ob ich das mit ihr zusammen mache.

Das wunderschöne Ritual, im Urlaub zu schreiben, habe ich beibehalten. Da sitze ich auf einer griechischen Insel morgens um sechs Uhr auf dem Balkon, ich sitze da mit meinem Laptop, schau über das Meer und lasse die Gedanken fließen. Um neun Uhr gehe ich ans Frühstücksbüffet, und dann ist es für den Rest des Tages gut.

Ich bringe vieles in schriftliche Form, auch wenn es hinterher gar nichts mit Schreiben zu tun hat. Ich habe deinen Rat befolgt und gebe ihn an alle Studierenden weiter, immer ein Notizbuch dabei zu haben. Es ist nicht wie Tagebuch schreiben, irgendwann wächst du ja übers Tagebuch schreiben hinaus, aber dieses Schriftliche hilft, die Gedanken zu sortieren.

Schreiben Sie

2

For long you live and high you fly
But only if you ride the tide …
Pink Floyd

2.1 Anfangen und den richtigen Ton finden

Fangen Sie heute an!

Schreiben Sie. Schreiben Sie, schreiben Sie, schreiben Sie. Fangen Sie nicht morgen an, nicht in den Semesterferien, nicht an den langen Winterabenden, sondern jetzt. Voraussetzung für alles, was noch vor Ihnen liegt, ist eine schnell wachsende Menge an Text. Herausfinden, ob daraus wirklich ein Buch wird; ein klareres Bild der Zielgruppe und Ihrer eigenen Absichten bekommen; aus einem leidlich verständlichen ein immer besseres Buch machen – all das geht nur *by doing.*

> Wenn Sie Schriftsteller werden wollen, müssen Sie vor allem zweierlei tun: viel lesen und viel schreiben. Um diese beiden Dinge kommen Sie nicht herum, nicht daß ich wüßte. Da gibt's keine Abkürzung. (Stephen King*)

Sicherlich gibt es bessere und schlechtere Schreibsituationen. Sie werden längst wissen, in welcher Umgebung Sie gut schreiben können, und ein Aufmerksamkeit heischender Siebenjähriger gehört wohl für niemanden dazu. Was Sie aber *nicht* brauchen, ist vollkommene Ruhe und «endlich nichts anderes vorhaben, als das verdammte Buch zu schreiben» – denn wann hätten Sie das schon?

Ausprobieren statt planen

In Kapitel 1 war viel von Planungsarbeiten die Rede, von Entscheidungen, die zu treffen, Gesprächen, die zu führen sind. Aber denken Sie nicht, die Planung müsste abgeschlossen sein, bevor Sie sich ans Schreiben setzen.

> Schreiben ist eine Tätigkeit, deren Planung sich nicht von der Ausführung trennen lässt.

Wenn Sie eine Vision Ihres künftigen «Namens» entwickeln, dann arbeiten Sie an einem Satz, der so zitierfähig ist, dass man ihn in Zukunft immer mit Ihnen verbinden wird. Wenn Sie ein Sachbuch planen, erklären Sie erst einmal in einem Absatz einen verwickelten Sachverhalt, um zu erproben, ob Ihnen ein allgemein verständlicher Text gelingt. Bevor Sie Kollegen Ihre Lehrbuch-Idee vortragen, skizzieren Sie an einem Kapitel, wie Sie sich das vorstellen. Jede Überlegung im Zusammenhang mit dem Buch, jede Titelidee, jeder Gliederungsentwurf, jede noch so abseitige Träumerei bekommt Tiefe und Substanz, wenn Sie sie sofort verschriftlichen. In dieser ersten Phase ist grübelnde Selbstkritik völlig unangebracht. Wenn Sie herausfinden wollen, ob Sie wirklich zu diesem Thema ein Buch schreiben können, dann tun Sie's einfach.

Kein Tag ohne eine Zeile

Schreiben muss zum Alltag werden.

Das ist es natürlich schon, zumindest in Form von Notizzetteln und E-Mails; aber auch an dem Buch arbeiten Sie von nun an täglich. Sie nehmen sich ja auch nicht morgens vor: «Heute will ich mal etwas lesen.» Im Gegenteil, Sie haben sich wahrscheinlich angewöhnt, für das Warten auf den Bus, die Zugfahrt, das einsame Hotelfrühstück immer etwas zum Lesen dabei zu haben – nicht unbedingt Fachlektüre, aber die Zeitung, einen Krimi, im Notfall die Rückseite der Cornflakespackung. Genau so verfahren Sie mit dem Schreiben: «Nulla dies sine linea», kein Tag ohne eine Zeile an dem Buch; gleichgültig woran Sie sonst noch arbeiten. Besser fünf Minuten am Tag als gar nicht erst anfangen.

Schreiben in Alltagssituationen

Dass jemand gar keine Zeit zum Schreiben findet – das gibt es nicht. Joanne Rowling, die Autorin der Harry-Potter-Romane, behauptet, sie habe als alleinerziehende Mutter täglich den Kinderwagen in ein Café geschoben und dort nach und nach den siebenbändigen Zyklus komponiert. Wenn Sie Zeit haben zum Kaffeetrinken, haben Sie auch Zeit zum Schreiben.

Es gibt keine Kaffeepause, keine Wartezeit an der Bushaltestelle, keine Zugstrecke, die zu kurz wäre zum Schreiben; keinen Ort, der zu exponiert wäre, keine Innenstadt, in der sich nicht ein Bänkchen oder ein ruhiges Café fände. In einer altmodischen Weise beschreibt Max Weber*, der beste Einfall komme,

> wenn es ihm, nicht, wenn es uns beliebt. Es ist in der Tat richtig, dass die besten Dinge einem so, wie Ihering es schildert: bei der Zigarre auf dem Kanapee, oder wie Helmholtz mit naturwissenschaftlicher Genauigkeit für sich angibt: beim Spaziergang auf langsam steigender Straße, oder ähnlich, jedenfalls aber dann, wenn man sie nicht erwartet, einfallen, und nicht während des Grübelns und Suchens am Schreibtisch.

Nun geht es beim Schreiben nicht um die eine geniale Idee, sondern um die Summe gelungener Sätze, und am Anfang müssen Sie nur sicherstellen, dass keiner dieser Sätze verlorengeht. Sie werden Ihnen ohnehin in den Kopf kommen, nur oft an seltsamen Orten, etwa unter der Dusche oder in der Bahn, und zu unpassenden Zeiten, etwa kurz vor dem Einschlafen. Deshalb würde ich mir gleich zu Anfang ein Notizbuch eigens für das Buchprojekt zulegen – aber verschieben Sie auf keinen Fall das Anfangen, bis Sie das ultimative Notizbuch gefunden haben! Außerdem braucht man einen Ort für das ganze recherchierte Material, all die Fotokopien, losen Zettel, Planungsskizzen; ich schlage vor, einfach einen großen offenen Karton in einer Büroecke aufzustellen. Das war schon die ganze Hardware. Alles andere passiert im Kopf und immer wieder auf dem Papier.

Nicht auf optimale Bedingungen warten

Der Schreibtisch ist nicht unbedingt der geeignete Ort für erste Entwürfe. Der Computer braucht fünf Minuten zum Hochfahren, und dann summt er ungeduldig vor sich hin und starrt Sie mit einem leeren Bildschirm an. Nur einen Mausklick entfernt warten sicher ein Dutzend ungelesene E-Mails, und auf dem Schreibtisch stapelt sich Unerledigtes. Je mehr Sie versuchen, zuerst optimale Bedingungen zu schaffen, um mit dem Buch anzufangen, desto größer wird die Wahrscheinlichkeit, dass Sie gar nicht erst anfangen. Ich empfehle daher, den feierlichen Beginn ganz zu überspielen (s. **Kasten S. 52**): Fangen Sie gar nicht erst mit dem Anfangen an. Und auch die Frage der optimalen Schreibsituation lässt sich hinterher klären.

> Suboptimale Schreibsituationen sind oft die produktivsten.

Ich habe herausgefunden, dass ich gut in Cafés schreiben kann, weil mich der Lärm weniger ablenkt als die Stille zuhause und das schlechte Gewissen, wenn ich nicht alle zehn Minuten meine E-Mails lese.* Viel mehr Zeit als durch störende Außeneinflüsse geht verloren durch die vielen Tricks, mit denen wir uns selbst am Schreiben hindern: Aufräumen, Telefonieren, Terminplanung, an den Kühlschrank gehen, endlich die Steuerbelege ordnen …

Umgang mit Schreibblockaden

Natürlich haben wir alle Tage der Verzweiflung, an denen anscheinend nichts geht. Aber diese Blockadezeiten lassen sich abkürzen. Es steht mir nicht zu, Sie zu analysieren, aber ich habe die Erfahrung gemacht, dass Schreibhemmungen häufig etwas mit überzogenen Ansprüchen zu tun haben. Wenn Sie experimentell eine Schreibblockade hervorrufen wollen, dann setzen Sie sich vor ein leeres Word-Dokument und nehmen Sie sich vor, auf der Stelle etwas völlig Geniales zustande zu bringen. Das heißt umgekehrt: Wenn Sie merken, dass Sie vor dem Schreiben in Alltagsarbeiten ausweichen, dann geben Sie dem nach*.

Der Trick mit dem angefangenen Satz

Eine beliebte Creative-Writing-Übung geht so: Wählen Sie einen der folgenden Satzanfänge und schreiben Sie daran zehn Minuten lang weiter.

- Es fing damit an, dass morgens die Eieruhr stehen blieb. Als ich dann missmutig mein Frühstücksei kaute …
- Die uralte Tür knarrte, als ich sie vorsichtig aufschob und langsam hinabstieg …
- Als ich morgens aus dem Haus trat, hatte sich der Garten in beunruhigender Weise verändert …
- Ich hatte Manuel lange nicht mehr gesehen, und er kam mir gleich seltsam vor …

Haben Sie's versucht? (Na los doch, es schaut niemand zu.) Dann haben Sie festgestellt, wie einfach es ist. Zwölf bis achtzehn Wörter, mehr braucht man nicht, um eine Geschichte zu beginnen. Sie haben auch gemerkt, dass die Geschichte eine ganz individuelle Färbung annimmt; weil sie in den ersten Sätzen Entscheidungen getroffen haben, wie realistisch oder wie verrückt, wie nüchtern oder wie blumig, wie beschreibend oder wie dramatisch Sie das Ganze angehen wollen. All das ergibt sich einfach, aber nur, wenn Sie es ausprobieren.

Zwölf bis achtzehn Wörter als Vorgabe, das müsste eigentlich immer zu schaffen sein. Wenn Sie morgen endlich anfangen wollen zu schreiben, legen Sie heute Abend die Datei an. Damit sie nicht ganz leer ist, schreiben Sie ein Stichwort hinein. Oh, da kommt ja schon eine Idee für einen Satz angeflogen! Also schreiben Sie den hin, und vielleicht noch einen, der sich von selbst anschließt. Jetzt aber Schluss, sonst fangen Sie noch richtig an.

Sie überspielen einfach das Anfangsproblem, indem Sie einen minimalen Anfang schaffen – in der festen Absicht, danach sofort wieder aufzuhören. Sparen Sie sich lange Überlegungen, ob Sie jetzt wirklich in Stimmung sind zum Schreiben und ob Sie wissen, wie's weitergeht; schließlich schreiben Sie ja bloß einen halben Satz. Nicht umsonst spricht man von der «Angst vor dem leeren Blatt». Dagegen üben angefangene Texte einen Sog aus, und sei der Anfang noch so winzig, banal oder am Ende unbrauchbar. In Zukunft ersetzen Sie jedes aufkeimende schlechte Gewissen, weil Sie heute wieder nichts an dem Buch getan haben, durch das Schreiben von zwölf bis achtzehn Wörtern.

Und so machen Sie weiter: Hören Sie nie an einem Kapitelende auf zu schreiben. Am besten unterbrechen Sie sich an einer Stelle, wo völlig klar ist, wie es weitergeht. Zumindest schreiben Sie die Überschrift und den ersten halben Satz des neuen Kapitels schon mal hin. So schaffen Sie sich einen neuen Anfang für morgen.

Statt sich zum Schreiben zu zwingen, tun Sie, wonach immer es Sie verlangt – aber bleiben Sie innerlich bei dem Buch.

Sie werden feststellen, dass viele langweilige Tätigkeiten wie Aufräumen, Belege ordnen, Essen, Fensterputzen und Einkaufen sehr wohl mit dem Schreiben verbindbar sind. Innerlich Schreiben ist wie Musikhören eine wunderbare Ergänzung zu Routinearbeiten, die nur einen kleinen Teil des Gehirns beanspruchen. Sie werden einen etwas glasigen Blick bekommen, und immer wieder müssen Sie sich zum Aufschreiben hinsetzen; aber die Angst vor dem leeren Blatt und der Widerwillen vor dem leeren Bildschirm ist verschwunden. Übrigens ist es erstaunlich, wie viele Sätze man Stunden später rekonstruieren kann, wenn man sie einmal im Kopf formuliert hat. Wenn Sie die vielen langweiligen, geistlosen Situationen eines Werktages dazu nutzen, in Gedanken immer wieder einen oder zwei Sätze zu formulieren, dann wird aus der Verpflichtung «kein Tag ohne eine Zeile» eine willkommene Abwechslung.

Ablenkungen nachgeben

Auch in intensiven Schreibphasen kommen Sie besser voran, wenn Sie Ablenkungen nachgeben, ohne das Schreiben ganz loszulassen. Ohnehin sind allzu lange Schreibzeiten unsinnig: Ein, zwei Stunden kann man sich konzentrieren, acht Stunden ganz sicher nicht. Vielen Autoren hilft es, wenn sie sich nach der Uhr zu Pausen zwingen. In guten Zeiten werde ich die Spannung nach einer Stunde konzentrierten Schreibens los, indem ich joggen gehe (in schlechten Zeiten gehe ich nur bis zum Kühlschrank). Nicht nur, dass sich beim Laufen ganz von alleine neue Einfälle ergeben. Oft passiert zuvor noch Folgendes: Während ich mich umziehe, fällt mir plötzlich der Satz ein, an dem ich eben noch hing. Also wandere ich gedankenverloren, eine Socke in der Hand, zurück zum Schreibtisch und schreibe ihn nieder. Dasselbe wiederholt sich beim Anziehen des linken, dann noch einmal des rechten Turnschuhs. Es ist mir schon passiert, dass eine ganze Seite entstand, bevor ich mich losreißen konnte. Die Entscheidung, für heute mit dem Schreiben Schluss zu machen, hat einen kreativen Schub ausgelöst, den das zwanghafte Weiterarbeiten unterdrückt hätte. Wenn ich allerdings einen Lauftrainer hätte, würde er mir sagen, dass ich mich mit dem blöden Schreiben nur vor dem Training drücke.

Mit dem Nächstliegenden anfangen

Sie brauchen nicht nur keine optimale Situation und keine reservierte Zeit zum Schreiben: Es gibt auch keine Regeln dafür, in welcher Reihenfolge Sie vorgehen sollen.

Nirgends steht geschrieben, dass ein Fach- oder Sachbuch Kapitel für Kapitel von vorne nach hinten entstehen muss.

Ohnehin werden Sie später vieles umstellen (s. Kap. 3.3). Und dem Endprodukt merkt niemand mehr an, ob es von hinten nach vorne oder in ganz anderer Reihenfolge geschrieben wurde. Beginnen Sie mit dem Versuch, diejenigen Themen formulierend in den Griff zu bekommen, die sich Ihnen als erstes aufdrängen.

Meistens setze ich mich hin, will als ordentlicher deutscher Autor dort anfangen, wo ich aufgehört habe, träume vor mich hin – und habe plötzlich fertig ausformulierte Sätze im Kopf, die weiter hinten hingehören. Seit es Computer gibt, spricht nichts mehr dagegegen, diese Sätze zuerst aufzuschreiben. Anschließend kann ich mich mit frischem Kopf der Stelle widmen, von der ich vorhin abgeschweift bin.

Verschiedene Arbeitsweisen

Weil Schreiben so viel mit der individuellen Persönlichkeit zu tun hat, sind die Vorgehensweisen extrem unterschiedlich. Doris Märtin* hat sich eine nette kleine Typologie der Schreiber ausgedacht. Es gibt Menschen, die kommen gut mit der *Tarzan*-Strategie zurecht: sich locker von Idee zu Idee zu hangeln und die Lücken später zu füllen. Sehr kreativitätsfördernd, aber es besteht die Gefahr, dass man sich irgendwann im Gestrüpp verheddert und mangels weiterer Ideen abstürzt. Diese Methode eignet sich mehr als Ergänzung zu anderen. Ein bisschen Tarzan tut auch der diszipliniertesten Schreiberin gut; auf dem Dschungelpfad des Schreibens kommt ohnehin keine genau dort an, wo sie hinwollte. Andere, die *Big Brothers*, müssen erst immer jede Formulierung perfekt haben, bis sie weiter kommen; eine mühsame Strategie, die im guten Fall zu sehr dichten, durchgearbeiteten und systematischen Texten führt, im häufigeren schlechten Fall aber vor allem zu Schreibblockaden. Einige erfahrene Schreibende *recyclen* dieselben Formulierungen immer wieder und setzen sie neu zusammen. Das geht nur, wenn man wiederholt über ähnliche Themen schreibt; und die Mühe, die es macht, sich von dem bereits Geschriebenen zu lösen bzw. es in einen neuen Kontext zu stellen, wird meist unterschätzt. Am einfachsten scheint mir die *Kletterer*-Strategie: zuerst gründlich die Steilwand studieren, dann am einfachsten Einstieg beginnen, planvoll Hand über Hand vorgehen, aber ab und zu, wenn man nicht weiterkommt, quergehen und woanders neu beginnen. Im guten Fall entsteht so eine optimale Balance zwischen dem Abarbeiten einer Gliederung und der Eigenwilligkeit des Schreibens. Oder Sie probieren die *Monteur*-Strategie: an mehreren Enden zugleich anfangen, an der jeweils naheliegendsten Idee weiterarbeiten und das erst später zusammenbauen. Das hilft vor allem bei langen Texten, also besonders bei Büchern, weil man bei Schreibproblemen oder Recherchebedarf an einer anderen Stelle weitermachen kann; nur darf der «rote Faden» nicht aus dem Blick geraten.

Meiner Erfahrung nach sind solche Muster kaum zu verändern, und sie alle führen dazu, dass (sehr unterschiedliche) gute Bücher entstehen. Wenn Sie also eine ausgefallene Arbeitsweise gefunden haben und die funktioniert, dann bleiben Sie dabei.

Der Anfang

Was ich am konventionellen Von-vorne-nach-hinten-Schreiben problematisch finde, ist das große Gewicht des Anfangs. Ich weiß, eine gelungene Formulierung für den Anfang – aber ebenso ein guter Schlusssatz, auf den man zuschreiben kann – beflügelt die ganze Arbeit. Nur sollte es Ihnen nicht gehen wie dem Verwaltungsangestellten in Camus' «Die Pest»*, der jahrelang an einem vollkommenen ersten Satz feilt – und darüber nie zum Rest des Romans kommt. In den meisten Fällen ist der Anfangssatz, der zunächst so genial schien und der Ihnen vielleicht erst die Motivation gab, das Buch tatsächlich schreiben zu wollen, am Ende nur die Leiter, die man wegwerfen muss, nachdem man sie erstiegen hat.*

Der Kern

Wovon Sie sich grundsätzlich verabschieden müssen, ist die Vorstellung, jeder geschriebene Satz müsste für das fertige Buch verwendbar sein. Was Sie jetzt schreiben, ist noch nicht einmal die Erstfassung. Jedes Buch ist um einige wenige Grundaussagen herum gebaut, und die ersten Entwürfe kreisen um den Versuch, diesen schwer zu fassenden Kern in angemessene Formulierungen zu packen. Ließe es sich sofort einfach sagen, wozu bräuchte es dann das Buch? Ich glaube, dass Romanautoren in ganz ähnlicher Weise nach der einen zentralen, hochgespannten Szene suchen, in der der ganze Konflikt kulminiert und von der aus das Buch seine Dynamik erhält. In Textproben für Exposés sieht man immer wieder, dass der Autor die Aussage des ganzen Buches in fünf Seiten gequetscht hat. Das ist nicht die Funktion einer solchen Textprobe – die vielmehr einen repräsentativen Ausschnitt aus dem Buch simuliert –, aber es könnte die Funktion des ersten Entwurfs sein, den Sie nur für sich schreiben.

Auf diese Weise schreibt sich das Buch mindestens ebenso von innen nach außen wie von vorne nach hinten: Aus einem Absatz im ersten Schreibversuch wird später vielleicht ein ganzes Kapitel.

Einige zentrale Thesen werden genau so stehen bleiben; aber diese Sätze wären Ihnen nicht gelungen, wenn Sie immer nur nachgedacht, nicht auch auf dem Papier, tastend, stockend und abschweifend, Ihre Erfahrungen gemacht hätten.

Der Tonfall

Die zweite wichtige Funktion der ersten Schreibversuche gleicht der von Tonleiterübungen.

Jedes Buch hat einen charakteristischen Tonfall.

Die ersten Formulierungen probieren mehrere Tonarten aus, bis Sie die für Ihren Zweck genau richtige getroffen haben.

Eine wichtige Entscheidung, die die Tonart bestimmt, habe ich schon erwähnt: Welche Sprache können und wollen Sie Ihrer Zielgruppe zumuten? Können Sie annehmen, dass da jemand Erfahrung und auch eine gewisse Freude daran hat, komplexen Satzstrukturen zu folgen, oder muss alles in ganz einfache Häppchen zerlegt werden? In welchem Maße werden Fach- und Fremdwörter verstanden? In einem Sachbuch können Sie nicht schreiben, dass eine bestimmte Verhaltensweise «überzufällig häufig mit Neurotizismus einhergeht»; nicht nur, weil das so hochgestochen klingt, sondern auch, weil die Mathematik hinter dieser Aussage Nicht-Wissenschaftlern unvertraut ist. In einem Fachbuch können Sie Ergebnisse nicht «wahnsinnig spannend» finden – das tut man nicht –, aber Sie können auch nicht Sätze schreiben wie «die Globalisierung entwurzelt die ausgebeuteten Massen» – das ist ein Konglomerat von Ideologie und ungeklärten Begriffen, das in einem wissenschaftlichen Werk nichts zu suchen hat (vgl. Kap. 4.2). Bei Lehrbüchern und Ratgebern stellt sich regelmäßig die Frage nach dem lehrenden Tonfall: Wieviel Didaktik muss sein, um klarzustellen, dass es hier ernsthaft etwas zu lernen gibt, und ab welchem Punkt machen Sie sich zum Schulmeister? Lassen Sie Witz und Ironie als Mittel der Auflockerung zu, und wo ist die Grenze zum Kalauer?

Technische Kriterien für die Unterschiede der Tonarten können Sie in Kapitel 4.3 und 5.1 nachlesen; dort geht es darum, wie Sie später falsche Töne eliminieren werden. Jetzt finden Sie den für das Buch optimalen Tonfall einfach durch Ausprobieren.

Nehmen Sie sich die Freiheit, Ihren eigenen und den für Ihr Buch optimalen Tonfall zu benutzen.

Glauben Sie niemandem, der Ihnen erzählt, man müsste ein Lehrbuch, einen Ratgeber, ein Sachbuch so und so schreiben. Man muss nicht. Maßgebend sind nicht Konventionen, sondern die Bedürfnisse der Leser.

Die Zielgruppe gibt das Sprachniveau vor. Aber wir neigen dazu, ein bestimmtes Sprachniveau voreilig mit einer bestimmten Haltung Lesern gegenüber zu verbinden. Wenn wir so einfach wie möglich schreiben wollen, werden wir leicht belehrend (mit einem Übermaß an «müssen» und «sollen») oder emotional (mit einem Übermaß an Ausrufezeichen). Wenn wir ein etwas komplexeres Niveau anstreben, entdecken wir den Amtsschimmel in uns. Dabei wäre es durchaus möglich, in einfachen, geradlinigen Sätzen ganz nüchtern, distanziert und vorurteilsfrei zu bleiben – oder in weit ausgreifende Sätze mit vielen schwierigen Wörtern einen «literarischen», emotionalen Ton zu legen. Es gibt mehr Möglichkeiten des Tonfalls als plakativ oder gestelzt.

Lösen Sie sich von den Standardformulierungen, die besonders Wissenschaftler voneinander abschreiben. Versuchen Sie doch einmal so zu schreiben wie eine Zeitung oder Zeitschrift, die Sie selbst gerne lesen. Es gibt so viele Möglichkeiten des Tonfalls. Es gibt hochstrukturierte analytische Texte, die einen komplexen Sachverhalt in erstens, zweitens, drittens aufbrechen; Lehrtexte, die anerkanntes Wissen didaktisch so einfach wie möglich aufbereiten; missionarische Texte, die von einer Sicht der Dinge überzeugen oder zu einer Handlung auffordern; vermittelnde Einerseits-Andererseits-Texte; satirische Texte, die sich über heilige Kühe lustig machen. Alles geht, was die Erwartungen der Zielgruppe trifft; seltsam klingt nur der falsche Ton am falschen Ort und die Vermischung zweier Tonarten.

Rhythmus und Redundanz

Mit der Entscheidung für einen Tonfall verbunden ist die für Tempo und Rhythmus. Abgesehen von Strukturelementen (Tabellen, Abbildungen usw.) wird der Rhythmus eines Texts wesentlich vom Ausmaß an Redundanz geprägt. Redundanz ist der informationstheoretische Ausdruck für das, was der Empfänger einer Botschaft ohnehin schon weiß, also das Gegenteil von Information. Meistens betrachten wir Redundanz als etwas Lästiges, als Hintergrundrauschen, sinnlosen Smalltalk. Der Witz ist aber, das ohne Redundanz keine Information übermittelt werden kann, weil erst die Übermittlung von Bekanntem – wie der Smalltalk, bevor man zum Geschäftlichen kommt – die Beziehung zwischen Sender und Empfänger herstellt, die es Letzterem ermöglicht, Unbekanntes aufzunehmen. Eine chinesische Lautsprecherdurchsage würde mich völlig ratlos zurücklassen, weil mir alles daran neu wäre, alles Information und darum gar keine. Anders bei einer Lautsprecherdurchsage auf einem italienischen Bahnhof: Auch wenn ich wenig Italienisch verstehe, kann ich mich an den Städtenamen festhalten, um zu verstehen, dass es mein Zug ist, mit dem irgendetwas los ist; und mein Vorwissen über Eisenbahnen lässt mich annehmen, dass er wohl verspätet sein wird. Ich muss nur noch auf eine wirkliche Information horchen: die Zahl vor «minuti di ritardo». Ich verstehe das Neue, weil es in Bekanntes eingebettet ist.

Es gibt also immer ein ideales Ausmaß an Redundanz, und das hängt von der Zielgruppe ab. Sachbuchautoren unterschätzen meistens das Ausmaß an Redundanz, das Leser brauchen. Sie denken an die Informationen, die sie übermitteln möchten, und vernachlässigen das notwendige Drumherum. Bei einem Sachbuch müssen Sie sich zwingen, von ganz banalem Alltagswissen auszugehen, an Selbstverständliches anzuknüpfen, jeden wichtigen Gedanken auszuführen, in veränderter Form zu wiederholen, mit einem Beispiel zu illustrieren, am Ende noch einmal zusammenzufassen. Dementsprechend ist es sinnvoll, die erste Fassung eines Sachbuchs von vorneherein nur auf die halbe Länge der Endfassung anzulegen und es in der weiteren Bearbeitung «aufzublasen».

> Für das Schreiben von Ratgebern und Sachbüchern gilt die Regel: Länger wird's von ganz alleine. Nehmen Sie sich halb so viel vor, wie Sie am Ende abliefern wollen.

Mit jeder Überarbeitung wird der Text eines Ratgebers länger, ganz zu schweigen von Bildern und anderen Ideen zur Auflockerung. In der ersten Fassung konzentrieren Sie sich ganz auf die Information; erst allmählich wächst darum herum das, was diese Information verdaubar macht. Haben Sie also keine Bedenken, wenn Sie am Anfang den Eindruck haben, für ein Buch hätten Sie zu wenig zu sagen.

Auch Lehrbücher brauchen ein ordentliches Maß an Redundanz, wenn Sie wollen, dass die Kerngedanken wirklich verstanden werden. Eine Monografie dagegen kann es sich leisten, alles nur einmal zu sagen. Das Verhältnis von Information und Redundanz wird später das Lesetempo prägen: Ein allzu redundantes Buch überfliegt man ungeduldig, an einem allzu informativen beißt man sich die Zähne aus.

Selbstdarstellung

Prüfen Sie auch, welches Bild vom Autor Ihr Tonfall vermittelt. Das gilt keineswegs nur, wenn Sie «Ich» schreiben (vgl. S. 113): Vermeidungsstrategien wie «die Verfasserin», «im Folgenden stellt sich die Frage» oder «es wurde untersucht» zeichnen das deutliche Bild kleinlich-deutscher Furchtsamkeit. Umgekehrt ist das wissenschaftliche oder literarische Ich eine Kunstfigur, mit der Sie lustvoll spielen können. Ist «Ich» ein emsiger Arbeiter im Weinberg der Wissenschaft oder die abgeklärte Expertin, die sich Werturteile ohne Begründung zutraut? Oder ein väterlicher Freund, der die Leser an die Hand nimmt und ihnen Schritt für Schritt alles erklärt? Muss die Autorin immer alles wissen, oder sind offene Fragen möglich?

Mit der Frage des «Ich» verbindet sich die Frage, ob Sie die Leser direkt ansprechen wollen. Das «Sie» ist das trennschärfste formale Merkmal, das einen Ratgeber von einem aufklärendem Sachbuch unterscheidet. Die direkte Leseranrede lockert ein Buch sehr auf, aber sie hat nur Sinn, wenn sie ständig mit Leben gefüllt wird, d. h. wenn Sie bereit sind, eine bestimmte Beziehung zwischen «Ich» und «Sie» aufzunehmen und durch das ganze Buch durchzuhalten.

Den eigenen Ton finden

Schließlich stellt sich heraus, das jeder von uns bestimmte Tonfälle «kann» und andere nicht. «Suche keine Effekte zu erzielen, die nicht in deinem Wesen liegen», sagt Tucholsky*. Schlucken Sie Ihren Stolz herunter, und legen Sie einen Textentwurf jemandem vor, der ein Gespür für richtigen und falschen Ton hat. Wenn Ihnen eine angestrebte Tonart partout nicht gelingen will, dann heißt es Zurück auf Los: Vielleicht ist doch eine ganz andere Art von Buch die Ihnen gemäße.

Spielen Sie mit Textschnipseln herum, und tun Sie das jetzt gleich, damit Sie Zeit haben, die besten Keime für das Buch auszuwählen.

In der Anfangsphase eines Buches ist der Tonfall wichtiger als die Aussage.

Voreilige Aussagen lassen sich korrigieren. Ein einmal etabliertes Formulierungsmuster dagegen zeugt sich selbsttätig fort. Wer einmal angefangen hat, unverständlich, blasiert und langweilig zu schreiben, wird davon bis zum Ende nicht mehr loskommen. Wenn Sie dagegen den richtigen Ton gefunden haben, dann reiten Sie auf einer Welle, die Sie über viele Sätze hinweg tragen wird. Springen Sie ins Wasser, heute noch.

2.2 Die erste Fassung: Erfahrungen mit dem Thema und dem Tempo

Eine intensive Schreibphase

Allmählich wissen Sie, was für eine Art Buch es wird. Gleichzeitig wächst der Berg an Material, an Schreibversuchen, Notizen, Fotokopien, Gliederungsentwürfen. Jetzt – aber eben nicht gleich am Anfang! – kann es sinnvoll sein, die Phase des Ausprobierens hinter sich zu lassen. Den nächsten Urlaub oder sonst eine ruhige Zeit wollen Sie nutzen, um sich ganz auf das Buch zu konzentrieren. Die anfängliche Gefahr, dass die optimale Arbeitssituation, lang ersehnt und sorgfältig abgeschirmt, nur zur Schreibblockade führt, ist durch die Vielzahl vorliegender Entwürfe gebannt. Packen Sie alles ein, und gönnen Sie sich den Schreiburlaub.

Wenn Sie zu Tabelle 1 zurückblättern (S. 17), sehen Sie, dass ich in meinem Muster-Zeitplan eine solche Phase durchaus eingeplant habe. Vielleicht wundert Sie, dass zwischen «Rohfassung fertigstellen» und der tatsächlichen Abgabe des Manuskripts mehr als ein halbes Jahr liegt. Das ist das absolute Minimum.

Sie werden sich wundern, wie schnell die Zeit vergeht. Noch ist kein Buch früher als geplant fertig geworden.

Aus langer Lektorenerfahrung kenne ich alle guten und schlechten Entschuldigungen für Verzögerungen in der Manuskriptabgabe, die auch bei professionellen Autoren oft zwischen drei Monaten und fünf Jahren liegen. (Das heißt natürlich nicht, dass Sie sich mit derartigen Verzögerungen beliebt machen. Sie sollten sie einplanen, *bevor* Sie einen Termin zusagen.) Wenn man weiß, was noch alles dazwischen kommen kann – und wird –, müsste man eigentlich bei jedem fertigen Manuskript wie der Theaterdirektor in «Shakespeare in Love» ausrufen: It's a miracle!

Die erste Fassung ist nicht die letzte

Der große Abstand zwischen erster und letzter Fassung tut dem Buch aber auch gut. Fach- und Sachbücher profitieren immer von vielen Überarbeitungen. Sie machen sich das Schreiben der ersten Fassung sehr viel leichter, wenn Sie sie als eben das ansehen – als die erste von vielen Versionen, an der noch alles änderbar ist. Ich will Ihnen nicht vorschreiben, wie viele Fassungen Sie brauchen. Aber viele Gespräche mit erfahrenen Autoren haben mich überzeugt, dass es Ausweis von Professionalität ist, sehr früh eine rudimentäre, keineswegs perfekte Erstfassung zu schreiben. Die Zeitplanung wird viel gelassener, wenn «unendlich lange» vor dem Abgabetermin ein substanzieller Anteil der Rohfassung vorliegt. Auch wenn noch vieles fehlt und das Vorliegende Ihren Qualitätsmaßstäben nicht genügt, können Sie sich danach beruhigt darauf konzentrieren, dass das Buch gut, nicht dass es bloß fertig wird.

Als Faustformel für das Schreiben eines beliebigen Texts würde ich von 30 % Planungszeit und 30 % Zeit zum Runterschreiben ausgehen, so dass etwa ein Drittel bis die Hälfte der zur Verfügung stehenden Zeit für Überarbeitungen übrigbleibt: für zweite, dritte und vierte Fassungen und zum Nachholen der vielen Dinge, die Ihnen bis zum Ende der ersten Fassung eingefallen sind. Rohfassungen müssen liegen bleiben, bevor man sich wieder daran traut (s. Kap. 4.1); und langfristig ist es gar nicht mehr Arbeit, immer schon ein bisschen an etwas zu schreiben, was erst «unendlich» viel später fertig sein muss, wenn sich dadurch der Abgabedruck verringert.

Zügig runterschreiben

Man unterschätzt im Allgemeinen den Überarbeitungsaufwand, und überschätzt glücklicherweise die Zeit, die man für das Runterschreiben der ersten Fassung braucht.

> Schreiben Sie die Erstfassung so schnell, dass Ihnen zwischendurch keine Zeit zum Grübeln bleibt.

Viele erfolgreiche Autoren setzen sich ganz bewusst derartigem Zeitdruck aus, um den inneren Zensor auszuschalten. Stephen King* schildert, wie er einige seiner Bestseller in einem Schreibrausch von ein, zwei Monaten heruntergerissen hat (allerdings mithilfe von Kokain und Alkohol). Oder lesen Sie im Gespräch mit Maja Storch (S. 164) nach, wie sie ein Buch nach «fünf Jahre Denken» in einem achtwöchigen Schreibmarathon produziert.

Dennoch sind auch im Schreiburlaub allzu lange Schreibzeiten unsinnig; sie führen nur dazu, dass Sie doch wieder ins Grübeln kommen, und damit zu Schreibblockaden. Ein, zwei Stunden kann man sich konzentrieren, acht Stunden ganz sicher nicht. Es mag Workaholics geben, die sechs Stunden am Tag schreiben können; für uns Normalsterbliche sind zwei bis drei Stunden am Morgen plus zwei weitere über den Tag verteilt das Äußerste. Vielen Autoren hilft es, wenn sie sich nach der Uhr zu Pausen zwingen. Ich benutze im Urlaub einfach einen Uralt-Laptop, der nach anderthalb Stunden von sich aus nach der Steckdose schreit. Ihnen bleibt also auf jeden Fall genug Zeit, um noch etwas vom Urlaub zu haben.

Schreibgeschwindigkeit

Unter diesen Umständen schaffen Sie pro Tag mindestens drei bis vier Manuskriptseiten zu 1800 Zeichen, oder, wie es im Englischen üblich ist zu zählen, 250 Wörtern; pro Woche Schreiburlaub also etwa 40 000 Zeichen oder 6000 Wörter (zum Vergleich: dieses Buch enthält etwa 60 000 Wörter).

Auch wenn Sie sich nicht so völlig vor der Welt verschließen können, lässt sich die erste Fassung in überschaubarer Zeit runterschreiben. Andere Autoren mussten das auch schaffen. Zumindest Sachbücher werden kaum je als Vollzeitbeschäftigung geschrieben. Wenn Sie nicht noch etwas anderes zu tun hätten, könnten Sie nicht die praktischen Erfahrungen machen, auf denen Ihr Buch beruht. Es muss auch möglich sein, ein Sachbuch nebenberuflich in 20-Minuten-Häppchen zu schreiben. Vielleicht können Sie es sich ja leisten, so früh aufzustehen und so spät zu frühstücken, dass dazwischen zwei Seiten Text entstehen: Mit dieser simplen, aber eisern befolgten Regel hat angeblich Thomas Mann sein gigantisches Werk zustande gebracht. Wenn Sie nur eine Stunde am Tag für das ungestörte Schreiben der ersten Fassung reservieren können, sind etwa 10 000 Zeichen oder 1500 Wörter pro Woche realistisch. Lassen Sie sich von Ihrem Verlag sagen, wieviel Zeichen reiner Text auf eine Seite passen, rechnen Sie den Platzbedarf für Abbildungen, Tabellen usw. heraus, dann wissen Sie, wie viele Wochen Sie für das Runterschreiben einer ersten Fassung brauchen werden.

Das Thema ausloten

Abgesehen von dem beruhigenden Gefühl, die Zeitplanung im Griff zu haben: Wozu schreibt man eine erste Fassung? Hauptsächlich, um das Thema und seine Grenzen auszuloten. Ich habe bisher Wert darauf gelegt (s. Kap. 1.2), das Thema offen zu halten und sich auf Publikationszweck, Zielgruppe, Buchtyp und Tonfall zu konzentrieren. Jetzt wollen Sie langsam wissen, worüber Sie schreiben, oder präzise gefragt: Was soll in das Buch – und was passt nicht hinein?

Diese Frage lässt sich wiederum nur durch Ausprobieren beantworten. Eine grobe Themenliste haben Sie von Anfang an im Kopf; dass Sie sich in der Sache auskennen, setze ich bekanntlich voraus. Was Sie nicht wissen, ist, wohin Sie das Buch treiben wird.

> Eine Erfahrung ist etwas, aus dem man verändert hervorgeht. Wenn ich ein Buch schreiben sollte, um das mitzuteilen, was ich schon gedacht habe, ehe ich es zu schreiben begann, hätte ich niemals die Courage, es in Angriff zunehmen. Ich schreibe nur, weil ich noch nicht genau weiß, was ich von dem halten soll, was mich

> so sehr beschäftigt. So daß das Buch ebenso mich verändert wie das, was ich denke. Jedes Buch verändert das, was ich gedacht habe, als ich das vorhergehende Buch abschloss. (Michel Foucault*)

Das ist das faszinierende Erlebnis beim Schreiben der ersten Fassung: Aus der Masse des Wissens schält sich ein komplexer, aber begrenzter Gedankengang heraus. Die Logik des entstehenden Texts erzwingt Auswahl und Ordnung. Das ist eine Erfahrung, die Sie sich nicht nehmen lassen sollten, auch wenn Sie zu den pingeligen Vorausgliederern gehören (vgl. Kap. 3.2).

> Im rauschhaften Runterschreiben der Erstfassung bekommen Sie zum ersten Mal einen Eindruck von dem «Ganzen», auf das das Buch hinaus will.

Ausufernde Manuskripte

Außerdem können Sie an der ersten Fassung abschätzen, ob wirklich alles, was Sie sich vorgenommen haben, ins Buch passt. Sehr häufig stellt sich heraus, dass es schon jetzt ausufert. Sie haben 100 Manuskriptseiten geplant, zehn Kapitel à 10 Seiten. Während nun aber das erste Kapitel Gestalt annimmt, fallen Ihnen noch fünf weitere Themen ein, die unbedingt ins Buch müssen und jeweils ein eigenes Kapitel verdienen. Und schon das zweite, nun wirklich inhaltliche Kapitel lässt sich in dem gewählten Tonfall und Rhythmus – und Sie haben inzwischen gute Gründe, den beizubehalten – nur auf 15 Seiten abhandeln. Fünfzehn Kapitel à 15 Seiten, das wäre mehr als eine Verdoppelung des Umfangs. Das ist dann nicht mehr das Buch, das Sie schreiben wollten, und es gibt mit Sicherheit Ärger mit dem Verlag. Was tun?

Der naheliegende Vorschlag «Kürzen Sie um die Hälfte» funktioniert selten. Abgesehen davon, dass es unendlich mühsam ist: Wenn Sie alles Unwichtige streichen, reduzieren Sie Redundanz, das heißt Sie zerstören den Rhythmus. Die Übergänge stimmen nicht mehr, die Argumentation hängt in der Luft. Ohne eine inhaltliche Entscheidung, bestimmte Themen komplett wegzulassen, werden Sie nicht auskommen.

Das Thema begrenzen

Schließlich ist es kein Zufall, dass Texte in aller Regel länger werden als geplant (auch das Umgekehrte kommt vor, aber sehr viel seltener). Das liegt schon an der Themenwahl. Die erste Idee für ein Thema ist immer zwei Nummern zu groß. In Ihrer wissenschaftlichen Ausbildung haben Sie mühsam gelernt, Themen für Hausarbeiten, Diplomarbeiten, Dissertationen auf ein bewältigbares Maß herunterzubrechen. Man hat Sie vor den gefährlichen «großen Themen» gewarnt, etwa in den Worten Umberto Ecos*:

> Eine Arbeit über das Thema X zu schreiben bedeutet den Anspruch, daß bis dahin niemand so umfassend und so klar über die-

> sen Gegenstand geschrieben hat. Das ganze vorliegende Buch hat euch gezeigt, daß ihr bei der Wahl des Themas vorsichtig sein müßt, daß ihr umsichtig genug sein müßt, ein begrenztes Thema zu wählen, vielleicht ein ganz einfaches, vielleicht eines, das eine extrem schmale Fragestellung zum Gegenstand hat. Aber zum gewählten Thema, und seien es *Die Verkaufszahlen des Kiosks an der Ecke Bahnhof/Kreuzstraße vom 24. bis 28. Mai 1984*, müßt ihr *die höchste lebende Autorität* sein.

Sie wissen, dass die Entscheidung für ein «Thema», das Sie interessiert, bei wissenschaftlichen Arbeiten nur der erste von zwei Schritten ist. Im zweiten Schritt grenzt man es im Hinblick auf Methodik, verfügbares Material, Einbettung in umfassendere Forschungsprojekte, zu erwartende Ergebnisse so weit ein, dass man letztlich bei einer «Fragestellung» landet. Sie wissen auch, dass das Prinzip dieser Eingrenzung Exemplarität heißt: ein bewältigbares Klein-Thema zu finden, aus dem sich über das Groß-Thema, das viele interessiert, etwas lernen lässt.

Nun sollten Sie sich an diese Prinzipien erinnern. Denken Sie aber auch einmal darüber nach, warum Sie sie vergessen haben. Vielleicht meinen Sie, dass der Verlag einen sehr allgemeinen und für möglichst große Leserkreise interessanten Titel möchte. Sie möchten sich keinen Etikettenschwindel vorwerfen lassen und meinen deshalb, in einem Buch mit dem Titel «Erkältungen und grippale Infekte» auch SARS behandeln zu müssen.

Nicht alles muss hinein

Vor allem aber überfällt Sie jetzt, da Sie sich an die Öffentlichkeit wenden, die Angst, zu viel Ihres Wissens weglassen zu müssen. Sie verhalten sich, als wäre dieses Buch das letzte, das Sie je schreiben würden, und als müsste deshalb alles hinein, was Sie wissen. Ist es nicht diese Angst vor dem Leser, der das Buch nach wenigen Stunden zuklappt, die uns immer wieder die guten Vorsätze, exemplarisch und redundant zu schreiben, vergessen lässt? Ihre akademischen Kollegen nehmen Sie als umfassend kompetenten Urgeschichtler ernst, auch wenn der vorliegende Aufsatz nur vom Vergleich zweier Pferdedarstellungen in einer vorderasiatischen und einer nordeuropäischen Höhle handelt. Den Praktikern, Studierenden oder Laien aber, für die Sie das Buch schreiben, unterstellen Sie, sie würden nie wieder eine Zeile von Ihnen lesen, und deshalb müssen Sie unbedingt noch jene weit hergeholte These über die genetischen Grundlagen des Nomadismus unterbringen. Als ob Sie nicht wüssten, dass Sie damit die Leser vergraulen; wie Voltaire gesagt hat: «Das Geheimnis, langweilig zu sein, besteht darin, alles zu sagen.»

> Versuchen Sie nie, alles, was Sie wissen, in ein einziges Buch zu packen.

Aus dieser Erkenntnis lässt sich eine sinnvollere Methode der Reduktion entwickeln als «Kürzen»: Denken Sie sich schon einmal einen Titel für das übernächste Buch aus. Und dann überlegen Sie bei jedem Thema, das Sie in dem jetzt zu schreibenden Buch ansprechen wollen, ob es nicht in jenem übernächsten Buch viel besser aufgehoben wäre. Wäre es nicht taktisch klüger, sich noch einige geniale Ideen für zukünftige Veröffentlichungen aufzuheben?

Kürzen Sie nicht mit dem Rasenmäher, überall ein bisschen, sondern mit der Rosenschere: Schneiden Sie einzelne Triebe radikal zurück. Und überlegen Sie, ob Sie nicht einen Ableger in ein nächstes Buch umtopfen wollen.

Das eigentliche Kriterium ist natürlich wieder der Leser. Das übernächste Buch wird sich an eine andere Zielgruppe wenden, dieses jetzt muss sich strikt beschränken auf das, womit sein Leser etwas anfangen kann. Entschuldigen Sie sich nicht dafür, dass Sie manche Dinge nicht behandeln: Sie erweisen damit den Lesern einen Gefallen, deren Interesse und Aufnahmevermögen viel kleiner ist als Ihr Wissen.

Mut zur Lücke

Deshalb sollte man erste Fassungen knapp anlegen. Ich habe schon gesagt, dass Erstfassungen von Sachbüchern nur etwa halb so lang sein sollten wie die Endfassung. Auch bei Fachbüchern vergrößert sich der Umfang noch erheblich durch Arbeiten, die jetzt noch gar nicht sinnvoll sind. Beim Schreiben der ersten Fassung würde ich vieles zurückstellen, was Zeit kostet und vielleicht doch nicht brauchbar sein wird. Geniale Einstiegssätze; Zahlen nachrecherchieren zu Aussagen, die im Grundsatz feststehen; Literaturbelege finden, die Sie nicht mehr im Wortlaut, aber der Tendenz nach wissen; das kann alles warten. Schreiben Sie auf Lücke. Mein Zeichen für Lücken ist #: «#Zitat Eco Autorität#».

Die Funktion der Erstfassung besteht darin, Themenkreis und Argumentationslinie abzuschreiten; dazu muss sie höchstens «grob vollständig» sein. Damit nehmen Sie sich zugleich eine der beliebtesten Ausreden, mit denen wir dem Schreiben ausweichen: «Ich lese noch.» Glauben Sie nur nicht, Sie müssten erst alles zum Thema Gehörige gelesen haben, bevor Sie die erste Fassung schreiben. Im Gegenteil wird die Erfahrung des Schreibens wesentlich die Richtung prägen, in der Sie weiter lesen werden.

Die Türe zu lassen

Keine Angst, wenn in der ersten Fassung vieles nur behauptet und nicht belegt ist. Sie schreiben sie ja nur für sich selbst. Später werde ich Sie auffordern, das Manuskript möglichst vielen Leuten zu lesen zu geben (s. Kap. 4.1). Jetzt ist nicht die Zeit dafür.

Während des Schreibens der ersten Fassung würde ich generell auf wohlmeinende Kommentare, Kritik und Selbstkritik verzichten.

Wichtige Rückmeldungen haben Sie ja schon durch den ersten Verlagskontakt und die Gespräche über das Exposé erhalten. Sie haben vielleicht Tonfall und Rhythmus an einem Mitglied der Zielgruppe ausprobiert, und Sie haben das Einverständnis Ihrer Lektorin für den Umfang und die Gestaltungsmerkmale des Buches, das Sie sich vorstellen. Jetzt schreiben Sie die erste Fassung in *splendid isolation*. Halten Sie sich an die Maxime Stephen Kings*:

> Schreibe bei geschlossener Tür, redigiere bei offener Tür.

Lassen Sie sich nicht ablenken; jedenfalls nicht von außen. Geben Sie jeder inneren Ablenkung nach. Wenn es Sie drängt, über etwas zu schreiben, was Sie eigentlich nicht vorhatten, was aber die Leser interessieren könnte, dann probieren Sie es aus. Vielleicht kommen sie dadurch erst dem eigentlichen Thema auf die Spur. Die Fundamentalkritik einer Freundin dagegen, die natürlich ein ganz anderes Buch schreiben würde, oder die Auseinandersetzung mit einem eben erschienenen Konkurrenzwerk hat Zeit, bis ein Manuskript vorliegt, über das man ernsthaft diskutieren kann.

Nicht korrigieren, weiterschreiben

Und lassen Sie sich auch nicht von den eigenen Selbstzweifeln aufhalten.

> Wenn Ihnen etwas einfällt, was weiter oben fehlte oder falsch dargestellt war: Gehen Sie nicht zurück.

Wenn Sie das schon Geschriebene immer wieder korrigieren, dann verhindert das nicht nur, dass die erste Fassung jemals fertig wird. Es erzeugt auch Inkonsistenzen, weil die ersten Kapitel «überkorrigiert» sind und die letzten kaum noch überarbeitet. Haben Sie einmal ein Musikinstrument erlernt? Dann erinnern Sie sich, dass Sie den Anfängerfehler verlernen mussten, ein Musikstück immer wieder von Anfang an zu üben, bis zu der ersten schwierigen Stelle, an der Sie hängen blieben. Statt dessen mussten Sie lernen, das ganze Stück so langsam wie möglich und ruhig mit gewissen Stockungen durchzuspielen, und dann gezielt an den schwierigen Stellen zu arbeiten. Genau diese Funktion des «Durchspielens» hat die erste Fassung.

Wenn die «grob vollständige» erste Fassung bis zum letzten Satz fertig ist und ein wenig abgehangen, dann wird sie im Computer zerhackt, neu zusammengesetzt, hin- und hergeschoben und umgeschrieben werden, dass es eine Freude ist. Einstweilen aber verhalten Sie sich, als würden Sie noch mit der Schreibmaschine schreiben. Drucken Sie jede fertig geschriebene Seite mit breitem Korrekturrand aus. Und dann nehmen Sie dieses «Typoskript» überall hin mit. Sammeln Sie aus allem, was Sie hören und lesen, Ideen für eine zweite Fassung. Kritzeln Sie einfach ein Stichwort zu dem, was noch hinein soll, an den Rand. Es werden noch mehr werden.

2.3 Mit anderen schreiben

Mehrautorenbücher planen

Viele Fachbücher werden von mehreren Autoren geschrieben – weil das so verführerisch einfach ist. Jeder trägt ein Kapitel zu seinem Spezialthema bei; das müsste er ja mehr oder weniger aus der Schublade ziehen können. Es kommt also nur darauf an, die richtigen Leute zusammen zu bekommen.

Soweit die Theorie. In der Praxis ist das noch der einfachste Teil: auf einem Kongress eine Kollegin anzusprechen, ob sie zu dem geplanten Buch ein Kapitel schreiben möchte. Schwieriger wird es schon, sich auf einen Zeitplan zu einigen. Der wird – da wir alle immer mehr zusagen, als wir halten können – nicht ohne Druck eingehalten werden; und am Ende kann es richtig hässlich werden, wenn man die beiden Mitautoren rausschmeißen muss, die immer noch nichts geschrieben haben. Schon vor der Einladung empfiehlt sich in Erfahrung zu bringen, wer als unzuverlässig bekannt ist. Wenn dieser Mensch auch noch wichtig ist (was leider häufig zusammentrifft), oder wenn das Kapitel große Bedeutung für das Buch hat, dann müssen Sie sich darauf einstellen, es entweder kurzfristig selbst zu übernehmen oder – noch unangenehmer – einen rudimentären Entwurf als Ghostwriter zu Ende zu schreiben. Wenn Herr X auf zu vielen Hochzeiten tanzt, sich dabei seit Jahren nur noch selbst zitiert, Ihnen aber ernsthaft schaden kann, wenn Sie ihn übergehen, dann sollten Sie ihm das Geleitwort antragen. Das sieht gut aus, und es schadet nichts, wenn wenig drinsteht.

Terminpläne durchsetzen

Leider werden sich auch bei bester Planung einige Autoren nicht an die Vorgaben halten. Wenn es sich um grobe Verletzungen des Terminplans handelt, würde ich mich immer fragen, ob diese Autorin wirklich so unverzichtbar ist, wie sie glaubt. Vielleicht kann man sie ja auf die zweite Auflage vertrösten. Wenn Sie zu lange auf den letzten warten, kann es passieren, dass alle anderen ihren Beitrag noch einmal überarbeiten wollen, weil es inzwischen furchtbar wichtige neue Erkenntnisse gibt. Ohnehin dauert es für die Einzelautoren oft unbegreiflich lange, bis ein Mehrautorenbuch erscheint. Wälzen Sie die Schuld nicht auf den Verlag ab: Als Abgabetermin zählt erst der Tag, an dem ein *vollständiges* und *einheitliches* Manuskript vorliegt. Wenn Sie dagegen erst einmal den Ruf erworben haben, Terminpläne gnadenlos durchzusetzen, wird man Ihnen in Zukunft nur noch zusagen, was man auch pünktlich liefern kann.

Sammelsurium oder kluge Organisation

Damit erledigen sich aber noch nicht all die Überlegungen, die wir bisher angestellt haben. Für die Leser eines Gemeinschaftswerks ist es ziemlich misslich, wenn alle paar Seiten der Tonfall wechselt, wenn Themen doppelt behandelt werden, Wichtiges vergessen oder in einem überlasteten Kapitel versteckt wird, Unwichtiges in epischer Breite ausgewalzt wird, nur weil ein Autor sein Steckenpferd reitet – kurz, wenn das Buch einen organisierenden Geist vermissen lässt. Ein solches Buch wird man nicht lesen, allenfalls einzelne Kapitel, deren Autoren man schätzt; oder man wird es, wenn das Thema insgesamt erschöpfend abgehandelt erscheint und alle wichtigen Schulen vertreten sind, als Referenzwerk benutzen und gelegentlich darin nachschlagen. Heute heißt das, dass dieses Buch selten gekauft werden wird. Auch wenn «große Namen» mitwirken, wird sich der Verlag das Konzept deshalb kritisch ansehen.

> Ohne den organisierenden Geist entsteht kein Buch, das man Lesern zumuten möchte, sondern eine Kakophonie verschiedenster Tonlagen.

Man nennt das dann «Sammelband» oder «Reader», es riecht nach der Zweitverwertung der zufällig auf einem Kongress zusammengekommenen Beiträge – und Sie brauchen sich nicht zu wundern, wenn Verlage so etwas nur annehmen, wenn es zu 100 % finanziert wird. Ein durchdacht wirkendes Vielautoren-Handbuch oder -Lehrbuch dagegen, das viele wichtige Fachvertreter einbindet, kann zum Bestseller werden.

Ein- oder Vielautoren-Lehrbuch

Leider stirbt das Einautoren-Lehrbuch in den meisten akademischen Fächern derzeit aus. Es stimmt schon, dass niemand ein Fach mehr ganz überblicken kann; die Frage ist nur, ob das für das Schreiben eines Lehrbuchs so furchtbar wichtig ist. Die Tendenz zum Hundert-Autoren-Lehrbuch drückt aus, dass Wissenschaftlern der eigene arbeitsteilige Betrieb wichtiger ist als die Bedürfnisse von Lesern. Die wissen sich oft zu wehren: So entstehen in vielen Fächern «heimliche» Lehrbuch-Bestseller – pfiffige, aus einem Guss geschriebene Einautorenbücher, die sich auf das für Leser wirklich Wichtige konzentrieren. Medizinstudenten sollten eigentlich «Harrisons Lehrbuch der Inneren Medizin» mit fast 400 Autoren und 3000 Seiten durchackern; tatsächlich lesen sie lieber den im Eigenverlag herausgebenen «Herold: Innere Medizin», und nicht nur, weil er mit 800 Seiten auskommt. Dieselbe Funktion erfüllen Skripten, etwa für Jurastudenten. In diesen Fällen machen Verlage, die sich durch die vielen «großen Namen» eines Mehrautorenbuchs beeindrucken lassen, wirklich etwas falsch.

Tandem-Sachbuch

Bei Sachbüchern ist die gemeinsame Autorschaft fast immer zum Scheitern verurteilt – zu wichtig ist der einheitliche Tonfall. Was funktioniert, ist die Kombination inhaltlicher Experte plus stilistisch kompetenter Schreiber, eventuell Ghostwriter. So irrt Maja Storch (S. 165), wenn sie meint, Dieter Bohlen habe das erfolgreichste Sachbuch des Jahres 2002 geschrieben. Wesentlichen Anteil am Erfolg hatte die eigentliche Autorin, die Bildzeitungs-Journalistin Katja Kessler, die es geschafft hat, unzählige Menschen zum Lesen eines

Buches zu verführen, die sonst eben nur «Bild» lesen. Ein solches Tandem ist wohl das Zukunftsmodell auch für seriöse Sachbücher; denn auch gebildete Leser sind nicht mehr bereit, schwer Lesbares hinzunehmen, auf dem ein «großer Name» steht.

Aufgaben des Herausgebers

An die Stelle der ersten Fassung tritt beim Mehrautorenbuch eine vertiefte Planungsphase. Der Themenkreis, der sich nun nicht mehr in einer schnellen Skizze abschreiten lässt, muss genau festgelegt und auf eine detaillierte Kapitelstruktur heruntergebrochen werden.

> Einer muss hier Entscheidungen treffen – wirklich einer, auch wenn aus politischen Gründen oft mehrere Autoren als «Herausgeber» eines Vielautorenbuchs fungieren.

Allenfalls kann es sinnvoll sein, sich die Aufgaben so zu teilen, wie das Klaus Hurrelmann vorschlägt (S. 97): Ein erfahrener und einflussreicher Herausgeber hält die Autoren an der Kandare, ein jüngerer macht die eigentliche Arbeit.

In **Tabelle 4** habe ich die Aufgaben eines Herausgebers als Checkliste zusammengefasst. Die eigentliche Herausgeberin führt die Verhandlungen mit dem Verlag und definiert Zielgruppe, Anspruch und Typ des Buches. Sie legt minutiös die Kapitelumfänge (Zeichenzahlen, Abbildungs- und Tabellenzahl), die Binnenstruktur (vor allem die Überschriftenebenen) und alle möglichen Gestaltungsmerkmale fest, und sie definiert Formalien wie die Zitierweise, die Verwendung von Fußnoten, die Selbstdarstellung der Autoren usw. Je präziser der Auftrag an die einzelne Autorin, desto bessere Handhabe haben Sie später zur Umarbeitung von Kapiteln, die dem nicht entsprechen.

Vor allem plädiere ich unbedingt dafür, ein Musterkapitel zu schreiben. Was ich oben über die Bedeutung des schriftlichen Ausprobierens und über den Rausch des ersten Entwurfs sagte, gilt weiterhin – nur müssen Sie jetzt nicht nur sich selbst begeistern, sondern auch die Mitautoren. Eine gute Herausgeberin schafft das Kunststück, gleichzeitig drakonisch und mitreißend aufzutreten. Nur so ist das «Commitment» zu schaffen, die zumindest zu Anfang begeisterte Selbstverpflichtung aller Beteiligten, an deren Fehlen schon viele Gemeinschaftswerke gescheitert sind. Sie müssen den Autoren das Gefühl vermitteln, dass das Buch ganz ohne Zweifel fertig werden wird, und dass es ebenso unzweifelhaft gut wird – mit oder ohne ihre Mitwirkung. Einem Herausgeber dagegen, der keine persönliche Begeisterung ausstrahlt und seine eigenen Beiträge zuletzt schreibt, wird man manches zusagen, aber wenig halten; man hat ja noch anderes zu tun.

Rechte des Herausgebers

> Der Herausgeber muss notfalls alles selbst machen; dann hat er am wenigsten Arbeit. Dafür erhält er diktatorische Rechte.

Tabelle 4: Checkliste für Herausgeber von Mehrautorenbüchern

Vor Manuskriptabgabe
■ Hat jeder Autor eindeutige Terminvorgaben? ■ Hat jeder Autor Autorenanweisungen? ■ Ist Ersatz für «unsichere Kantonisten» eingeplant? ■ Ggf. Vorbesprechung mit Ersteller der Druckvorlage ■ Etwa zwei bis vier Wochen vor Abgabetermin rückfragen, evtl. Autoren ersetzen oder Kapitel streichen ■ Bei Terminverschiebungen Verlag vorwarnen
Nach Erhalt der Manuskripte
■ Kapitelüberschriften stilistisch anpassen und Gesamtinhaltsverzeichnis erstellen, Hierarchie (max. drei Stufen) und Formulierungen aller Überschriften möglichst vereinheitlichen ■ Sonderteile vereinheitlichen (Form der Autorennamen? Abstract am Anfang? Zusammenfassung am Ende?) ■ Evtl. Hinweise auf Vortrag tilgen ■ Sind die Literaturverweise und -angaben einheitlich? ■ Sind alle Tabellen und Abbildungen eindeutig bezeichnet? Stimmen die Erwähnungen von Tabellen und Abbildungen im Text mit den tatsächlich gelieferten Tabellen und Abbildungen überein? ■ Autorenverzeichnis mit aktuellen Adressen erstellen ■ Packen: Inhaltsverzeichnis / alle Texte / Tabellen + Tabellenlegenden / Bildlegenden / Abbildungen (gute Reinvorlagen oder Daten); ebenso Dateien anlegen ■ Ggf. Druckvorlage nach Vorgaben des Verlags erstellen ■ Von allen Teilen Kopien aufbewahren
Nach Erhalt der ersten Abzüge vom Verlag bzw. nach Vorliegen der ersten Druckvorlage
■ Welche Autoren müssen ihre Texte wirklich noch sehen? ■ Klare Termine setzen («ohne Rückmeldung bis zum … gehen wir davon aus, dass Sie keine weiteren Korrekturen haben») ■ Eigene Bearbeitungszeit planen und mit dem Verlag weiteren Zeitplan besprechen ■ Fragenliste des Lektorats bzw. Blockaden im Text beachten
Nach Erhalt der Imprimatur-Abzüge vom Verlag bzw. nach den letzten Korrekturen
■ In aller Regel Endkontrolle nur noch durch Herausgeber, nicht mehr an Autoren senden ■ Evtl. Sachregister erstellen

Um Missverständnisse zu vermeiden, sollten diese Rechte wie alle formalen Regeln von vorneherein schriftlich festgelegt werden. Die Interessen des Ganzen rangieren vor den Wünschen der Einzelnen, einfach deshalb, weil sie auch die Interessen der Leser sind. Selbstverständlich – aber auch das sollte man am Anfang festschreiben – behalten sich die Herausgeber eines Mehrautorenbuchs das Recht vor, die eingesandten Texte zu überarbeiten. Insbesondere wird man die Überschriften, die die Autoren ohne Kenntnis der gesamten Gliederung vorschlagen, nicht Eins zu Eins übernehmen können; die Herausgeber dürfen und müssen sie dem Gesamtwerk anpassen.

Überarbeitung der Beiträge

Auch wenn manche Autoren die Vorgaben souverän ignoriert haben, ist der Aufwand, die Interessen des Ganzen durchzusetzen, gar nicht so groß. Wenn Sie alle Überschriften neu schreiben und die Kapitel in eine sinnvolle Reihenfolge bringen, dann noch die Binnenstruktur einigermaßen vereinheitlichen (s. Kap. 3.3), lässt sich auch aus einem Sammelsurium noch etwas machen, was zumindest beim Durchblättern aus einem Guss erscheint.

Alles, was ich im Folgenden zur notwendigen Überarbeitung von Texten zu sagen habe, gilt selbstverständlich auch für Vielautorenbücher, und die Professionalität der Autoren zeigt sich daran, dass sie Änderungen durch die Herausgeber nicht nur akzeptieren, sondern begrüßen. Es bedarf einer ordnenden Hand und mutiger Entscheidungen. Wer dann noch darauf beharrt, dass sein Text ohne Rücksicht auf die anderen genau so abgedruckt werden muss, wie er ihn geschrieben hat, der ist für eine wissenschaftliche Kooperation ungeeignet.

Die Autoren haben das Recht, die Endfassung ihres Kapitels noch einmal zu sehen (in der Regel in Form fertig gestalteter Korrekturabzüge) und die eine oder andere Herausgeberkorrektur rückgängig zu machen – nicht aber, alles noch einmal umzuschreiben. Um das sicherzustellen, sollten alle Korrekturen über den Schreibtisch des Herausgebers gehen und nur durchgesehen an den Verlag weitergeleitet werden. Knüpfen Sie unbedingt an den Versand der Korrekturabzüge klare Terminvorgaben: «Wenn ich bis zum … nichts von Ihnen höre, gehe ich davon aus, dass Sie keine Korrekturen mehr haben.»

Persönlicher Einsatz

Ohne einen Zerberus, der die Autoren vorantreibt und Termintreue erzwingt, wird kein Vielautorenbuch je fertig. Ohne persönliches Commitment, das eine einheitliche Handschrift erzwingt, wird es nicht gut.

Wenn Ihnen das zu viel Arbeit ist, schreiben Sie das Buch lieber alleine.

Wenn Sie ein Mehrautorenbuch herausgeben wollen, bedenken Sie, was alles noch auf Sie zu kommen wird. Schreiben Sie Ihre eigenen Beiträge vorweg, dann haben sie das schon mal hinter sich. Wenn Sie zur Mitarbeit an einem Vielautorenwerk eingeladen werden, bedenken Sie, was die Herausgeberin noch zu tun hat, und machen Sie ihr das Leben nicht zusätzlich schwer, indem Sie Ihre Privatideen verfechten. Es gibt mehr als eine Art, ein Buch stimmig und erfolgreich zusammen zu schreiben. Aber für jedes Buch kann es nur eine geben.

«Ich fühle mich wohl, wenn ich schreibe»

Gespräch mit Tilmann Moser

Dr. phil. Tilmann Moser studierte Literaturwissenschaft und Soziologie, promovierte über Jugendkriminalität und arbeitete als Journalist, bevor er am Sigmund-Freud-Institut in Frankfurt zum Psychoanalytiker ausgebildet wurde. Er hat seit 1978 eine private Praxis in Freiburg. Er hat mehr als dreißig Bücher geschrieben: einerseits Berichte aus eigenen therapeutischen Erfahrungen wie *Lehrjahre auf der Couch* oder *Bekenntnisse einer halb geheilten Seele*; andererseits psychoanalytische Fach- und Sachbücher. Letztere beschäftigen sich vor allem mit der Bearbeitung von Spätfolgen des Dritten Reiches (*Dämonische Figuren, Mutterkreuz und Hexenkind*), mit dem Verständnis religiöser Störungen (*Gottesvergiftung, Der grausame Gott und seine Dienerin*) und mit der Verbindung von Psychoanalyse und Körperpsychotherapie (*Berührung auf der Couch, Körpertherapeutische Phantasien*). Weitere Informationen: www.tilmannmoser.de

Kommen zu dir noch Patienten ins Erstgespräch, die keines deiner Bücher gelesen haben?
Doch, doch. Aber es gibt natürlich eine Vorauswahl. Manche sagen, dass sie da etwas gespürt haben, das anders ist als in der klassischen Analyse. Aber es gibt immer noch Leute, die haben noch nie etwas von mir als Autor gehört. Und da bin ich auch froh. Manche Patienten, wenn sie Blut geleckt haben und wissen, ich habe Sachen geschrieben, stürzen sich darauf und lesen dann alles. Dann muss ich mich damit auseinandersetzen.

Aber ich habe es nie als störend empfunden. Manchen gebe ich aktiv einzelne Texte: Da steht was drin über diese Störung, das müssen wir nicht ganz so mühsam erarbeiten. Zum Beispiel kommen immer wieder Leute, die haben ungute Erfahrungen mit einer Psychoanalyse oder auch nur einem Erstgespräch gemacht, sind irgendwo steckengeblieben. Womöglich wurden sie sogar traumatisiert von der orthodoxen Analyse, wo sie auf der Couch verhungert sind, weil da einer fast nur geschwiegen hat und kein wirklich persönlicher Kontakt bestanden hat. Dann gebe ich ihnen schon mal «Kompass der Seele», wo ich über Therapiekatastrophen geschrieben habe, das hilft manchmal zu verstehen, was sie erlebt haben.

Viele deiner Bücher handeln von besonderen Verblendungen der Eltern, die sich ganz früh den Körpern der Patienten eingeschrieben haben: Du hast Kinder von religiösen Fundamentalisten beschrieben, von überzeugten Nationalsozialisten, von informellen Mitarbeitern der Stasi. Führt das dazu, dass deine Patienten dir mehr dieser Geschichten anvertrauen?

Früher spielte das eine große Rolle. Inzwischen schwindet vor allem das Thema Nationalsozialismus aus dem Zentrum. Die direkt im Krieg und der NS-Zeit Traumatisierten kommen nicht mehr, aber noch manche aus der zweiten Generation, die indirekt vieles mitbekommen haben.

Und die religiösen Störungen?
Das gibt es noch. Demnächst erscheint ein Bericht über eine Therapie mit einer Pfarrerstochter unter dem Titel «Der grausame Gott und seine Dienerin» – das erste Mal, dass eine durchprotokollierte, kommentierte Therapie im Wortlaut publiziert wird. Und ich habe eine Patientin, die als Schutz gegen einen frühen Missbrauch eine ganz tiefe, aber neurotische Gottesbeziehung entwickelt hat. Das bleibt für mich sehr spannend, da jemand langsam rauszubuddeln.

Wie verändert das Schreiben deine Arbeit?
Es bedeutet, wenn ich Fallberichte schreibe, dass ich den ganzen Therapieverlauf noch einmal gründlich durcharbeite. Das ist hilfreich. Wenn ich später mal wieder reinsehe, staune ich manchmal, wie klar ich manches formuliert habe.

Liest du eigene Bücher jemals wieder?
Zu speziellen Problemen schon, wenn ich denke, so was Ähnliches habe ich doch schon mal beschrieben.

Wirst du von Kollegen damit konfrontiert? Du hast deinen jahrelangen Kampf für eine stärker körperorientierte Psychotherapie einmal als «kritische Nestbeschmutzung in reformatorischer Absicht» bezeichnet.
Schon lange nicht mehr. Man hat offenbar eher beschlossen, mich mit Schweigen zu übergehen. Aber ganz im Stillen übernehmen viele Kollegen, die bei mir in Kursen oder Supervisionsgruppen waren, oder auch aus den Büchern, mehr von meinen Methoden, als sie in ihre Antragsformulare hineinschreiben. Andere klassische Analytiker lesen meine Bücher gar nicht, weil sie sich fürchten und weil sie zu wissen glauben, dass mein Einbezug der körperlichen Berührung ein Schritt vom Weg ist.

Bei dir läuft Bücherschreiben und Arbeiten immer nebeneinander her?
Immer parallel.

Wie entsteht eine neue Buchidee?
Das nächste Buch ist aus kleineren Arbeiten, psychoanalytischen Kunstbetrachtungen, hervorgegangen; es wird heißen «Kunst und Psyche. Bilder sprechen zur Seele». Der Anstoß kam da von der Lektorin eines renommierten Kunstverlages. Ich hatte das aber immer im schon im Hinterkopf. Die Versuchung zum Schreiben ist immer

da. Nur manchmal frage ich mich: Musst du das wirklich noch publizieren?

Dann gibt es den erwähnten Fallbericht mit dem minutiösen Protokoll einer Therapie. Das neueste Thema, das ich an der Angel habe, entstand aus einem ganz eigenen Interesse, nämlich aus den täglichen Meldungen über Betrug in der Wirtschaftswelt. Das fordert mich als Psychoanalytiker heraus: Was sind das für Typen, die in den Banken grenzenlos Schrottpapiere verkauft haben? Was passiert da mit dem Über-Ich? Wie ist es verführbar? Gibt es gespaltene Über-Ichs bei Menschen mit doppelter Moral? Da erfahre ich in Gesprächen interessante Dinge über den systematischen Druck, den die Vorstände auf Bankberater ausüben, damit sie das Zeug verkaufen.

Ist das typisch, dass sich mehrere Buchprojekten gleichzeitig durchdringen?
Manchmal gibt es parallele Ideen, manchmal braucht ein Thema auch eine lange Zeit. Die Zeitdauer zwischen Idee und Niederschrift ist sehr unterschiedlich. Bei manchen Fallberichten habe ich noch während der laufenden Therapie Notizen gesammelt, manche habe ich erst viel später im Rückblick geschrieben.

Du pendelst immer wieder zwischen eher bekenntnishaften Büchern, psychoanalytischen Fachbüchern und Büchern, die allgemeine soziale Verhältnisse behandeln. Das kommt so, wie es kommt?
Zu diesen Wellen würde ich auch zählen, dass ich alle fünf bis zehn Jahre eine Streitschrift schreiben muss. Eine bestimmte Form von diagnostischem Scharfsinn entsteht, wenn ich eine Wut habe.

Hast du feste Zeiten in der Woche, die fürs Schreiben reserviert sind, oder ziehst du dich dazu acht Wochen in den Schwarzwald zurück?
Nein, ich kann relativ gut auch in kleinen Abschnitten schreiben. Eine Zeitlang war ich immer um sechs Uhr morgens munter, dann habe ich bis neun Uhr geschrieben. Jetzt nutze ich einfach ruhige Stunden. Ich bin da sehr schnell drin. Ich muss mich nie zum Schreiben zwingen.

Ich spreche manchmal mit anderen schreibenden Kollegen, einige quälen sich enorm mit einer Seite. Ich kann das, was ich hinschreibe, in der Regel stehen lassen. Ich muss da nicht herumfuhrwerken und ganz viel korrigieren, das ist natürlich eine enorme Erleichterung. Das habe ich als Journalist gelernt. Meine ersten Arbeiten für die Zeitung waren Theaterkritiken, die mussten noch am Abend der Premiere geschrieben sein. Und meine Berichte aus dem Auschwitz-Prozess musste ich schon in der Mittagspause durchgeben.

In deinen Büchern ist hinreichend beschrieben, welche therapeutische Funktion das Schreiben für dich hat. Ich habe die wunderbar widersprüchliche Formulierung gefunden: «Gottesgeschenk und Lebenskrücke, wahres Selbst und Clownsgewand». Hat es diese Wirkung immer noch?
Nicht mehr so wie etwa bei der «Gottesvergiftung» oder zuletzt in «Bekenntnisse einer halb geheilten Seele». Jetzt versuche ich eher das Psychologische mit dem Überindividuellen, Gesellschaftlichen zusammenzubringen: Also was sind die individuellen Pathologien der Banker, und was sind Sozialcharaktere in einer bestimmten Generation? Da tritt das Therapeutische zurück.

Aber ich fühle mich wohl, wenn ich schreibe, ich fühle mich wohl, wenn das nach ein paar Stunden einen gewissen Erfolg hat. Wenn ich drei, vier Seiten zustande gebracht habe an einem Vormittag, dann fühlt sich der Tag anders an. Das hat eine ähnlich stimmungshebende Funktion wie Marmelade einkochen, was ich auch gern tue.

Das ist auch ein schönes Bild für den Schreibvorgang. Deine Bücher verkaufen sich. Weißt du, warum?
Unterschiedlich. Es gibt natürlich die große Schar derjenigen, die auf die Fallgeschichten neugierig sind. Dann treffe ich manchmal ein Thema, wo es viele Betroffene gibt, am meisten in der «Gottesvergiftung», aber auch in den «Lehrjahren auf der Couch». Das Geheimnis liegt wohl in einer Mischung aus Stil und einer gewissen subjektiven Aufrichtigkeit, sodass sich die Leser identifizieren können. Und ich versuche weitgehend den Fachjargon zu vermeiden.

Würdest du auch dann weiterschreiben, wenn es niemand mehr verlegen, niemand mehr lesen wollte?
Nein, sicher nicht. Ich habe auch kaum je Tagebuch geführt. Nun gut, ich habe mal einen Roman versucht und mal ein Theaterstück, die beide nichts taugen. Aber ich schreibe nicht für die Schublade.

Bauen Sie das Buch auf

3

With a problem scientific
He's colossal and terrific
But he ain't got rhythm
so no one's with 'im
Irving Berlin

3.1 Struktur und Formatierung

Struktur geht vor Inhalt

Jedes Buch braucht Struktur. Auch ein Krimi, den wir als einen einzigen Happen verschlingen, ist in Wirklichkeit durch den Plot und eine sorgfältige Regie von Zeit, Personen und Orten strukturiert. Bei Fach- und Sachbüchern ist die Struktur offensichtlicher. Die Einzelteile tragen Überschriften; sie sind in Kapitel, Unterkapitel, Unter-Unter-Kapitel gegliedert. Daneben springen weitere strukturierende Merkmale ins Auge: Tabellen, Abbildungen, Kästen, Aufzählungen, fettgedruckte Wörter usw.

Diese formale Struktur ist keineswegs sekundär gegenüber dem Inhalt. Der Mensch schaut, bevor er liest. Beobachten Sie sich selbst, wie Sie ein Fach- oder Sachbuch «verarbeiten». Vermutlich haben Sie auch dieses Buch erst einmal durchgeblättert: Sie haben also den Umfang des Ganzen und der einzelnen Kapitel wahrgenommen und den Leseaufwand abgeschätzt – und anscheinend entschieden, dass sich dieser Aufwand für Sie lohnt –, Sie haben vielleicht die Überschriften gelesen, die Tabellen und Textkästen mit einem Blick gestreift und hier und da Absätze angelesen. Je erfahrener eine Leserin ist und je mehr sie das Lesen dieses speziellen Buches als professionelle Aufgabe sieht, desto weniger wird sie von vorne nach hinten lesen.

Fach- und Sachbuchleser lesen nicht. Sie blättern. Also tun Sie alles, um Ihnen das Blättern so angenehm und informativ wie möglich zu machen.

Kapitellängen

Das wichtigste Gliederungsmerkmal ist die Seitenzahl. Ich lese keinen Sachtext, ohne zur nächsten Überschrift vorzublättern und nachzuschauen, wie viel ich mir da am Stück zumuten werde. Das hat ja auch inhaltliche Bedeutung: Nicht nur im Krimi ist der in der Buchmitte Verdächtigste selten der Täter. Auch eine abwegige Behauptung oder uninteressante Abschweifung in der Mitte eines Fachbuchkapitels kann ich überblättern; das Entscheidende wird schon am Kapitelende kommen. Zumindest hoffe ich, dass der Autor mitgedacht und Wichtig und Unwichtig klug verteilt hat (vgl. Kap. 4.2).

Beim Lesen eines Buches bekommt man ein Gefühl für den «Atem», den Grundrhythmus des Buches: dafür, wann wieder etwas Neues kommt. Die Überschriften-Gliederung dient dazu, dieses Gefühl zu stärken und den Leser jederzeit zu informieren, an welcher Stelle im Buch er sich befindet. So weit, so banal. Warum ist dann in so vielen Fachbüchern ein Kapitel fünfmal so lang wie ein anderes? Was soll diese vierstellige Nummerierung, die es doch in den anderen Kapiteln auch nicht gibt? Und wo kommt plötzlich die kursive Zwischenüberschrift her? Wo bin ich hier überhaupt?

Die verhängnisvolle Logik

Das liegt daran, dass Autoren manchmal ihre eigenen Denkschemata wichtiger nehmen als die Bedürfnisse der Leser. Wenn ein Thema «eigentlich» aus zwei logisch gleichrangigen Teilen besteht, dann neigt man dazu, daraus zwei Kapitel zu machen – auch dann, wenn man zum einen Teil fünfmal so viel zu sagen hat wie zum anderen. Das erzwingt eine viel zu detaillierte Untergliederung der «größeren Hälfte». Leserfreundlich wäre es, von vorneherein mit sechs Kapiteln zu planen, fünf zum einen und eins zum anderen Teil.

> Übersichtlichkeit geht vor Logik.

Eine für viele Fachbücher verhängnisvolle Logik ist das EMED-Schema, das Naturwissenschaftler verinnerlicht haben: Einleitung und Forschungsstand / Methoden und Material / Ergebnisse / Diskussion. Aber dieses Schema ist als nur Leitidee für ein Forschungsvorhaben gedacht, allenfalls für die Zeitschriftenpublikation einer isolierten empirischen Studie, aber sicher nicht als Format einer Buchveröffentlichung. Denn in einem Buch haben Sie zwangsläufig zu den «Ergebnissen» viel mehr zu sagen als zu allem anderen. Also entsteht, wenn Sie sich sklavisch an das EMED-Schema halten, eine dieser Wasserbauch-Gliederungen, deren Mittelteil monströs aufgeschwollen ist (siehe das Beispiel in Tab. 5, S. 93). Manchmal sieht man Überschriftennummern wie 3.4.1.2.5.1, die natürlich kein Leser nachvollziehen kann und die nur dazu führen, dass man diesen ganzen Teil überschlägt. Mindestens so schlimm sind «wilde» Überschriften außerhalb jeglicher Hierarchie, die ein armer Layouter irgendwie gestaltet: kursiv, fett, schlimmstenfalls beides.

Ein Buch zu schreiben – und sei es die überarbeitete Fassung Ihrer Dissertation – ist etwas anderes, als Forschung in Papier zu verwandeln. Hier folgt die Gliederung keinem festen Schema. Sie ergibt sich ganz natürlich aus dem, was Sie zu sagen haben und was die Leser lesen wollen.

Organischer Aufbau

Beim Schreiben der ersten Fassung machen Sie die Erfahrung, wie viel Zeit Sie brauchen, um einen Gedanken zu Ende zu bringen, das heißt wie lang Kapitel und Unterkapitel in einer organisch gewachsenen Gliederung sein sollen. Fassen Sie das nun in konkrete Regeln: «Nach 500 Wörtern kommt die nächste Überschrift dritter Ordnung.» Eine gewisse Variation ist akzeptabel, aber als Faustregel sollte gelten:

> Das längste Kapitel, Unterkapitel usw. darf nicht mehr als doppelt so lang sein wie das kürzeste.

Also sind etwa 350 bis 700 Wörter akzeptabel, wenn das Mittel bei 500 liegen soll. Derartige formale Regeln werden das Buch mehr prägen und zusammenhalten als die ganze inhaltliche Gliederung, und sie sollten deshalb auch vor jener festgelegt werden.

Zeichen- und Wörterzahlen

Als man noch mit der Schreibmaschine schrieb, maß man Textlängen in Manuskriptseiten. Auch heute hört man noch oft den Ausdruck «Normseite». Sie ist definiert als 30 Zeilen zu 60 Anschlägen; da nicht alle Zeilen gefüllt sind, sind das eher 1500 als 1800 Zeichen. Heute ist es viel einfacher, mit der von Word angegebenen Zeichenzahl (immer mit Leerzeichen) zu arbeiten. Eine komplett mit Text gefüllte Druckseite eines Fach- oder Sachbuchs fasst je nach Gestaltung etwa zwischen 2000 und 4000 Zeichen; natürlich muss man die Flächen für Abbildungen abziehen. Aber Sie brauchen ja nur ein relatives Maß, an dem Sie sich orientieren können, damit die Kapitel etwa gleich lang werden. Eine solche Regel könnte etwa sein: «40 000 Zeichen pro Kapitel, 7000 Zeichen pro Unterkapitel». Leichter zu merken finde ich die englische Zählweise in Wörtern, was im Deutschen knapp sieben Zeichen entspricht. Dann hieße dieselbe Vorgabe: «alle 1000 Wörter eine neue Überschrift, alle 6000 Wörter ein neues Kapitel».

Leserführung durch Strukturelemente

Leser müssen geführt werden, sie brauchen eine Anleitung, sich blätternd zurecht zu finden. Eine solche Leserführung erreichen Sie durch wiederkehrende, mit einem Blick zu identifizierende Strukturelemente. Hier eine kleine Auswahl:

- Überschriften. Typografisch wären vier Überschriftenebenen darstellbar (Kapitel, Unterkapitel, Unter-Unter- und Unter-Unter-Unterkapitel), aber:

> Kein Ratgeber oder Sachbuch und nur sehr wenige Fachbücher brauchen mehr als drei Überschriftenebenen. Alles, was darüber ist, überfordert die Orientierungsfähigkeit der Leser.

- Motto (am Kapitelanfang), eingerücktes Zitat (zwischendrin)
- Einleitungskasten und/oder Lernziele am Kapitelanfang, Zusammenfassung und/oder Verständnisfragen am Kapitelende
- fette Schlüsselwörter im Text oder Marginalien (Schlüsselwörter am Rand, die dieselbe Funktion haben)
- Merksatz, Praxistipp-Box, Achtung-Box
- großer Kasten mit praktischer Übung, Fallbeispiel, Interview, Checkliste
- Literaturangaben und Internetadressen
- Foto, Zeichnung, Infografik, Tabelle.

Die Tendenz geht dahin, Bücher immer lockerer und abwechslungsreicher zu gestalten. In dem Maße, in dem die Aufmerksamkeitsspannen von Lesern kürzer werden, sollen auch die Textflächen kleiner werden. Mittlerweile sind viele Fach- und Sachbücher überstrukturiert – beziehungsweise es fehlt das beruhigende Strukturelement einer längeren Textfläche, einer Erzählung. Überdidaktisierung verkennt das Grundprinzip jeder Didaktik: Mache deutlich, was lernenswert ist – und was nicht. Wir tun uns selbst keinen Gefallen, wenn wir den Lesern weißmachen, jeder unserer Gedanken wäre wichtig.

Lehrbuch-Struktur

Es kommt natürlich sehr darauf an, was für eine Art Buch Sie schreiben. Ein Lehrbuch, das niemand von vorne nach hinten lesen wird, braucht maximale Strukturierung: Kopfzeile, tief gestaffelte Nummerierung der Überschriftenebenen, Fett- und Kursivdruck, Marginalien, Merksätze, Kästen, Verständnisfragen, Tabellen, Infografiken, Bilder usw. Die Obergrenze für Gliederungen, die Leser noch verstehen können, liegt auch dort bei vier nummerierten Gliederungsebenen. Eine gute Methode der optischen Untergliederung, ohne weitere Überschriften erfinden zu müssen, ist der Fettdruck von Schlüsselwörtern oder der ersten Wörter eines Absatzes. Fett fällt beim ersten Blick auf eine Seite dermaßen ins Auge, dass es nie zur Betonung benutzt werden sollte – dafür gibt es kursiv –, sondern nur zur Gliederung.

Sachbuch-Struktur

Ein Sachbuch dagegen sollte die Aufmerksamkeit seiner Leser, die es ja freiwillig lesen, nicht durch zu detaillierte Gliederungen strapazieren. Englischsprachige Sachbücher nummerieren oft nur die Kapitel und unterteilen sie mit nur noch einer weiteren Ebene unnummerierter Überschriften. Ansonsten kann ein Sachbuch auf die organisierende Kraft einer Erzählung vertrauen – mitreißend, redundant und in weit ausgreifenden Absätzen. Kontrastiert wird diese ruhige Textfläche durch Bilder, eventuell Tabellen und Kästen, und viel weißen Raum.

Ratgeber-Struktur

Ratgeber wiederum nutzen meistens viele Strukturmerkmale, weil sie weniger zum Lesen anregen sollen als zum Ausprobieren. Da Ratgeber meist in Reihen erscheinen, gibt es dafür vielleicht schon ganz genaue Vorgaben des Verlages.

Übertreiben Sie es nicht. Die Strukturmerkmale, die Sie tatsächlich verwenden wollen, müssen Sie eisern in jedem Kapitel durchziehen. Und auch ihr Rhythmus muss stimmen.

Abbildungen

Das gilt besonders für die Bilder, die die Aufmerksamkeit der Leser viel stärker anziehen als der Text. Deshalb geht es nicht an, einzelne Kapitel mit Bildern zuzupflastern und andere unbebildert zu lassen. Wenn Sie tatsächlich nur einen Teil des Buches bebildern können, dann machen Sie das in der Überschrift klar: «Kapitel 6: Schritt-für-Schritt-Anleitungen zur praktischen Durchführung». Dann finden sich die Leser wieder zurecht.

Gelungene Abbildungen fassen den Inhalt ganzer Kapitel zusammen und machen ihn emotional zugänglich. Allerdings müssen, wenn Sie nicht einen Kunstkatalog schreiben, Abbildungen dem Text dienen, nicht zur Hauptsache werden. Abbildungen sind hauptsächlich dazu da, Stimmung und Rhythmus eines Buches zu verstärken. Wenn Sie wirklich meinen, ein Bild sage mehr als tausend Worte, schauen Sie sich Gerhard Henschels Buch «Die wirrsten Grafiken der Welt» an*. Wenn es um Wissensvermittlung geht, sind verbale Erklärungen meistens einfacher und verständlicher.

Entscheiden Sie, welcher Typ von Abbildung zu Ihrem Buch am besten passt: Fotos (möglichst einheitliche), Zeichnungen (teuer, wenn sie eigens angefertigt werden müssen) oder computergenerierte Infografiken (billig). Dann haben Sie auch gleich eine Grundlage für Verhandlungen mit dem Verlag, was die Farbigkeit des Buches angeht: schwarz/weiß (oft auch für Fotos die beste Lösung), zweifarbig (d. h. schwarz plus eine Schmuckfarbe, womit sich viele Grafiken und Tabellen schön darstellen lassen) oder «vierfarbig», d. h. bunt (wenn die Fotos unbedingt farbig sein müssen; dann sollte es auch noch andere Strukturelemente geben, die durch unterschiedliche Farben gekennzeichnet sind).

Überlegen Sie frühzeitig, woher Sie Ihre Bilder bekommen. Wenn Sie für eine einheitlich gestaltete Ratgeberreihe schreiben, hat der Verlag vielleicht ein Bildarchiv; sonst müssen Sie selbst für die Einheitlichkeit des Materials sorgen. Wenn Sie ein Bild aus dem Internet herunterladen, denken Sie daran, dass erstens die Auflösung für den Buchdruck wahrscheinlich zu gering ist, zweitens Sie die Rechte nicht haben. Sie müssen also den Autor anschreiben, um sich die Daten des Originalbilds nebst Abdruckgenehmigung schicken zu lassen. Auf jeden Fall sollten Sie die grundsätzliche Planung nutzen, um Ihre Vorstellung von Illustration und die Datenformate mit dem Verlag abzusprechen.

Nicht dass Sie am Ende hundert Abbildungen zusammengesucht haben, die aus technischen Gründen leider alle unbrauchbar sind.

Vergessen Sie bitte nicht, dass auch die «Bleiwüste» eines ununterbrochen fortlaufenden Textblocks ein wichtiges Strukturmerkmal ist. Eine lange Textfläche signalisiert, dass hier eine Geschichte erzählt wird, die am Stück gelesen werden soll. So wie es Schulklassen und Seminare zwischen lauter aktivierenden Lehrmethoden ab zu brauchen, dass man sie zum Stillsitzen und Zuhören verdonnert, empfinden es auch Leser als wohltuend, ab und zu fünf Seiten bloßen Textes vorzufinden.

> Strukturelemente und Bilder sind nicht Selbstzweck, sie dienen auch nicht bloß der Auflockerung, sondern sie drücken aus, wie Sie sich die Benutzung des Buches vorstellen.

Die Struktur durchhalten

Weil solche Entscheidungen das individuelle Gesicht Ihres Buches ausmachen, würde ich sie mir von niemandem abnehmen lassen – auch nicht vom Verlag (der Sie aber gerne beraten wird). Sie können alles tun. Wenn Sie aber einmal eine formale Entscheidung getroffen haben, dann halten Sie sie über das ganze Buch durch.

Vor allem bei einem Mehrautorenwerk (siehe Kap. 2.3) muss die an einem Beispielkapitel erarbeitete formale Struktur auf jeden Fall auch schriftlich festgelegt werden: entweder als Vorgabenliste oder technisch raffinierter als Formatvorlagen-Datei. Als kluge Herausgeberin ersetzen Sie allzu umständliche Erklärungen durch ein perfekt durchkomponiertes Musterkapitel und die Anweisung, dass man sich formal genau an dieses Muster zu halten habe. Als kooperativer Kapitelautor machen Sie sich erst einmal mit der Gesamtanlage vertraut und benutzen nicht einfach die Struktur irgendeiner früheren Veröffentlichung. Der Herausgeber legt die Architektur des Gebäudes fest, in dem sich die Leser später bewegen werden. Es dürfte einleuchten, dass nicht im vorletzten Zimmer die Deckenhöhe von 3,50 m auf 2,00 m heruntergezogen und der Parkettfußboden durch Beton ersetzt werden kann.

Formatierungen kommen später

Wie setzt man eine solche formale Struktur für das ganze Buch technisch um? Wenn ich Ihnen hier ein paar grundsätzliche Hinweise gebe, dann will ich auf keinen Fall den Autorenanweisungen Ihres Verlages ins Gehege kommen oder gar eine ganz spezielle Form der Manuskriptgestaltung durchsetzen. Mir geht es nur darum, dass Sie sich selbst und anderen nicht unnötig Arbeit machen. Ich erlebe nämlich regelmäßig einen Widerspruch, den ich nicht begreife. Einerseits sagen viele Autoren: «Bleiben Sie mir mit Formatierungen vom Leibe! Ich bin Wissenschaftler und kein Computertechniker.»* Recht haben sie. Warum aber sind andererseits viele Manuskripte so wild durchformatiert, mit vier verschiedenen Schriften und zwanzig

Formatvorlagen? Da passt etwas nicht zusammen. Wenn Sie keine Lust haben, seitenlange Verlagsanweisungen durchackern, dann formatieren Sie einfach nicht.

Als Generalregel:

Gestalten Sie nicht während des Schreibens.

Lassen Sie das, was in Word «Formatierung» heißt, weitgehend bleiben, und schalten Sie sämtliche Word-Autoformatierungen ab. Nützlich sind die Word-Befehle für Entformatierungen: Strg + Leertaste (zurück auf Standardschrift) und Strg + Umschalt + N (zurück auf Standard-Absatz). Versuchen Sie nicht, das Manuskript so zu gestalten, dass es irgendwie fertigen Buchseiten ähnlich sieht. Bis zum Schluss sollte im Gegenteil der ganze Text so aussehen, als sei er mit der Schreibmaschine geschrieben. Wenn Sie mit dieser Beschränkung zurecht kommen, dann können Sie den Rest dieses Abschnitts auch erst einmal überschlagen.

Strukturen markieren

Also: Um alle Fragen der Gestaltung soll sich jemand anders kümmern. Was dieser Jemand aber nicht kennen kann, sind die Entscheidungen zur formalen Struktur, die Sie eben getroffen haben. Alles, was Sie zu tun haben, ist die geplanten Strukturelemente so zu kennzeichnen, dass die spätere Gestalterin weiß, was was sein soll. Diese wenigen Absätze markieren Sie: eine definierte Anzahl von Überschriftenstufen, Aufzählungen, eingerückte Zitate, vielleicht noch Besonderheiten wie Merksätze, Verständnisfragen und dergleichen. Markieren heißt, es kommt nicht auf das Aussehen an, sondern nur darauf, dass man die markierten Absätze wiederfinden und vom Normaltext unterscheiden kann. Dazu sind Formatvorlagen praktisch; wenn Sie damit nicht umgehen können, schreiben Sie einfach an den Absatzanfang ein Kürzel wie ((Ü3)) oder ((Zitat)). Alle Strukturelemente, deren Ort auf der Buchseite noch nicht endgültig feststeht – Abbildungen, Tabellen, Kästen –, fliegen komplett aus der Textdatei raus und werden in separaten Dateien gespeichert.

Keine Ad-hoc-Formatierungen

Was Sie auf jeden Fall lassen sollten, weil Sie damit nachfolgenden Bearbeitern unsinnig viel Arbeit machen, sind Ad-hoc-Formatierungen. Damit meine ich sämtliche Leerzeilen, Einrückungen, Schriftänderungen, die nur das Aussehen dieser einen Stelle verändern, aber nicht im ganzen Buch durchgeführt sind. Im Bild der Text-Architektur sind das die abgehängten Decken und Aufputzleitungen, die Nachmieter verärgern. Sie versuchen etwa eine Überschrift dadurch zu kennzeichnen, dass Sie darüber drei Leerzeilen einfügen und die Überschrift in einer besonderen Schrift und fett formatieren. Nicht nur, dass der Gestalter das rückgängig machen muss – was soll er denn davon halten? Ist das jetzt eine Überschrift ersten, zweiten, dritten Grades, oder gar eine «wilde» Überschrift, die im Gesamtkonzept des Buches gar keinen Ort hat?

Mit Ausnahme der definierten Strukturelemente sieht die Textdatei immer noch nach Schreibmaschine aus, ohne Leerzeilen, Einrückungen oder Tabulatorschritte. In dieser Form braucht sie wenig Speicherplatz, und Sie können ruhig das ganze Buch in einer Datei zusammen lassen; zumal Sie Tabellen und Abbildungen ohnehin immer getrennt abspeichern.

Tabellen- und Abbildungsdateien anlegen

In den meisten Fach- und Sachbüchern haben Tabellen und Abbildungen «Legenden», Tabellenüber- und Abbildungsunterschriften, die mit einer Nummer beginnen («Abbildung 3-1: ...»). Dann brauchen Sie im Text lediglich die Tabelle oder Abbildung zu erwähnen: «wie Abbildung 3–1 zeigt». Wenn sie nicht erwähnenswert ist, gehört sie nicht ins Buch. Hinweise wie «Abbildung 3–1 bitte ungefähr hier einfügen» sind unnötig: Man wird die Abbildung in die Nähe der ersten Erwähnung stellen. Und schreiben Sie auch nicht «die folgende Tabelle», denn sie kann im Buch darüber oder auf der gegenüberliegenden Seite stehen (vgl. Kap. 5.3). Führen Sie alle Tabellen und ihre Überschriften in eine Datei zusammen. Wer immer die Tabellen letztlich gestaltet, hat es am leichtesten, wenn Sie sie so einfach wie möglich anlegen.

Bei den Abbildungen wird es komplizierter, da sie oft aus unterschiedlichsten Quellen stammen: fremde Bücher, Fotos, Infografiken aus unprofessionellen Programmen wie Excel oder PowerPoint. Die verschiedenen Dateiformate lassen sich selten unter einen Hut bringen. Legen Sie also nur eine Liste der Legenden an, und vermerken Sie dort die Quelle jeder einzelnen Abbildung. Liefern Sie die Originaldateien mit; mit in Word eingebetteten Kopien kann man meist nichts anfangen. Infografiken aus Excel oder PowerPoint wird ein Gestaltungsprofi in den allermeisten Fällen nachbauen; da können Sie sich auch gleich auf eine lesbare Skizze beschränken.

Ein ordentliches Manuskript

> Das «Manuskript», das Sie jetzt vor sich haben, sieht so aus: eine bereinigte, weitgehend unformatierte Textdatei, eine Tabellendatei, ein durchschaubares Konvolut von Abbildungen.

Wenn Sie mit dem Verlag vereinbart haben, dass dieser für einen professionellen Satz sorgt, dann ist das genau die Form, in der Sie es letztlich auch abgeben. Lesen Sie vorher noch einmal die Autorenanweisungen durch.

Bei Fachbüchern wird man Ihnen aus Kostengründen oft abverlangen, den Satz selbst zu erledigen oder in Auftrag zu geben; der Verlag erhält dann eine druckfertig gestaltete pdf-Datei. Für diesen Fall gebe ich in Anhang 4 einige Hinweise. Auch dann sind aber oben genannte Vorbereitungsarbeiten nötig: Mit Ad-hoc-Formatierungen oder mitten in die Textseite eingefügten Tabellen ärgern Sie auch sich selbst. Wenn Sie Ihre eigene Gestalterin sind, trennen Sie die Rollen: Als Autorin legen Sie zuerst die formale Struktur fest. Dann schreiben Sie das ganze Buch fertig. Erst wenn Sie nicht das Geringste mehr korrigieren wollen, setzen Sie Ihre eigene Strukturidee in Gestaltung um.

3.2 Eine Geschichte erzählen

Während die *formale Struktur* nun ein für allemal festliegt, ändert sich die *inhaltliche Gliederung* laufend. Ich habe Sie bisher mit Ratschlägen verschont, wie ein Fach- oder Sachbuch «richtig» aufgebaut wird. Ein vorläufiges Inhaltsverzeichnis haben Sie sicherlich schon mit der ersten Buchidee entworfen. Aber ich kann Ihnen nicht vorschreiben: Erst planen Sie das Buch, so und so, und dann schreiben Sie es. Genauso gut könnte ich sagen: Schreiben Sie's erst mal, dann wird sich schon ein Plan ergeben. Zunächst mussten Sie Erfahrungen machen: mit sich selbst beim Schreiben, mit dem bewältigbaren Zeitaufwand, mit Tonfall und Rhythmus des Texts, der sich da unter Ihren Händen formt. Aus all dem entsteht eine konkretere und realistischere Vorstellung von dem, was in das Buch hinein soll und worauf es hinaus will, als Sie sie am Anfang haben konnten. Deshalb kann dieses Buch kein Leitfaden sein; es kann Ihnen nur Modelle vorschlagen, anhand derer Sie eigene Erfahrungen machen können.

Die Gliederung entsteht beim Schreiben

> Eine erste Gliederung muss sein, damit Sie das Ganze Ihres Buchprojekts überblicken. Aber sie muss noch nicht perfekt sein.

Ich stelle mir das Planen eines Buches wie das Planen einer Reise vor. Ich habe mich lange im Voraus entschieden, in welches Land mich meine nächste Urlaubsreise führen wird, und ich werde wahrscheinlich die An- und Abreise im Voraus buchen, die erste Übernachtung und vielleicht einige Aufenthalte an Orten, die mir wichtig sind. Aber ich verreise ungern mit Menschen, die auf der pingeligst vorgeplanten Route bestehen, obwohl ein zauberhafter Ort zum Verweilen einlädt und sich rechts und links die interessantesten Nebenwege auftun. Sinnvoller ist es doch, vor Ort, mit mehr Information und Erfahrung, die jeweils nächsten Tage zu planen. Ich habe allerdings Verständnis dafür, dass Reisen mit Kindern – damit meine ich in diesem Bild Lehrbücher – und in größeren Gruppen – Mehrautorenbücher – von Anfang an stärker durchgeplant werden müssen.

Ebenso läuft dem Schreiben der ersten Fassung die Arbeit an der Gliederung parallel bzw. immer ein bisschen voraus. Während Sie für die weiter entfernt liegenden Kapitel nur eine grobe Route angelegt haben, schreiben Sie einen detaillierten Plan für die unmittelbar bevorstehenden Seiten. Sie können dazu lose Blätter verwenden oder eine reservierte Abteilung Ihres Notizbuchs, was den Vorteil hat, dass Sie die ganze Geschichte Ihrer Gliederungen nachvollziehen können. Auf keinen Fall würde ich Gliederungsentwürfe mit dem Computer schreiben; sie bekommen sonst leicht etwas Unumstößliches.

Sammeln – strukturieren – ordnen

Wie gliedert man ein Thema, in das man sich gerade erst einarbeitet? In drei Schritten von «keine Ahnung. was da alles rein muss» zu einem bewältigbaren Schreibprogramm: erstens Sammeln. Beim Lesen und Schreiben werden Sie immer wieder Augenblicksideen für das nächste oder übernächste Kapitel haben. Schreiben Sie sie *sofort* auf – ein Grund mehr, immer ein Notizbuch mit sich herumzuschleppen. Manche dieser Einfälle lassen sich in der bisher geplanten Kapitelstruktur unterbringen, manche zerstören sie. Geben Sie dem nach.

Im zweiten Schritt strukturieren Sie eine Handvoll dieser Ideen, die so gut zusammenzupassen scheinen, dass sie ein neues Kapitel ergeben könnten, bringen sie aber noch nicht in eine lineare Reihenfolge. Ich würde dazu eine Technik wie Mind-Map oder Clustern* benutzen oder irgend eine andere Form des «Kritzelns». Gliedern ist auf Papier viel einfacher, weil Sie kreuz und quer kritzeln können, Wichtiges groß, Unwichtiges klein, mit Linien, Pfeilen und Kringeln.

Erst im dritten Schritt entsteht eine geordnete Liste, die Sie schreibend abarbeiten. Letztlich ist ein Buch dann doch linear. Das ist einer der Punkte, wo wir uns vom zweckfreien kreativen Schreiben trennen. Als Leser eines Buches wollen wir nicht das assoziative Netzwerk im Kopf der Autorin vorgeführt bekommen, sondern eine klare Struktur, mit der im Rücken wir unsere eigenen Assoziationen fortspinnen können. Aber erwarten Sie nicht, dass sich diese lineare Ordnung beim ersten Schreiben ergibt. Vorläufig gilt:

> Gliederungen sind nicht heilig. Sie sind Stützen.

Wenn Sie eine Brücke bauen wollten, würden Sie als Erstes ein grobes Gerüst zimmern. Auch beim Schreiben verringert es die Absturzgefahr, wenn Sie sich zwischendurch an den Gliederungspunkten festhalten können. Eine detaillierte Auflistung hilft, weil man auf den jeweils nächsten Gliederungspunkt zuschreiben kann.

Die Gliederung wegarbeiten

Aber irgendwann kommt ein Punkt, wo Stützen zu Hindernissen werden. Vielen Texten, vor allem akademischen Arbeiten, merkt man allzu deutlich ihre Gliederung an. Manchmal drängt sie sich so in den Vordergrund, dass zwischen den Überschriften kaum noch Text

Platz findet. Als Faustregel: Zwischen zwei Überschriften, Aufzählungen oder Zitaten sollten mindestens 100 Wörter reiner Text stehen. Hässlich sind überhaupt Überschriften, die inhaltlich nichts aussagen, sondern nur die Bedürfnisse der Gliederung vertreten, wie «Einleitung» (womit sonst sollte ein Text beginnen?), «Ergebnisse» oder «Schluss». Füllen Sie niemals bloß die Lücken zwischen Ihren Gliederungspunkten. Lassen Sie sich auch entführen von dem, was Sie schreiben; folgen Sie der Argumentationslinie, die sich da auftut, dem Bild, das ihnen in den Sinn kommt. Schreiben heißt die eigenen Pläne und Gliederungsversuche hinwegarbeiten. An anderer Stelle entstehen sie dafür neu, denn die abenteuerlichen Nebenwege, auf die Sie beim Schreiben geraten, haben Auswirkungen auf die Gesamtgliederung. Während der eine Brückenbogen Gestalt annimmt und sich schließlich selbst trägt, muss weiter vorne das Gerüst umgesetzt und oft auch umgebaut werden. Am Ende wird ohne Stützen eine selbsttragende Brücke dastehen. Die Bogenform sozusagen, der formale Aufbau (so und so viele Seiten pro Kapitel, pro Unterkapitel) ist strikt beizubehalten; gerade deshalb klärt sich die inhaltliche Zuordnung erst, indem Sie die Erfahrung machen, wie viel Sie wozu zu sagen haben.

Gute und schlechte Gliederungen

Erst im Nachhinein schauen Sie sich kritisch an, was für ein Aufbau da entstanden ist. Dafür würde ich einen gesonderten Arbeitsschritt vorsehen (s. Kap. 3.3). Denn natürlich gibt es gute und schlechte Gliederungen. Es gibt Fachbücher, die ziehen uns hinein wie ein guter Krimi, weil die Dinge in genau der richtigen Reihenfolge dargelegt werden. Andere lassen uns ungeduldig hin- und herblättern wie in schlechten Reiseführern, deren beste Tipps wir nicht finden, weil sie in Routen versteckt sind, die wir nie befahren würden.

Es gibt klare Kriterien für gute und schlechte Gliederungen, und ich fange mit den schlechten an, weil ich dafür ein wunderbares Bild kenne. Der Schriftsteller Jorge Luis Borges* hat sich eine «chinesische Enzyklopädie» ausgedacht, in der

Die «chinesische Enzyklopädie»

> die Tiere sich wie folgt gruppieren: a) Tiere, die dem Kaiser gehören, b) einbalsamierte Tiere, c) gezähmte, d) Milchschweine, e) Sirenen, f) Fabeltiere, g) herrenlose Hunde, h) in diese Gruppierung gehörige, i) die sich wie Tolle gebärden, k) die mit einem ganz feinen Pinsel aus Kamelhaar gezeichnet sind, l) und so weiter, m) die den Wasserkrug zerbrochen haben, n) die von weitem wie Fliegen aussehen.

Natürlich denken auch chinesische Enzyklopädisten nicht wirklich so; so kann man nicht denken. Aber daraus lässt sich im Umkehrschluss entnehmen, was die Anforderungen an eine sinnvolle Gliederung sind. Wir wollen, dass gleichrangige Gliederungspunkte logisch auf derselben Ebene liegen; dass ein Gliederungsprinzip, eine leitende Idee durchgehalten wird und nicht mehrere Aspekte vermischt werden; dass die Hierarchie der Gliederung ungefähr die relative Bedeutung der einzelnen Punkte wiedergibt; und schließlich, dass das Ganze eine irgendwie sinnvolle Reihenfolge ergibt.

Die Leitidee

Das Kriterium für die ideale Gliederung, in der Ihre fortwährenden Umbauten enden werden, lässt sich in die Maxime fassen:

> Entwickeln Sie eine Leitidee, und bleiben Sie bei der.

Für die Leser unmittelbar einsichtig ist nur ein Aufbau, der genau einer Idee folgt. Jeder noch so gut begründete Versuch einer zweiten Kategorisierung geht schon in Richtung chinesische Enzyklopädie*.

Mit der nötigen Distanz lässt sich jedes Buchprojekt beschreiben als ein einfaches «Von … nach …». Die meisten Sachthemen haben eine natürliche Ordnung: In der Medizin zum Beispiel schreibt man vom Kopf zum Fuß oder von der Körpermitte nach außen; in der Geschichte schreibt man chronologisch, in der Literatur- oder Kunstwissenschaft von der formalen Analyse zum Kontext, in den Naturwissenschaften von elementaren zu immer komplexeren Phänomenen. Viele Ratgeber vollziehen im Aufbau einfach die Reihenfolge nach, in der die Leser etwas tun sollen.

Denken Sie noch einmal daran, wie Sie selbst die Entscheidung treffen, ob Sie ein Fach- oder Sachbuch lesen wollen: Sie blättern darin herum, und Sie schauen sich sicher das Inhaltsverzeichnis an. Wenn sich in diesen wenigen Sekunden unmittelbar erschließt, worauf das Buch hinaus will, dann hat es gewonnen; wenn der Aufbau nicht auf den ersten Blick einleuchtet, dann hat es verloren. Da sich die Vorratshaltung von Informationen und das punktuelle Nachschlagen als Funktion von Büchern weitgehend erledigt hat, müssen sich Fach- und Sachbücher auf die Stärken besinnen, die sie mit belletristischer Literatur gemein haben: Bücher formen aus disparaten Einzelinformationen ein Ganzes, an das man sich erinnern kann. Die Gliederung eines Buches, das von einer Leitidee getragen wird, drückt den ruhigen Fluss einer Geschichte aus. Leser erwarten Geschichten; das gilt nicht nur für schöngeistige Literatur.

> Jedes Buch, das des Lesens wert ist, erzählt eine Geschichte.

Geschichten als Wissensvermittler

Da gab es diesen jahrhundertelangen Konflikt um den Zugang zum Schwarzen Meer, mit zahlreichen verwickelten und widersprüchlichen Berichten – bis eine Schule wandernder Geschichtenerzähler das Informationschaos mit dem wunderbaren Trick bändigte, die Geschichte am Höhepunkt einsetzen zu lassen und die Details im Rückblick zu erzählen. Nebenbei erfanden sie die beste Marketingfigur, die es für ein Buch je gegeben hat: den blinden Sänger Homer. Seither haben die Leser immer die gut erzählte Geschichte bevorzugt, um sich in komplexe Zusammenhänge einzuarbeiten, seien es die antiken Geschichtsschreiber, Vasaris Künstlerbiografien, «Götter, Gräber und Gelehrte» oder «Das Jahrhundert der Chirurgen». Ich gebe zu, dass in diesen Werken oft die wissenschaftliche Wahrheit zugunsten der guten Geschichte zu kurz kam; aber zuerst müssen Sie Ihr Publikum fesseln, dann können Sie ihm Differenzierungen zumuten. Was glauben Sie, warum ein Buch mit dem genialen Titel «Eine kurze Geschichte der Zeit» sich so viel besser verkauft als jedes didaktisch noch so bemühte Sachbuch der modernen Physik, oder warum eine Biografie Hitlers, Maos oder eines imaginären «Medicus» alle historischen Überblickswerke in den Schatten stellt? Wer ein Buch liest, erwartet eben nicht eine Aneinanderreihung von «Informationen», sondern eine gut erzählte Geschichte.

Zwar werden die Leser Ihres Fach- oder Sachbuchs Ihnen nicht Wort für Wort folgen – auch bei einem Roman überblättern wir die Landschaftsbeschreibungen oder die philosophischen Abschweifungen –, aber sie werden bis zum Ende dabeibleiben, wenn und nur wenn die Geschichte sie genügend fesselt. Fach- und Sachbücher, die diese Stärke der Buchform ausspielen, lassen sich nicht durch ihre Zusammenfassung ersetzen; so wenig, wie sich ein guter Kriminalroman auf den Namen des Mörders reduzieren lässt. Wie uns der Krimiplot durch alle Verästelungen und retardierenden Momente der Ermittlungsarbeit hindurchträgt, so trägt die Leitidee Ihres Buches über alle wissenschaftlichen Details und Verständnisprobleme hinweg.

3.3 Die zweite Fassung: Ordnung und Gestalt

Die Reihenfolge stimmt noch nicht

Sie ahnen schon, was jetzt kommt. Wenn die eine Leitidee, die das ganze Buch zu einer geschlossenen Erzählung rundet, sich erst aus dem Schreiben der ersten Fassung heraus ergibt – dann kommen Sie nicht darum herum, jene Fassung komplett umzubauen. Fach- und Sachbücher sind so komplex, dass das, was Belletristik-Autoren als Erstfassung betrachten, erst im zweiten Anlauf entsteht. Mit Korrekturlesen und hie und da etwas Umschreiben ist es nicht getan (das kommt später noch).

> Die Reihenfolge, in der Sie schreiben, ist nicht die Reihenfolge, in der Leser lesen wollen.

Während des Schreibens haben sich in Ihrem Notizbuch oder auf dem Rand der fertigen Seiten dreierlei Informationen angesammelt:

- Gliederungsideen bis hin zum perfekten Inhaltsverzeichnis, das aller Wahrscheinlichkeit nicht mehr mit dem übereinstimmt, was Sie geschrieben haben
- Anmerkungen zu langweiligen oder unwichtigen Teilen, Pingeligkeiten oder Privatspleens, die komplett wegzulassen ein Dienst am Leser wäre
- Themen, die doch noch zusätzlich in das Buch hinein sollen.

Außerdem sind Ihnen ständig kleinere Nebenthemen und Abschweifungen eingefallen, und es war durchaus im Sinn der ersten Fassung, alle diese Ideen auf der Stelle hinzuschreiben. Aber dadurch stehen jetzt viele Gedanken an Stellen, wo sie nicht hingehören. Und manches wird doppelt dastehen: Mir jedenfalls passiert es immer wieder, dass ich auf Stellen stoße, die ich zwanzig Seiten vorher wörtlich gleich formuliert und dazwischen vergessen hatte. Anderes fehlt; erst im Überblick sehen Sie, dass Sie darüber noch schreiben sollten.

Textökonomie

Und schließlich entspricht die schiere Textmenge noch nicht der Bedeutung der einzelnen Teile. Leser erachten nun einmal das, worüber die Autorin viele Worte verloren hat, automatisch als bedeutungsvoll. Man spricht von Textökonomie, um das rechte Verhältnis von Wörterzahl und inhaltlichem Gewicht zu bezeichnen: Unwichtiges sollte sich nicht zu breit machen, Wichtiges nicht zu knapp abgehandelt werden. Wenn ein wichtiger Punkt überlesen werden könnte, weil er nur in einem kurzem Absatz angesprochen ist, dann bremsen Sie die Leser durch zusätzliche Redundanz. Wenn Sie zu einem Thema mehr Platz verbraucht haben, als ihm nach der vorläufigen Gliederung zukäme, dann entscheiden Sie: Sind Sie geschwätzig geworden, haben Sie sich in einen Nebenweg oder eine Privatfehde verrannt? Dann kürzen Sie mutig. Oder hat sich beim Schreiben das Thema tatsächlich als ungeahnt wichtig herausgestellt? Dann muss das Auswirkungen auf die Gliederung haben; dazu kommen wir gleich.

Sofort die zweite Fassung angehen

Wann Sie die zweite Fassung angehen wollen, ist eine Frage des Temperaments. Viele Autoren lassen die erste Fassung erst einmal ganz liegen. Dafür spricht, dass man einen Text mutiger umbaut, der einem wieder fremd geworden ist. Andererseits werden Sie bei Abschluss der ersten Fassung schon jede Menge Kritik am Anfang haben. So werden Sie es ungern jemandem zum Lesen zu geben – was aber der Sinn des Liegenlassens ist (vgl. Kap. 4.1). Die eigentliche «Lesefassung» ist erst die umgebaute. Vor allem haben Sie jetzt gerade noch das Ganze im Kopf und können gedanklich damit jonglieren. Deshalb bin ich dafür, die zweite Fassung unmittelbar nach Abschluss der ersten zu erstellen und erst danach eine Pause einzulegen. Dann haben Sie etwas, das Sie guten Gewissens herumzeigen können.

Grob neu sortieren

Jetzt tritt also die Leitidee für die inhaltliche Gliederung in Kraft. Es geht um Entscheidungen wie: Das passt besser dort hin, und wenn ich beides zusammen zum letzten Kapitel mache, ergibt sich eine gleichmäßige Steigerung … aus diesen drei Nebengedanken könnte man Einschübe machen, die zwischen den vier Hauptkapiteln für etwas Auflockerung sorgen … in Grunde zäume ich hier das Pferd vom Schwanz auf, in der Gegenrichtung wäre es viel besser darzustellen … da bleiben zu kleine Schnipsel übrig, aber man könnte sie zu einem neuen Kapitel zusammenfassen … und das da gehört nun wirklich nicht in dieses Buch, sondern in das nächste.

Gehen Sie grob mit dem Text um, vermeiden Sie allzu genau zu lesen; blättern Sie. Versuchen Sie sich in einen flüchtigen Leser hineinzuversetzen, dem die Feinheiten der Argumentation weniger wichtig sind als die Frage, worauf Sie hinauswollen.

Wenn Sie in einem Absatz drei argumentative Kehren finden (… aber … hingegen … andererseits), dann machen Sie daraus drei Abschnitte und ordnen Sie jedem Argument alles dazugehörige Material aus dem restlichen Buch zu.

Ergänzen

Sie werden oft merken, dass wichtige Informationen zu dicht aufeinander folgen. Deshalb habe ich geraten, die erste Fassung deutlich kürzer anzulegen als das geplante Manuskript. Jetzt können Sie sehen, wo bisher zurückgestellte Themen am besten einzufügen sind und wo es vom Gesamtablauf sinnvoll wäre, mehr zu schreiben – sei es, dass Sie sich noch einmal in etwas Neues einlesen, sei es, dass Sie Redundanz hinzufügen (didaktische Wiederholungen, Beispiele, Zusammenfassungen usw.). Außerdem würde ich jetzt die zurückgestellten Recherchearbeiten angehen.

Die zweite Fassung ist zum ersten Mal eine vollständige und etwa so lang wie das endgültige Manuskript.

Streichen

Andere Teile der ersten Fassung sind für die formale Struktur zu lang oder klingen geschwätzig. Wie in Kapitel 2.2 ausgeführt, kürzen Sie nicht mit dem Rasenmäher überall ein bisschen, sondern stutzen mit der Rosenschere ganze Triebe. Steht diese längst widerlegte These nur da, um zu zeigen, dass Sie das auch gelesen haben? Haben Sie diesen Argumentationsstrang nur eingewoben, weil Sie ihn immer schon mal niederschreiben wollten und Angst haben, ihn nirgendwo anders mehr unterzubringen? Derartige Sätze und Absätze fliegen komplett raus, und der Rest bleibt stehen. Denken Sie an Tucholskys Ratschlag: «Wat jestrichen is, kann nich durchfalln.»*

Technik des Umbaus und Neuaufbaus

Ein Glück, dass es dafür Computer gibt. Auf Papier würde die zweite Fassung nach all den Umstellungen, Ergänzungen und Streichungen schlimmer aussehen als ein Manuskript von James Joyce. Bewahren Sie die erste Fassung unter einem anderen Dateinamen auf, falls Sie sich völlig verheddern und noch einmal darauf zurückgreifen wollen. Trotzdem spielt Papier eine wichtige Rolle fürs Sortieren. Ich würde immer wieder mit einem Ausdruck arbeiten. Papierstapel erleichtern die dreidimensionale Orientierung. Schieben Sie sie auf einem großen Tisch oder auf dem Fußboden hin und her, bis sich ein stimmiger Gesamtablauf ergibt, und basteln Sie die neuen Anschlüsse erst einmal grobmotorisch mit der Papierschere. Dann müssen Sie nur noch das langweilige, aber nicht sonderlich komplizierte Geschäft auf sich nehmen, alle zerstörten Anschlüsse und fehlenden Übergänge im Computer zu rekonstruieren.

Oft ist es sinnvoll, andersherum vorzugehen: Tun Sie so, als würden Sie ein völlig neues Manuskript schreiben. Legen Sie sich links das alte Manuskript hin und rechts einen Block. Arbeiten Sie sich entlang der nun perfekten Gliederung voran. Schreiben Sie drauflos, aber fügen Sie Bruchstücke der ersten Fassung immer dort ein, wo sie in den neuen Text passen. Sie können sie zum Beispiel umkringeln und mit einer Nummer versehen, so dass Ihr neues Manuskript zum größten Teil aus Nummern besteht. Damit kommt man erstaunlich schnell voran, denn im Grunde ist ein großer Teil der ersten Fassung unverändert brauchbar. Es ist ein sehr beruhigendes Gefühl zu sehen, wie viele kluge Gedanken Sie schon zu Papier gebracht haben. Eigentlich steht fast alles da, nur oft im falschen Kontext. Mit einer besseren Einführung und Verknüpfung wirkt der Text so, als wäre er von Anfang an so mitreißend aufgebaut gewesen.

Fremde Texte sortieren

Genauso gehen Sie übrigens vor, wenn Sie die undankbare Aufgabe haben, ein Konvolut fremder Texte zu ordnen (vgl. Kap. 2.3). Viele Fachbücher gehen aus Kongressen hervor, und die gesammelten Beiträge tragen deutlich den Makel der zufälligen Entscheidung, dass jemand an einem bestimmten Ort zu einer bestimmten Zeit in einer organisatorisch vorgegebenen Reihenfolge ein nicht weiter mit anderen abgesprochenes Thema vorgetragen hat. Wenn man das dem Buch noch anmerkt, ist es tot: Niemand interessiert sich für einen Band, der schon auf den ersten Blick die Vorträge eines vor zwei Jahren abgehaltenen Kongresses wiedergibt (allenfalls die Vortragenden selbst, und die wollen Freiexemplare). Aber vielleicht lässt es sich retten, wenn man nur etwas an der Reihenfolge der Kapitel und ihren Überschriften arbeitet. Treten Sie als Herausgeber einen großen Schritt zurück und überlegen Sie sich, wie Sie das Thema – ganz unabhängig von den vorliegenden Beiträgen – aufbauen würden. Was ist die Leitidee? Daraus ergibt sich dann auch ein Buchtitel, der nicht ganz so nach «Beiträge zu …» klingt. Dann fügen Sie die vorliegenden Texte in diese vorkonzipierte Gliederung ein. Alles, was nirgendwo hinpasst, wird mutig weggelassen; und wenn sich größere Lücken ergeben, wäre zu überlegen, ob man jemanden nachträglich noch um einen Beitrag bitten kann. Es versteht sich, dass Sie dann alle Kapitelüberschriften neu schreiben müssen; ich würde mich sogar trauen, in die Unterüberschriften einzugreifen. Sicher werden Sie mit diesem Vorgehen den einen oder anderen Autor verärgern, aber so lässt sich vielleicht doch noch ein publikationswürdiges Ganzes erzeugen. Sie können immer damit drohen, dass der Band ohne diese Eingriffe nicht oder nur zu horrenden Kosten erscheinen wird.

Die endgültige Gliederung

Auch bei Ihrem eigenen Buch besteht die letzte Arbeit an der Lesefassung darin, die Überschriften noch einmal zu überprüfen. Schauen Sie, ob die Gliederung Reste von Ungleichgewichten enthält, wo sich die Logik doch noch zur Herrin über die Geschichte aufschwingt. Ich will Ihnen an einem fiktiven Beispiel zeigen, wie man im Nachhinein eine solche Wasserbauch-Gliederung (s. Kap. 3.2) in eigenen oder fremden Texten beseitigt: Ursprünglich sollte ein Buch,

Tabelle 5: Eine Gliederung handhabbar machen

fiktive Seitenzahlen	erste Fassung	zweite Fassung	dritte Fassung
			Teil 1
1–8	Einleitung	1.	1.
9–14	1.	2.	2.
15–20	2.	3.	3.
21–86	3.		**Teil 2**
21–30	3.1	4.	4.
31–38	3.2	5.	5.
39–60	3.3	6.	
39–52	3.3.1	6.1	6.
53–60	3.3.2	6.2	7.
61–76	3.4	7.	8.
77–86	3.5	8.	9.
87–120	4.		**Teil 3**
87–98	4.1	9.	10.
98–105	4.2	10.	11.
106–120	4.3	11.	12.
121–128	5.	12.	13.

wie es in der ersten und zweiten Spalte von **Tabelle 5** dargestellt ist, aus fünf Teilen bestehen. Während aber Kapitel 1, 2 und 5 jeweils nur wenige Seiten umfassen und nicht weiter unterteilt sind, besteht Kapitel 4 aus drei Unterkapiteln à zehn Seiten; und Kapitel 3 schließlich hat vier Unterkapitel, die vielfach weiter untergliedert sind, und macht dementsprechend die Hälfte des Buches aus. Nun ist es an der Zeit sich einzugestehen, dass diese Abweichungen vom Gleichmaß kein Zufall sind. Kapitel 3 ist deshalb so lang geraten, weil es das eigentliche Thema des Buches ist. Also hat es, Logik hin oder her, auch einen entsprechend großen Anteil an der Gliederung verdient.

Die Maxime für definitive Gliederungen ist:

> Bauen Sie die Gliederung so um, dass sie der Gestalt des real vorliegenden Textes entspricht.

Zunächst machen Sie also ganz einfach aus den überlangen Unterkapiteln neue Hauptkapitel; das ist die dritte Spalte in Tabelle 5. Damit reduzieren Sie auch gleich an einem neuralgischen Punkt die Zahl der Überschriftenstufen. Eventuell müssen Sie den Trick, aus zu lang geratenen Unterkapiteln Hauptkapitel zu machen, auf tieferen Ebenen wiederholen. Wenn ein Abschnitt definitiv zu lang ist, Sie ihn aber auch nicht zum Kapitel aufwerten wollen, weil er im Grunde nur bedeutungsloses Hintergrundmaterial enthält, oder wenn Teile unrettbar kompliziert aufgebaut sind, würde ich das alles in den Anhang verschieben. Schließlich wird die Gliederung die Gewichte des real vorliegenden Texts einigermaßen wiedergeben. Dann können Sie abschließend noch überlegen, ob Sie von der ursprünglich geplanten Gliederung etwas retten möchten: In der rechten Spalte von Tabelle 5 sind etwa die ursprünglich zu 3. gehörigen Kapitel als «Teil 2» zusammengefasst.

Überschriften formulieren

Im Zuge dieser Neugliederung, die ich hier nur mit Ziffern durchgeführt habe, müssen Sie sich neue Überschriften ausdenken. Das ist die Gelegenheit, für das ganze Buch einen einheitlichen Tonfall der Überschriften zu finden. Das Inhaltsverzeichnis eines Fachbuchs ist wahrscheinlich die am meisten aufgeschlagene Seite, und es entscheidet über den ersten Zugang zum Buch.

> Solange Sie überhaupt an dem Buch schreiben, arbeiten Sie auch an den Überschriften.

Fragen Sie sich immer wieder: Drückt diese Überschrift wirklich das aus, was in diesem Kapitel steht? Und passt sie zur vorhergehenden und zur folgenden Überschrift? Überschriften der gleichen Ebene sollten immer auch formal und inhaltlich zusammenpassen: in ähnlicher Länge und Formulierung und so, dass sie aufeinander antworten. Meistens ist die oberste Ebene die kürzeste, während weiter unten die Überschriften länger werden können. Die Arbeit an den Überschriften unterstützt noch einmal die Überlegung, ob nun wirklich jeder Textteil an seinem Platz steht, nichts doppelt und alles in nachvollziehbarer Reihenfolge behandelt ist.

Das Buch nimmt Gestalt an

Nun haben Sie, von allen Zufälligkeiten gereinigt, die zweite Fassung vor sich liegen. Beeindruckend, nicht? Zum ersten Mal hat das Buch das, was man auch in vielen anderen Sprachen mit dem deutschen Wort «Gestalt» benennt. Hundert, zweihundert, dreihundert Seiten, die auf eine, wenn auch komplexe, Geschichte hinauslaufen, deren Absicht unmittelbar einleuchtet. Hüten Sie sich, diese Gestalt zu zerstören, auch wenn Sie noch manches umschreiben. Egal, wie das Buch jetzt aussieht, wenn es eine Gestalt hat, ist es gut. Das Verblüffende – und das Beglückende am Schreiben eines ganzen Buches – ist, dass das über Monate mühsam Zusammengestoppelte als Einheit erscheint. Das konsequente Durcharbeiten der zweiten Fassung hat die «Nähte» zum Verschwinden gebracht. Deshalb ist es ganz egal, in welcher Reihenfolge Sie es anfangs geschrieben haben, und dass sich große Teile nicht einem genialischen Wurf verdanken, sondern dem mühsamen täglichen Weiterwursteln. Niemand sieht mehr, auf welchen Umwegen Sie ans Ziel gekommen sind: Der Produktionsprozess ist im Resultat aufgegangen. Was Sie nun noch einmal in seiner ganzen Schönheit ausdrucken, wirkt, als hätten Sie es von Anfang an so konzipiert. Und es sieht schon vollkommen aus wie ein fertiges Buch. Jedenfalls solange Sie es nicht lesen.

«Das Buch lebt davon, dass es als Einheit wahrgenommen wird»

Gespräch mit Klaus Hurrelmann

Prof. Dr. rer. soc. Klaus Hurrelmann ist als führender Jugend- und Bildungsforscher einer der wichtigsten deutschen Sozialwissenschaftler. Seit den 90er-Jahren hat er an der Universität Bielefeld das Fach Gesundheitswissenschaften mit begründet. Er hat 10 Lehrbücher verfasst, von denen *Einführung in die Sozialisationstheorie*, *Lebensphase Jugend* und *Gesundheitssoziologie* die bekanntesten sind, und 23 Lehrbücher, Handbücher und Sammelbände sowie zahlreiche Forschungsstudien wie die *Shell Jugendstudie* herausgegeben. Er arbeitet seit 2009 als Senior Professor an der Hertie School of Governance in Berlin.

Warum schreibt ein Professor Bücher?
Ein Schlüsselerlebnis in meiner Berufslaufbahn war, dass meine eigene Dissertation gleich nach Fertigstellung von einem Verlag publiziert wurde und sehr erfolgreich war. Die fachliche Resonanz hat mir klar gemacht, wie wichtig die Veröffentlichung, das Öffentlich-Machen im wahren Sinne des Wortes ist. Ein zweites Schlüsselerlebnis für mich war, als einige Jahre später ein Verlag auf mich zukam und sagte, wir haben beobachtet, dass sich ein neues interdisziplinäres Gebiet entwickelt – die Sozialisationsforschung –, und es gibt bisher kein Handbuch. Sie sind sehr in der Nähe des Themas, könnten Sie das übernehmen? Für einen Verlag war das eine sehr unternehmerische Denkweise.

Du interessierst dich für das, was Verlage machen. Das hat mich am Anfang unserer Zusammenarbeit erstaunt, dass hier ein Wissenschaftler wirklich wissen möchte, was ich als Verlagsmensch über die Entwicklung des Gebietes denke, mich nach meinen strategischen Überlegungen fragt. Die meisten betrachten den Lektor nur als Vehikel dessen, was sie selber denken.
Ein Verlag hat eine direkte Einwirkung auf die Art und Weise, wie du als Wissenschaftler produzierst und denkst und herstellst, aber auch darauf, wie deine Werke in der Wissenschaftlergemeinschaft und zu einem Teil auch darüber hinaus wahrgenommen werden.

Jedenfalls habe ich es damals mit einem Kollegen aus der Psychologie unternommen, dieses in Entwicklung befindliche, noch sehr im Fluss stehende Gebiet Sozialisation zu kodifizieren und in einem Handbuch zusammenzufassen. Und das hat geklappt! Wir konnten damals, das war so um 1980, das Gebiet Sozialisationsforschung wirklich in die Diskussion bringen und als interdisziplinären Bereich ausweisen. Das Handbuch hat seitdem sechs weitere Auflagen erlebt und mit dazu beigetragen, Sozialisationsforschung fest zu etablieren.

Ginge das heute auch noch?
Ja, ganz eindeutig. Ich sehe natürlich eine gewisse Abwendung vom Buch und eine Hinwendung zu der Zeitschriftenpublikation. Das bringt einen anderen Rhythmus bei der Gestaltung einer wissenschaftlichen Karriere mit sich. Aber ein Handbuch hat die Möglichkeit, programmatische Akzente zu setzen, einen größeren Themenraum abzudecken, und meiner Erfahrung nach hat es am Ende auch die nachhaltigere Wirkung als zum Beispiel ein Sonderheft der Fachzeitschrift.

Wenn ich ein junger Wissenschaftler wäre, würdest du mir also raten, auch immer wieder Bücher zu schreiben?
Es kommt auf Art und Profil der Bücher an, und natürlich auf ihre Qualität. Zunächst mal sollte man seine Dissertation so verfassen, dass sie publikationsgeeignet ist. Dann wird sie auch ein wissenschaftlicher Verlag publizieren. Das nächste wäre neben der heute dringend notwendigen Orientierung an den Peer-reviewed-Journals, sich programmatisch in der wissenschaftlichen Disziplin nachdrücklich in Szene zu setzen durch einen entsprechenden editierten Sammelband.

Herausgegeben von einem Anfänger?
In dieser Phase ist unheimlich wichtig, dass ich als junger Wissenschaftler ein Netzwerk ausbaue und entwickle von Kolleginnen und Kollegen, von älteren, von jüngeren, von bereits etablierten, von fachfremden. Mit einem Herausgeberband signalisiere ich der Wissenschaftlergemeinschaft, dass ich auch das größere Feld bearbeiten kann, in dem meine Dissertation lag, dass ich in der Lage bin, auch die Nebenströmungen und die fachlichen, methodischen und theoretischen Hintergründe mit zu bearbeiten. Mit diesen zwei Publikationen habe ich als junger Wissenschaftler dann bereits deutliche Markierungszeichen in der Wissenschaftlerlandschaft gesetzt.

Du hast ja unzählige dieser Herausgeberbände betreut.
Ja, ich habe Jüngere stark unterstützt, es so zu machen. Dabei muss immer erkennbar sein, dass die Herausgeberbände im eigenen Kompetenzbereich liegen und von einer gewissen programmatischen Aussagekraft sind. Ich wollte damit die Förderung eines jüngeren Wissenschaftlers oder einer jüngeren Wissenschaftlerin verbinden. Ich habe das mal so genannt: Ich bin der Türöffner, ich stelle den Kontakt zum Verlag her und ich schleppe damit gewissermaßen den Jüngeren in die wissenschaftliche Diskussion hinein. Der oder die aber ist die verantwortliche Person und steht auch an erster Stelle der Herausgeber.

Ist das nicht zu viel Aufwand?
Der Sammelband ist eine verhältnismäßig effiziente Form. Man kann das sehr pragmatisch angehen. Das ist überwiegend eine wissenschaftliche Managementarbeit. So ein Band kann in einer überschaubaren Zeit von etwa einem Jahr hergestellt werden.

… wenn man weiß, wie's geht. Ich bekomme jede Menge Sammelbände angeboten, die dann auf Dauer im Projektstadium hängen bleiben.
Du brauchst ein klares Konzept. Manchmal kann man von einer hochkarätigen Tagung oder einem Sonderforschungsbereich ausgehen. Auf jeden Fall muss geklärt werden: Welche Personen können die einzelnen Plätze besetzen? Dann werden die ganz gezielt eingeladen mit einem fertigen Konzept, das die Kompetenzen dieser Person widerspiegelt. Dann wartet man die Rückmeldungen ab, mit strengen Fristen muss man das machen und sehr hoher Verbindlichkeit. Und dann hat man nach drei, maximal vier Wochen ein Tableau und kann erkennen, wer mitmacht, muss eventuell hier und da dann noch Alternativen durchspielen, kann auch auf Anregungen eingehen, die aus dieser Kommunikation entstehen.

Gibt es nicht auch Konflikte mit den einzelnen Beiträgern?
Damit muss man rechnen. Deshalb empfehle ich das Modell, dass ein jüngerer Wissenschaftler mit einem deutlich älteren Wissenschaftler, der schon einen Namen hat, zusammen auftritt. Damit wird der Jüngere mühelos akzeptiert. Natürlich gibt es manchmal Konflikte über die inhaltliche Einordnung. Gewisse Spielräume sollte man einräumen für die endgültige Akzentsetzung des Beitrags. Aber das Fenster, die jeweilige Ausrichtung ihres Beitrages ist vom Herausgeber gesetzt.

Das zweite große Konfliktfeld ist die Zeitachse. Und die halte ich für ganz wichtig. Man muss auf der Zeitachse konsequent sein und mit Entschiedenheit den Beiträgern gegenüber deutlich machen, dass der Zeitplan ernst gemeint ist. Und nachher räumt man nur überschaubare Pufferzeiten ein und macht irgendwann Schluss: Wir schließen, und dein Beitrag wird nicht mehr aufgenommen werden können.

Da hilft es natürlich, wenn man das schon ein paar mal durchgezogen hat und wie du den Ruf hat, eisenhart im Zeitplan zu sein.
Wenn man das nicht schafft, wenn einem der Zeitplan wegrutscht, dann leidet auch die Homogenität des Werkes enorm. Wenn ich zulasse, dass ein Beitrag viel später eingeht, dann baut der auf einer anderen Diskussionsphase auf, und ich bestrafe die Autorinnen und Autoren, die früh eingereicht hatten: Die müssen ihren Beitrag noch einmal aktualisieren. Ich komme in viele Legitimationsprobleme, wenn ich den Zeitplan rutschen lasse. Man muss glaubwürdig kommunizieren, mit einer gewissen Dramaturgie, durch Gesten, durch klare Worte.

Das entscheidet darüber, ob der Band eine harmonische, homogene Gesamtstruktur hat, und damit am Ende über die Qualität, vor allen Dingen über die Wahrnehmung des Bandes als Gesamtwerk.

Woran entscheidet sich für dich die Qualität eines Buchs?
Die Homogenität spielt hier eine sehr große Rolle. Das Handbuch als programmatischer Sammelband lebt davon, dass es von den Leserinnen und Lesern als eine Einheit wahrgenommen wird. Wenn es nur wahrgenommen wird als eine Kollektion von Beiträgen zwischen zwei Buchdeckeln, hat es keine Chance. Und ich bin immer ganz bestätigt, wenn ich sehe, dass auch der Absatz solcher Bände nicht gut ist. Das ist nicht der Sinn eines Sammelbandes, das kann die Zeitschrift besser.

Es ist Aufgabe des Herausgebers, für diese Homogenität zu sorgen. Da würdest du dann auch in die Beiträge eingreifen?
Es muss die Handschrift der Herausgeber erkennbar sein. Das fängt in der Tat bei Überschriften und Zwischenüberschriften an. Dass die Beiträge alle den gleichen Aufbaurhythmus, die gleiche Überschriftenhierarchie und Staffelung haben, ist zentral wichtig. Da spielt die optische Wahrnehmung, die ja immer zugleich auch eine inhaltliche Strukturierung mit transportiert, eine sehr große Rolle. Dazu ist es manchmal nötig, bei den Autoren in den Text einzugreifen und bestimmte inhaltliche oder stilistische Punkte zu ändern, natürlich immer in Abstimmung.

Struktur ist überhaupt das, was ich mir von einem Buch erwarte. Ich möchte das Gefühl haben, hier hat sich ein Herausgeber eine Konzeption erarbeitet, es steckt Strukturierungsarbeit drin, ich bekomme etwas geliefert, was mir hilft, das Gebiet zu verstehen, zu erschließen, die unterschiedlichen Zugänge zu dem Gebiet aufgelistet zu sehen. Das gilt für das Handbuch, über das wir hier sprechen, aber natürlich auch für eine Monografie.

Also dass nicht ich als Leser die Erschließungsarbeit leisten muss, sondern dass der Autor das für mich macht.
Der Autor soll für mich etwas aufbereiten und etwas erschließen mit seinen jeweiligen Vorgehensweisen, und er soll den Versuch unternehmen, mir das nahe zu bringen, aber in einer Weise, dass er mich auch mitnimmt und dass ich ihm folgen kann. Das heißt, ich schaue mir sehr aufmerksam die Gliederung an – und dann noch das Literaturverzeichnis, weil man daran gewissermaßen die fachliche Grammatik des Gebietes ablesen kann.

Das Wunderbare an einem Buch ist ja dieses haptische Element, dass ich es durchblättern kann, einen Gesamtüberblick habe; auch dass ich das Werk tragen, damit hin und her gehen kann. Das kann die elektronische Form nicht.

Noch ein Punkt: Der Titel eines Buches darf gefällig sein, er darf einfach sein, aber nichts ist schlimmer, als wenn er aufgesetzt wird und einen Akzent setzt, der im Band nicht eingelöst wird. Der Leser erwartet ein transparentes Werk, das unter dem Titel auch genau das transportiert, was in den Worten drinsteht. Deshalb ist Konsistenz auch ein entscheidendes Kriterium für die Qualität eines Buchs.

4 Machen Sie sich verständlich

I'm just a soul who's intentions are good
Oh Lord, please don't let me be misunderstood
Nina Simone

4.1 Liegen lassen und lesen lassen

Die Luft ist raus

Worauf haben Sie sich da eingelassen? Das Schreiben der ersten, der Umbau zur zweiten Fassung war anstrengend genug. Aber nun das alles noch einmal lesen zu müssen!

Nie ist der Autorenfrust so groß wie nach Fertigstellung der Lesefassung. Wenn Sie an das Buch denken, schwankt die Stimmung zwischen himmelhoch jauchzend und zu Tode betrübt: zwischen der Fantasie eines rauschenden Erfolges, wenn das verdammte Buch nur endlich erschienen wäre, und einer tiefen Verachtung für all den Unsinn, den Sie in den letzten Monaten verfasst haben. Bisher hatten Sie klare Aufgaben, so dass Sie sich nicht die Frage stellen mussten, wie gut Sie eigentlich schreiben. Aber jetzt bliebe nichts mehr übrig, als alles noch einmal durchzulesen. Und Sie merken schon bei den ersten Sätzen, dass Ihnen dazu nichts mehr einfällt. Auch wenn das Schreiben bisher viel Spaß gemacht hat; jetzt ist die Luft raus. So richtig zufrieden sind Sie schon jetzt nicht mehr. Aber um alles in der Schublade verschwinden zu lassen, dafür war es nun doch zu viel Aufwand.

Abhängen lassen

Sie tun sich keinen Gefallen, wenn Sie in dieser Stimmung sofort mit dem Überarbeiten beginnen. Sie tun auch dem Buch keinen Gefallen.

Manuskripte müssen «abhängen» wie gutes Fleisch. Auch wenn der Abgabetermin droht: Nehmen Sie sich die Zeit, es liegen zu lassen und ganz etwas anderes zu tun.

Zum Beispiel das nächste Buch planen. Wenn Sie jetzt meinen, das wäre doch noch viel zu früh, dann lesen Sie in Kapitel 1 nach, was dort zu langfristigen strategischen Überlegungen steht. Es ist nie zu früh. Außerdem verändert die Planung des nächsten Buches möglicherweise Ihren Blick auf dasjenige, das Sie gerade schreiben.

Abbildungen ergänzen

Aber auch an diesem können Sie weiterarbeiten, ohne es zu lesen. Zum einen sind wohl immer noch Recherchearbeiten zu erledigen, die Sie bisher zurückgestellt haben. Das betrifft neben der nie endenden Suche nach Literaturangaben besonders die Abbildungen und Tabellen (s. S. 81). Nachdem Sie jetzt den Rhythmus des Buches im Gefühl haben, ist der Zeitpunkt günstig, sich anzusehen, ob alle Kapitel gleichmäßig illustriert sind. Bei einem Sachbuch hat der Verlag da vielleicht seine eigenen Vorstellungen, etwa einen Grafiker oder Fotografen, der für eine ganze Reihe arbeitet; trotzdem muss das inhaltliche Konzept von Ihnen kommen. Sonst – und ganz sicher bei einem schwarz-weißen Fachbuch – ist es Ihre Aufgabe, das richtige Mittelmaß zwischen Bleiwüste und Überdidaktisierung zu finden. Denken Sie daran, dass Sie für fremde Abbildungen Genehmigungen einholen müssen, sobald ihre Gestaltung über die rein wissenschaftliche Information hinausgeht, fast immer also bei Fotos.

Konkurrenten lesen

Dann würde ich mir jetzt noch einmal gründlich die gesamte Konkurrenzliteratur vornehmen: Erstens, um zu sehen, dass die auch nur mit Wasser kochen; zweitens, um sich doch den einen oder anderen Punkt zu notieren, den Sie vergessen haben. Fügen Sie diese Dinge aber nicht ins Manuskript ein, sonst fangen Sie doch noch an zu lesen, sondern legen Sie dafür einen eigenen Textpool an. Nur ein Teil davon wird sich später brauchen lassen; eine allzu kleinliche Abgrenzung von anderen Büchern irritiert die Leser nur. Vielleicht können Sie der Konkurrenz noch «Beigaben» nachmachen, die das Buch aufwerten, etwa ein Glossar.

Testleser suchen

Die wichtigste Arbeit in der Zeit des Liegenlassens ist aber eine ganz andere: «die Arbeitszimmertür öffnen».

> Suchen Sie Testleser. Jetzt sind Sie gefestigt und distanziert genug, um das Manuskript einer Reihe von Menschen zu lesen zu geben.

Deshalb sprach ich davon, dass die zweite Fassung die «Lesefassung» ist; nicht für Sie, aber für den Rest der Welt. Für Testleser ist diese Pause die ideale Zeit, um sich grundlegend mit dem Buch auseinanderzusetzen. Vorher kann eine ungeschickte Kritik Sie völlig aus dem Konzept bringen; außerdem nervt es Testleser, wenn Sie jedem Einwand entgegensetzen, Sie hätten die Stelle längst umgeschrieben. Später ist es vielleicht zu spät, um noch etwas Grundlegendes zu ändern. Während das Manuskript «abhängt», sehen Sie den Rückmeldungen gelassen entgegen. Schließlich haben Sie schon eine Menge geschafft, worauf Sie stolz sein können.

Drucken Sie das Manuskript unbedingt aus, mit Korrekturrand und Seitenzahlen, und übergeben Sie es persönlich oder schicken Sie es per Post. Niemand wird ein Buch am Bildschirm lesen wollen, und es ist auch niemandem zuzumuten, selber zweihundert Seiten auszudrucken. Ich würde Testlesern gegenüber immer begründen, warum ich sie ausgewählt habe, Sendungen frühzeitig ankündigen und feste Termine vereinbaren. Und Gegenleistungen: Der Klassiker ist die Einladung zum Abendessen mit Manuskriptbesprechung, womit auch der Zeitpunkt verbindlich wäre, an dem man etwas dazu zu sagen haben sollte. Wenn jemand das als Zumutung empfindet, soll er es offen sagen; schenken Sie ihm zur Entschuldigung Kishons wunderbare Geschichte «Wie man ein Buch bespricht, ohne es zu lesen»*.

Konkrete Aufträge

Es muss ja nicht immer die vollständige Detailkritik sein. Sie erhöhen die Wahrscheinlichkeit, dass das Manuskript überhaupt gelesen wird, wenn Sie klarstellen, dass es nicht Wort für Wort gelesen werden muss. Vielleicht stellen Sie eine Liste mit spezifischen Anliegen zusammen: Du, der Du in der Praxis genau mit den Problemen zu tun hast, die ich beschreibe, was davon empfindest Du als hilfreich? Sehr geehrte Frau Professor X, finden Sie es seriös genug, oder gibt es Aussagen, mit denen sich Ihr Schüler blamieren würde? Herr Y, Sie kennen sich mit der internationalen Diskussion besser aus als ich: Gebe ich die englischsprachige Terminologie an dieser Stelle adäquat auf Deutsch wieder? Lieber Freund, Du hast zwar inhaltlich keine Ahnung, aber ich weiß, dass Du ein gutes Gespür für Sprache hast: Kann man es denn lesen? Derartige Arbeitsaufträge sind für beide Seiten weniger anstrengend als die diffuse Frage, wie man das Geschriebene denn so finde. Sie diversifizieren die Beurteilung und lassen sie weniger als Urteil erscheinen. Ich bin immer beeindruckt von den ellenlangen Bedankungslisten vor allem in amerikanischen Vorworten (und ich meine *nicht* den Ehemann und die Sekretärin). Jetzt ist der Zeitpunkt, an einer solchen Liste zu arbeiten; und sei es, dass jemand eine dreizeilige E-Mail beiträgt.

Problemzonen finden

Als erstes werden Ihre Testleser Sie emotional wieder auf die Füße stellen. Mit ziemlicher Sicherheit wird der Tenor sein: Grundsätzlich finde ich's gut, sogar beeindruckend – an dem und dem musst Du noch arbeiten. Das ist genau das, was Sie jetzt brauchen.

> Im Großen und Ganzen steht das Buch. Was Sie nicht wissen, ist, welche Teile noch der Umarbeitung bedürfen und welche nicht.

Daher können Sie den Auftrag an die Testleser auch gleich darauf beschränken, rote Wellenlinien und Fragezeichen an den Rand des Manuskripts zu malen – für Ihr seelisches Gleichgewicht auch hin und wieder dicke Wichtig-Striche und Ausrufezeichen – und einige grundsätzliche Bemerkungen dazu zu schreiben. Ermutigen Sie Ihre

Testleser zu groben Eingriffen. Wenn jemand über einen Rechtschreibfehler stolpert, mag er ihn korrigieren, aber das ist jetzt noch nicht Sinn der Sache. Sie wollen wissen, wo die Stärken und Schwächen des Buches liegen. Daraus lässt sich die optimale Zahl von Testlesern ableiten: sicher mehr als eine, damit sich ein Meinungsbild ergibt, aber auch nicht zu viele, damit das Bild nicht wieder verwirrend wird. Denken Sie auch daran, dass diese Leser für ein späteres gründliches Korrekturlesen «verbraucht» sind: Wenn man etwas schon einmal gelesen hat, übersieht man auch die gröbsten Schnitzer.

Leser haben immer recht

Leser haben immer recht. Beileibe nicht mit allen ihren Verbesserungsvorschlägen – vieles weiß der Autor inhaltlich einfach besser, oder es passt nicht in das Konzept des Buches. Wohl aber mit ihrem Unbehagen und damit, dass ihnen eine Stelle unverständlich erscheint. Jede Stelle, die eine Testleserin bemängelt, und sei es auch mit den dümmsten Begründungen, muss umgeschrieben werden.

Umgekehrt erleichtert es die folgenden Überarbeitungsschritte sehr, wenn Sie wissen, dass immerhin dieser und jener Teil von allen Testlesern unisono gelobt wurde. Alles, was ich im Folgenden noch an möglichen Überarbeitungen vorschlage, steht unter dem Generalvorbehalt «never change a winning team». Wenn ein Kapitel, ein Abschnitt, ein Satz von allen Testlesern durchgewunken wird, und wenn Sie selbst ganz ehrlich nichts daran auszusetzen finden – dann gibt es keinen Grund, auch nur das Geringste daran zu ändern. Wir sind nicht mehr in der Schule. Es geht nicht um Regeln, wie man etwas richtig oder falsch schreibt, sondern darum, was Lesern gefällt. Umso mehr Zeit bleibt Ihnen, die Stellen, die Ihnen selbst oder einer Leserin Unbehagen bereiten, gründlich neu zu schreiben.

Den Text wieder fremd werden lassen

Da Sie nicht immer wieder einen Testleser zur Hand haben, wenn Sie etwas neu schreiben, müssen Sie diese Art von Beurteilung selbst lernen. Selbstgeschriebene Texte erzeugen beim Durchlesen leicht einen diffusen Widerwillen, und es ist nicht einfach, sie so klug zu beurteilen, wie Sie das sicherlich mit fremden Werken aus Ihrem Fachgebiet können. Den einen Trick, um eigene Texte distanziert einzuschätzen, hatten wir eben schon: liegen lassen. Drucken Sie Ihr Manuskript immer wieder aus – allein das stellt schon Distanz zum eigenen Schreiben her –, und lesen Sie es nicht gleich nach dem Ausdrucken. Mit etwas Abstand werden Sie sehen: Was vor zwei Wochen noch halbwegs zufriedenstellend erschien, ist jetzt ganz offensichtlich ungeschickt formuliert; andere Stellen sind auf einmal richtig genial.

Sich selbst vorlesen

Der andere Königsweg zur Beurteilung eigener Texte ist das laute Lesen. Laut vorgetragen klingt Ihr Text für Sie selbst genauso, wie er für irgendeinen fremden Zuhörer klänge. Nicht nur grammatische Fehler, auch undurchschaubare Schachtelsätze (vgl. Kap. 4.3) fallen sofort auf, wenn Sie sie einmal laut lesen, anstatt zum vierten Mal mit den Augen darüberzuhuschen.

Papier ist geduldig. Was aber dem lauten Vorlesen standhält, das ist wirklich gut.

Konzentration auf Sprachliches

Wir reden jetzt nicht mehr davon, das ganze Buch noch einmal neu zu schreiben oder inhaltliche Aussagen grundlegend zu revidieren. Nur in Ausnahmefällen werden Ihre Testleser wesentliche Inhalte vermissen; Ihnen selbst ist vielleicht beim Durchblättern der Konkurrenzbücher noch etwas eingefallen, was fehlt. Öfter werden Sie einsehen müssen, dass bestimmte Passagen gestrichen gehören, die inzwischen nicht einmal Sie selbst noch interessant oder witzig finden. Fragen Sie die Testleser, was entbehrlich ist. Weit überwiegend aber geht es nicht mehr darum, *was* da steht, sondern *wie* es geschrieben ist.

Trotzdem kann zwischen der «Lesefassung» und dem endgültigen Manuskript noch viel passieren, was den Unterschied zwischen einem wirklich gut lesbaren Buch und einem nicht ganz so gelungenen ausmacht.

> Keine Verbesserung ist zu klein oder zu geringfügig, als daß man sie nicht durchführen sollte. Von hundert Änderungen mag jede einzelne läppisch und pedantisch erscheinen; zusammen können sie ein neues Niveau des Textes ausmachen. (Theodor W. Adorno*)

Für die sprachlichen Änderungen sollten Sie sich noch einmal Zeit nehmen – aber erst einige Wochen nach Abschluss der Lesefassung. Das heißt, dass diese mindestens ein Vierteljahr vor dem endgültigen Abgabetermin des Manuskripts an den Verlag verschickt sein muss, so dass alle Anstreichungen der Testleser in die Detailbearbeitung einfließen können.

In der ersten Fassung steckt schon alles drin, was Sie zu sagen haben; nach dem Umordnen zur zweiten Fassung findet man es auch; aber erst mit einem weiteren Durcharbeiten präsentieren Sie es so, dass es wirklich in den Köpfen der Leser ankommt.

Überarbeitung von grob nach fein

Einen Vorschlag für mögliche Überarbeitungen stellt Tabelle 6 dar; einige wichtige Punkte werde ich in Kapitel 4.3 und 5.1 behandeln. Im Gegensatz zu den meisten Stillehren geht diese Checkliste von grob nach fein vor; denn bevor Sie sich über einzelne Wörter Gedanken machen, sollten Sie die Wirkung des Gesamttexts in den Blick nehmen. Dementsprechend haben wir die Leitsätze zum Gesamttext schon bei der Erstellung der Lesefassung abgearbeitet (Kap. 3). Jetzt genügt ein schneller Durchgang, eine Überprüfung der Kapitellängen und Textökonomie – es sei denn, eine Testleserin hätte dezidiert Wünsche zu einer Neugliederung angemeldet. Weit mehr Zeit wird das Umschreiben von Sätzen, ja sogar die Suche nach dem besten

Tabelle 6: Leitlinien für die Überarbeitung von Texten

Allgemeines

- abhängen lassen: Rohfassung einige Zeit liegen lassen
- vier, sechs oder acht Augen sehen mehr: Leser suchen
- mehrere Durchgänge, jeweils auf bestimmte Dinge achten
- nicht immer mit dem Anfang anfangen
- redigieren nach Gehör: laut lesen, Text muss «klingen»

Gesamter Text

- Thema, Tonfall und Zielgruppe (was, wie, für wen?)
- Aufbau und Geschichte: Anfang, Zentralmotiv, Reihenfolge, Argumentationsschritte, Logik, Spannungsbogen
- Textökonomie: Gewichtung, Lücken und Überflüssiges
- Sinneinheiten durch Überschriften gliedern, formale Struktur (Kapitellängen und Untergliederung) durchhalten

Abschnitt

- Abschnitte mit einfachen, klaren Sätzen beginnen und beenden
- Aussagen und Argumente in sinnvolle Reihenfolge bringen
- First Things First: Hauptaussagen deutlich formulieren und an prominenter Stelle platzieren
- Anschlüsse zum vorhergehenden und zum folgenden Absatz prüfen

Satz

- Hauptsachen in Hauptsätze, Nebensachen in Nebensätze
- sinntragende Teile nicht auseinanderreißen, Verben nicht verstecken
- keine Schachtelsätze
- abwechseln zwischen reinen Hauptsätzen und Hauptsätzen mit angehängtem Nebensatz, selten kompliziertere Sätze

Prädikat

- Verbal- statt Nominalstil
- lebendige Verben verwenden, tote Verben (es erfolgt, es besteht, es kommt zu) und Funktionsverben (zum Ausdruck bringen, einen Beitrag leisten) vermeiden
- bei Häufung von Genitiv- oder Präpositionalkonstruktionen und Papierpräpositionen: die unwichtigsten Substantive zu Verben machen
- Passiv und «man» vermeiden

Wort

- überflüssige Wörter und Füllwörter streichen
- das einfachste und kürzeste treffende Wort wählen
- Adjektive sparsam einsetzen, Vorsicht vor Klischees und weißen Schimmeln
- so konkret wie möglich, so abstrakt wie nötig, Plastikwörter (Ebene, Bereich, Aspekt, Diskurs, Struktur, Modell, Konzept, System) vermeiden
- lebendige Metaphern, keine abgedroschenen, schiefen oder unverstandenen Bilder
- Vorsicht mit Fremdwörten und Anglizismen

Wort in Anspruch nehmen. In Kapitel 4.3. werden wir uns eingehend mit dem Satzbau beschäftigen, in Kapitel 5.1 mit den Prädikaten und der Wortwahl.

Detaillierte Stilkritik, nicht generelle Norm

Wenn ich hier Kriterien für eine stilistische Korrektur aufstelle, dann behaupte ich nicht, ich wüsste, wie «gutes Schreiben» geht. Glücklicherweise gibt es so viele gute Stile wie erfolgreiche Autoren. Ich will Sie nur von dem diffusen Gefühl der Halbzufriedenheit befreien, das man meist beim Wiederlesen eigener Texte hat. Wenn Ihre Testleser einen Satz bemängeln oder er Ihnen beim lauten Lesen suboptimal erscheint, dann müssen Sie wissen, was zu tun ist. Dafür ist es hilfreich, Texte radikal technisch anzusehen und alle Fragen von Geschmack und Genie beiseite zu lassen.

Stilistische Kritik bekommt leicht etwas Geschmäcklerisches. Deshalb würde ich Testleser nur bitten zu sagen, welche Sätze sie sprachlich nicht so gut finden, und selbst entscheiden, inwiefern sie verbesserbar sind. Verlangen Sie keine generelle Beurteilung Ihres Stils.

Die Frage «Kann er schreiben?» ist bei Fach- und Sachbüchern ganz unangemessen.

Wir reden hier nicht von «hoher» Literatur, sondern von Wissensvermittlung. «Guter Stil» in einem Fach- oder Sachbuch ist weit weniger eine Frage von Begabung als von Beharrlichkeit und davon, sich an jeder Stelle auf das einzulassen, was Ihre Leser lesen möchten. Sicher, mit jedem weiteren Buch wird Ihr individueller Stil sicherer werden, und er wird besser zu dem passen, was Sie vermitteln wollen. Aber vorläufig geht es nicht darum, ob Sie «schreiben können», sondern was an dem jeweils nächsten Satz besser zu machen ist.

Mit dieser Orientierung an der Lesbarkeit stoße ich bei deutschsprachigen Fachautoren regelmäßig auf Widerspruch: Gibt es nicht doch objektive Normen eines «richtigen» Stils unabhängig von den Launen irgendwelcher Textkonsumenten: nämlich die objektiven Normen des wissenschaftlichen Schreibens? Ich will mich dieser Auseinandersetzung stellen, schlage aber vor, dass Sie erst einmal prüfen, ob sie für Ihr Buch überhaupt relevant ist. Das Folgende brauchen Sie nur zu lesen, wenn Sie einen möglichen Konflikt zwischen Leserbedürfnissen und wissenschaftlichem Anspruch sehen. Bei populären Sachbüchern und Ratgebern ist Lesbarkeit alles, und wir müssen den Anspruch erheben, jeden einzelnen Satz der Lesefassung daraufhin abzuklopfen, ob er verständlich genug ist. Wenn Sie ein solches Buch schreiben, können Sie gerne das folgende Unterkapitel überspringen und gleich in die sprachliche Überarbeitung ab Kapitel 4.3 einsteigen. Bei Fachbüchern und «wissenschaftlichen» Sachbüchern bin ich zu Kompromissen bereit, soweit die sich aus der Funktion solcher Bücher für die Vermittlung von Wissenschaft begründen lassen.

4.2
Seriös und doch verständlich formulieren: aha und oho

Wissenschaftliche Seriösität:

Fach- und Sachbücher unterscheiden sich von fiktionaler Literatur dadurch, dass sie nachprüfbares Wissen über die Wirklichkeit vermitteln. Das heißt, dass sie wissenschaftlicher Seriösität verpflichtet sind.

■ Quellen offenlegen

Das erste und wichtigste Merkmal wissenschaftlicher Seriösität ist das Eingeständnis, dass wir unser Wissen anderen verdanken. Dazu gehört, dass wir nicht ohne Not neue Begriffe erfinden, dass wir das Wissen anderer Fächer zur Kenntnis nehmen, und dass wir unsere Quellen jederzeit offenlegen. Sie finden in Anhang 3 eine juristische Begründung für diesen ehrlichen Umgang mit fremden Gedanken; er ist aber vor allem eine Frage der grundsätzlichen Einstellung Lesern gegenüber. Es geht nicht darum, dass Sie diese oder jene Form des Zitierens benutzen. Es geht darum, dass Sie den Lesern die Chance geben, die Quelle wiederzufinden. In einem Fachbuch wird man das sehr penibel handhaben; in einem Lehrbuch und in einem Sachbuch wird man eher summarisch die «weiterführende Literatur» auflisten. Selbstverständlich werden Sie keine fremden Aussagen als eigene ausgeben und keine Information unausgewiesen und ungeprüft aus dem Internet abschreiben.

> Plagiate schaden in erster Linie denen, die sie begehen.

Wer bewusst oder unbewusst etwas irgendwo Aufgelesenes in den eigenen Text montiert, der verzichtet auf das, was das Bücherschreiben erst lohnend macht: aus den disparaten Informationen unterschiedlicher Quellen ein Ganzes und Eigenes zu gewinnen.

■ Begründen statt behaupten

Wir stehen auf den Schultern von Riesen*; deshalb können wir weiter sehen. Wenn Sie den gewaltigen Diskurs offenlegen, der hinter jeder seriösen Aussage steht, dann schließt das einen klaren und eigenwilligen Standpunkt nicht aus. Aber der ist dann keine subjektive und zufällige Meinung, sondern eine begründete Position. Fach- und Sachbücher schulden es ihren Lesern, alle wichtigen Aussagen zu begründen. Das gilt gerade für die emotional bewegenden Themen: Natürlich dürfen, sollen Fach- und Sachbücher von Gut und Böse, von Gerechtigkeit, Gesundheit, Wohlbefinden und Freiheit handeln; aber sie sollen nicht unbegründet darüber urteilen. Deshalb werden Sie nicht ohne die klassischen Stilmittel des logischen Schlussfolgerns und der Begriffexplikation auskommen. Stringent aufgebaute Argumentationen, die auch gegenteilige Positionen zulassen, aber letztlich auf ein Ziel zusteuern, werben für einen rationalen Diskurs, in dem prinzipiell alle Beteiligten gleichwertig sind und nur das bessere Argument zählt, nicht das Expertenurteil. Genau das entscheidet auch über die Seriosität eines Fach- oder Sachbuchs: ob Sie sich als Profi darstellen, der sich aus langjähriger Erfahrung und gründlichem Literaturstudium eine Meinung gebildet hat, diese aber jederzeit zu begründen bereit ist – oder als Guru, der nicht zu begründen, nur zu verkünden braucht. (Ich will nicht verschweigen, dass im Ratgeber-Genre die Gurus die Autoren mit den höheren Auflagen sind; entscheiden Sie, welche Rolle Ihrer Persönlichkeit mehr liegt.)

■ Kritische Neugier

Dass Sie aus einem offengelegten wissenschaftlichen Diskurs heraus argumentieren, prägt das Bild, das Sie als Fachautorin abgeben möchten. Aber das Bild wäre unvollständig ohne einen anderen Charakterzug: kritische Neugier. Wir käuen nicht einfach nur wieder, was andere vor uns geschrieben haben; sonst könnten wir nicht erwarten, dass Leser dieses Buch nun auch noch lesen wollen. Ich wünsche mir oft Bücher, die sich nicht nur an dem bekannten Fachwissen entlanghangeln, sondern die mir auch erklären, wo dieses Wissen Lücken hat. Beim Zusammenfassen für ein Buch stellt man fest, dass manche allgemein akzeptierte Theorien auf ziemlich wackligen Füßen stehen.

Auch Empirie kann unzuverlässig sein. Vor den Augen der Wissenschaft gibt es keine fraglos bestehenden «Fakten, Fakten, Fakten». Sie wissen, dass wir die Methoden der schließenden Statistik nur zu dem Zweck anwenden, um unserer natürlichen Tendenz entgegegen zu arbeiten, auch in bloßen Zufallsbeobachtungen Realitäten erkennen zu wollen. Für die sprachliche Darstellung ist noch wichtiger, dass wir Beobachtungen von Fakten und Zusammenhängen nicht mit ihrer Erklärung verwechseln. Korrelation ist nicht Kausalität. (Es gibt ja auch eine eindeutige Korrelation zwischen Schuhgröße und Einkommen. Wer auf großen Füßen steht, kann es sich eher leisten, auf großem Fuß zu leben – weil die Menschen mit den größten Füßen, nämlich erwachsene Männer, tendenziell mehr verdienen als Frauen und Kinder.) Wir sind es unseren Lesern schuldig, ihnen nicht mit sprachlichen Mitteln Zusammenhänge zu suggerieren, die wir explizit nicht beweisen können.

Stilistische Konsequenzen

Offenlegung der Quellen, rationale Begründung und kritische Betrachtung der Faktenlage haben Auswirkungen auf den Schreibstil.

> In einem der Wissenschaft verpflichteten Fach- oder Sachbuch geht manches nicht.

Viele gut klingende, plakative und eingängige Sätze haben den Schönheitsfehler, dass sie den Kriterien wissenschaftlicher Seriösität nicht standhalten. Ich will keinen Autor bloßstellen, deshalb demonstriere ich das an einem selbstgebastelten Beispiel. Schauen Sie sich folgenden Satz an:

> Verhaltensgestörte Jugendliche kommen häufig aus zerrütteten Familien.

Vorsicht vor unbedachten Formulierungen

So ein Satz wäre in einem seriösen Fach- oder Sachbuch indiskutabel. Sie stolpern wahrscheinlich gleich über das Wort «zerrüttet». Ein derart reißerisches, emotional besetztes, grob vereinfachendes Wort hat in einem seriösen Buch nichts zu suchen. Aber was ist mit dem Rest? Ist ein Wort wie «verhaltensgestört» angebracht, das ein komplexes Problem mit medizinischem Diagnosegestus dem Betroffenen zuschreibt? (Üblicherweise spricht man von «verhaltensauffällig», was den großen Vorteil hat, eine Beziehung auszudrücken: Da muss immer noch jemand sein, dem der andere auffällt.) Ebenso problematisch sind die Aussagen über Fakten und ihre Kausalbeziehung: Was in aller Welt soll «häufig» heißen? Gibt es dazu verlässliche quantitative Daten? Dann kann ich sie zitieren. Oder kenne ich ein paar Fälle, die in dieses Muster zu passen scheinen? Dann darf ich mich nicht zu Allgemeinaussagen aufschwingen. Und welche Form von Kausalität soll «kommen aus» suggerieren? Was bedeutet es in Zeiten von Patchworkbiografien, «aus einer Familie zu kommen»? Hier sind alle Kriterien verletzt: die Herkunft von Begriffen ungeklärt, Wertungen suggeriert statt begründet, empirische Behauptungen unkritisch verbreitet.

Ich habe daher Verständnis für die Vorsicht, die vor allem deutschsprachige Autoren vor jeder Formulierung zurückschrecken lässt, die sie als zu plakativ empfinden. Ich verstehe auch, wenn Sie ab und zu Ihr Bekenntnis zu Quellen, Logik und Kritik explizit machen wollen, in Formulierungen wie «nach Soundso», «XY wird hier verstanden als …», «daraus lässt sich schließen» oder «deutet darauf hin, dass …».

Seriösitäts-Simulation

Das sollte nur nicht zum klappernden Automatismus geraten. Oft scheinen Autoren zu denken, sie müssten solche Formeln mechanisch kopieren. Sie verwechseln dann den Geist wissenschaftlicher Seriösität mit der toten Form. Das ist bedenklich, denn es ist ziemlich einfach, einen «wissenschaftlichen» Stil zu simulieren. Ich bräuchte den obigen Satz bloß ein bisschen anders auszudrücken:

> Eine soziopathische Problematik bei Adoleszenten ist in signifikanter Regelmäßigkeit das Resultat einer anormalen Familienstruktur.

Hätte ich Ihnen diesen Satz als ersten präsentiert, wäre er Ihnen vermutlich gar nicht aufgefallen. Ist er nun wissenschaftlicher? Natürlich nicht, denn wenn man das Wissenschafts-Kauderwelsch rückübersetzt, steht inhaltlich dasselbe da wie eben. Keiner der Kritikpunkte ist entkräftet; als wissenschaftliche Aussage fällt dieser Satz immer noch komplett durch. Er ist genauso unseriös, nur zusätzlich noch unverständlich. Und das, nicht die notwendige Beschränkung des

Schreibens durch wissenschaftliche Normen, ist das eigentliche Problem deutschsprachiger Fachbücher.

Unverständlichkeit ist kein Ersatz für wissenschaftliches Denken.

Unverständlich ist nicht wissenschaftlich

Das Ziel kann nicht sein, schlichte Gedanken möglichst dunkel zu formulieren, sondern so komplex und kritisch wie möglich zu denken – und das dann so einfach wie möglich auszudrücken. Wissenschaft dient dazu, Licht ins Dunkel zu bringen; ihr Ethos ist Aufklärung. Wenn Sie seriös bleiben wollen, müssen Sie nicht Fachkauderwelsch liefern, sondern Begründungen. Die Leser müssen Ihre Argumentation nachvollziehen können, und das heißt zuallererst, sie müssen sie verstehen können.

Sie werden beim Schreiben selbst merken, wie viel unreflektierte Meinung sich in unverständlichen Formulierungen verstecken lässt und wieviel mehr gedankliche Durchdringung es braucht, um verständlich zu schreiben. Wenn Sie Ihre Aussagen begründen wollen, dann formulieren Sie für Ihre jeweilige Zielgruppe verständlich: Fachbücher kommen nicht ohne das Ideal einer «Scientific Community» aus, innerhalb derer jede Aussage auch für Nicht-Spezialisten verstehbar sein muss. Sachbücher gehen sogar noch einen Schritt weiter und nehmen einen «aufgeklärten Laien» als ideellen Leser an.

Das Problem des «Ich»

Ihr Buch wird nicht dadurch wissenschaftlicher, dass Sie auf klare, versteh- und überprüfbare Schlussfolgerungen verzichten. Es wird auch nicht wissenschaftlicher, wenn Sie formal auf eine eigene Position verzichten, indem sie das Wort «Ich» vermeiden. Ich habe schon darauf hingewiesen, zu welchen Verkrampfungen das schematische Vermeiden von «Ich» führt (S. 58). Ein langer Sachtext wird mühsam zu lesen, wenn nicht jemand die Leser an die Hand nimmt und durch das Buch führt. «Es stellt sich nun die Frage …» ist ein Etikettenschwindel, denn nur der Autor hat entschieden, dass dieser Frage unter der Vielzahl anderer Möglichkeiten sein Erkenntnisinteresse gilt. In dieser ordnenden und entscheidenden Funktion tut ein Autoren-Ich jedem Sach- und Fachbuch gut. Störend wird das «Ich», wenn es als bloße Meinung auftritt. Wenn sich Ihre Meinung begründen lässt, können Sie sie als Position des Texts hinschreiben; wenn nicht, hat sie in dem Buch nichts zu suchen. Also nicht «Ich bin der Meinung, dass …», sondern «Es ist so, weil …». Aber jederzeit: «Im Folgenden zeige ich, dass …».

Die Wissenschaftlichkeit eines Fachbuchs entscheidet sich nicht an der Einhaltung formaler Regeln; sie ist eine Frage der Haltung Lesern gegenüber.

Der Wille zur Aufklärung

Vor jeder Entscheidung über «richtigen» oder «falschen» Stil steht die Frage nach der Absicht. Wollen Sie so schreiben, wie «man» schreibt? Oder trauen Sie sich so zu schreiben, wie Sie es für richtig halten; so, dass Sie zu Aufklärung Ihrer Leser beitragen? Es kann immer wieder passieren, dass die realen Leser dann doch nicht verstehen, was Sie sagen wollen. Wir werden uns im Folgenden mit den Sprachformen beschäftigen, die Verständnis befördern oder behindern. Aber zunächst ist es eine Frage der Haltung: Wollen Sie die Experten-Eminenz sein, deren Schlussfolgerungen der Schüler auch unverstanden zu akzeptieren hat? Dann sind Bücher das falsche Medium. Oder haben Sie zumindest den Willen, seriös *und* verständlich zu schreiben; das Bewusstsein, dass ein wissenschaftliches Buch nicht nur verständlich sein *kann*, sondern verständlich sein *muss*? Dann wartet noch eine Menge Arbeit auf Sie, aber sie könnte sich für Ihre Leser und die Wissenschaft lohnen.

Nicht jeder Satz muss verständlich sein

Wenn wir uns so weit einig sind, gestehe ich gerne zu, dass bei Fachbüchern die Verständlichkeit jedes einzelnen Satzes ein überzogener Anspruch wäre. Beim Wiederlesen merken Sie selbst, an welchen Stellen Sie um die Zustimmung der Leser zu einer problematischen These werben, während andere Passagen nur aus neutralem Material bestehen. Auch die Testleser hatten sicher zu großen Teilen überhaupt nichts, weder positiv noch negativ, anzumerken.

Das liegt vor allem daran, dass niemand ein Fachbuch vollständig liest. Selbst wenn ich mich nach dem ersten Durchblättern entschieden habe, vorne mit der Lektüre zu beginnen, wird sehr bald ein Punkt kommen, an dem ich verstanden habe, was die Autorin mir hier sagen möchte; meine Augen beginnen ganz von alleine weiterzuwandern und die Stelle zu suchen, wo wieder etwas Neues kommt. Zumindest die Zitate und die Fußnoten überspringe ich und manchmal ertappe ich mich dabei, dass mein Blick seitenlang nur noch an den Zeilen heruntergeglitten ist, ohne dass ich das Geringste aufgenommen hätte. Das hat auch etwas mit dem Charakter des Textes zu tun.

Zwei Zielgruppen

Fachbücher haben regelmäßig eine doppelte Zielgruppe.

Da ist einmal die Scientific Community, ein ideeller Leser, der aufmerksam, interessiert und mit einem eher allgemeinen Vorwissen verfolgt, welche neuen Erkenntnisse die Autorin aus ihrem Spezialgebiet vorträgt. Auf der anderen Seite schreibt sie für ihre höchst realen Spezialisten-Kollegen, vor denen sie sich nicht blamieren will. Texte, die nur von dieser Furcht getrieben sind und die sich daher bemühen, überall so eingeweiht wie möglich zu klingen, sind der Veröffentlichung nicht wert. Aber es wäre unrealistisch abzuleugnen, dass auch in einem grundsätzlich um Aufklärung bemühten Buch manche Teile nicht wirklich zum Lesen da sind, sondern zum Nachweis der Gelehrsamkeit der Autorin.

Aha-Stil

Weil sie zwei Zielgruppen dienen, kommen Fachbücher in der Regel in der Mischung zweier Stilarten daher. Da ist einmal das, was ich «Aha-Stil» nenne: kurze Hauptsätze in einer alltagsnahen Sprache, die aus vertrauten und emotional bedeutungsvollen Wörtern besteht. Inhaltlich geht es um praktische Fragen, die unmittelbare Konsequenzen für die Leser haben, und um Empfehlungen, die nicht an jeder Stelle begründet werden; und ein gewisses Maß an Subjektivität, ein «Ich», sowie die direkte Leseransprache sind erlaubt.

Populäre Stillehren – wie die sehr empfehlenswerten Bücher von Wolf Schneider* – propagieren meistens diesen Stil als das Ideal. Für Sachbücher und Ratgeber ist das vollkommen richtig, und Kapitel 4.3 wird sich hauptsächlich damit beschäftigen, Ihnen die Technik des Aha-Stils nahezubringen. Fachbücher dagegen können nicht durchweg «aha» geschrieben sein. Prinzipiell wäre es möglich – muss es möglich sein –, jede empirische Studie und jede Fußnotendebatte in Aha-Stil zu erklären; aber würden Sie das wirklich tun, würde das Buch jedes vernünftige Format sprengen, und der Leser käme sich vor, als säße er wieder vor der Sendung mit der Maus.

Oho-Stil

Es ist also völlig legitim, neben dem Stilregister geringer Komplexität, dem Aha-Stil, noch ein Stilregister hoher Komplexität einzusetzen, einen «Oho-Stil». Oho-Texte bestehen aus langen Sätzen, die komplexe Abhängigkeiten in vielfach gestaffelten Nebensätzen darstellen. Sie drücken den fachspezifischen Inhalt in einer entsprechend fachlichen Sprache mit vielen Fremdwörtern aus. Sie liefern mehr Belege als Behauptungen, und sie verzichten weitgehend auf das Schmiermittel einer subjektiven Bewertung.

Oho-Stil können Sie ohnehin. Wer in der deutschsprachigen Wissenschaftstradition aufgewachsen ist, ob Geistes- oder Naturwissenschaftler, der versteht gut den Eindruck zu vermeiden, etwas sei einfach. Der norwegische Friedensforscher Johan Galtung*, der viel in der Welt herumgekommen ist, charakterisiert die verschiedenen Wissenschaftsstile unter anderem anhand des ersten Diskussionsbeitrags nach einem Vortrag. Während amerikanische Wissenschaftler zuallererst Gemeinsamkeiten betonen und sich bemühen, in dem Vorgetragenen irgendwo ein Körnchen Interessantes zu finden, wird ein deutscher Diskussionsredner seinen Kommentar gerne mit dem Satz beginnen: «Sie haben zu erwähnen vergessen …». Vor diesem Kommentar haben wir alle Angst; also nehmen wir ihn vorweg und fallen uns beim Schreiben selbst ins Wort, um einzuflechten, dass, was wir, im vollen Bewusstsein, nur den allgemeinen Fall behandeln zu können, zu sagen beabsichtigen würden wollten, vielleicht doch nicht gelte. Die Frage ist also eher, ob Sie diesen «naturwüchsigen» Oho-Stil belassen oder ob Sie ihn zu Aha umschreiben sollen.

Der Rhythmus von Aha und Oho

Was ist denn nun für Fachbücher richtig: oho oder aha? Ein Jegliches zu seiner Zeit.

> Fachbücher enthalten immer Aha-Anteile, die zum Lesen da sind, und Oho-Anteile, die Hintergrundmaterial für besonders Interessierte und Absicherungen gegenüber besonders kritischen Kollegen liefern. Die Lösung liegt im richtigen Rhythmus.

Denken Sie daran, wie Sie einen Vortrag aufbauen. Am Anfang erklären Sie in einfachen Worten, wovon die Rede sein wird, und Sie achten darauf, dass Sie durch Anspielungen auf gemeinsames Vorwissen, durch Gestus und Blicke die Aufmerksamkeit möglichst aller Ihrer Zuhörer gewinnen. Wenn deren Konzentration nach zwanzig Minuten ohnehin erlahmt, kommunizieren Sie mehr mit Ihren PowerPoint-Folien und werfen mit Grafiken und Tabellen in einem Tempo um sich, bei dem niemand mehr die Details aufnehmen kann. Das ist der Oho-Teil des Vortrags, der Sie als Wissenschaftler legitimiert. Aber wehe dem Vortragenden, der es nicht schafft, seine Zuhörer wieder aus dem wissenschaftlichen Dämmerschlaf zu erwecken. Für die letzten zehn Minuten müssen alle wieder anwesend sein, damit Sie die Folgerungen übermitteln können, die Ihnen am Herzen liegen.

Ebenso wird jedes Fachbuch als ganzes von einer grundlegenden Frage, deren Entwicklung und Differenzierung und schließlich der allmählichen Entwicklung einer Antwort überspannt. Frage und Antwort, Anfang und Schluss, müssen sich «aha» formulieren lassen, sonst sind sie nicht bewegend genug, um das Buch zu lesen. Beginn und Ende des Buches werden Sie also besonders aufmerksam sprachlich überarbeiten müssen.

Der Spannungsbogen

Wenn diese Grundstruktur auch inhaltlich unterfüttert ist, also Anfang und Schluss aufeinander Bezug nehmen, spricht man von «Spannungsbogen». Bei Journalisten überaus beliebt ist eine Form, die mit einem anschaulich beschriebenen Detail beginnt: «Es regnete in Strömen, als am 21. September 2006 um 21.32 die beiden schwarzen Mercedes-Limousinen vor dem Haus Eulenweg 20 vorfuhren.» Dann fährt der Autor langsam die Kamera zurück, öffnet den Blick auf die Hintergründe und die Vorgeschichte jenes regnerischen Herbstabends, und ganz zum Schluss kommt er mit einer eleganten Volte wieder auf das Anfangsbild zurück, etwa: «Der Staatssekretär hatte seine Parteifreunde nicht im Regen stehen lassen.» Auch hier spricht nichts gegen eine sachliche und abstrakte Sprache im Mittelteil, solange die Ein- und Ausstiege konkret gehalten sind. Sogar eine dickleibige geisteswissenschaftliche Habilitationsschrift könnte deutlich mehr Leser gewinnen, wenn die Autorin sich die Mühe machen würde, jedes Kapitel mit ein paar allgemeinverständlichen Sätzen ein- und auszuleiten.

In einem Buch sind es Bögen innerhalb von Bögen, viele kleine und größere Spannungsbögen, die Absätze, Kapitel und das ganze Buch überziehen. Das Prinzip «Anfang und Schluss aha, Mitte oho» gilt auch für jedes einzelne Kapitel. Und sogar innerhalb eines Absatzes können Sie die Aufmerksamkeit der Leser lenken, indem Sie den Anfang und Schluss einfacher und die Mitte komplexer formulieren. Eine solche wiederkehrende Struktur gibt Lesern Halt. Wir überstehen auch längere Oho-Passagen, wenn wir in verlässlichen Abständen Rückbezüge finden, die die am Anfang eines solchen Bogens aufgeworfenen Fragen beantworten. Und zugleich entsteht die für Fachbücher typische inhaltliche Spannung zwischen den beeindruckenden Dingen, die man weiß, und dem Bewusstsein, dass bei kritischer Betrachtung vieles so klar doch nicht ist.

Für die jetzt anstehende Entscheidung, welche Teile des Manuskripts noch stilistisch überarbeitet werden sollen, müssen Sie den Blick der flüchtigen Leserin zurückbekommen, um die strategisch entscheidenden Stellen zu identifizieren. Ihnen wenden Sie sich jetzt zu, um die Aufmerksamkeit der Leser darauf zu lenken. Oft genügen kleinste Änderungen: etwa dasselbe Wort, mit dem Sie ganz zu Anfang das Problem benannt haben und das Sie zwischendrin abwechslungshalber durch Synonyme ersetzt haben, nun noch einmal explizit in der Zusammenfassung zu verwenden. Lesen Sie einmal nur die ersten und letzten Sätze eines Abschnitts: Passen Sie zusammen? Lässt sich der Schluss auf den Anfang rückbeziehen? Fügen Sie Strukturierungssignale ein: «erstens, zweitens, drittens» – «zum einen, zum anderen» – «dafür sprechen drei Gründe: …» – «in den letzten beiden Abschnitten war von … die Rede; jetzt dagegen …». Markieren Sie den Beginn von Oho-Teilen: «genauer gesagt» – «empirische Untersuchungen hierzu». Oder den Punkt, wo es sich wieder zu lesen lohnt: «also» – «daraus ergibt sich» – «für unser Thema bedeutet das».

Stilistische Überarbeitung

Große Teile eines Fachbuchs müssen stilistisch nicht perfekt sein, dürfen in sperrigstem Oho-Stil stehen bleiben, weil Durchschnittsleser sie gar nicht verstehen wollen. Sie sollten jetzt aber die Stellen identifiziert haben, denen eine gründliche stilistische Überarbeitung gut täte. Dazu gehören sicher erste und letzte Absätze, dazu eine begrenzte Zahl von Schlüsselpassagen. Diese Teile müssen verständlich werden, und das heißt in der Regel, Sie müssen sie Satz für Satz umschreiben.

Wenn das alles zu oho war, hier die Aha-Fassung davon:

> Egal, wie kompliziert Sie sonst schreiben – beginnen und beenden Sie jedes Kapitel mit einem kurzen, einfachen, verständlichen Hauptsatz.

4.3 Verständliche Sätze bauen

Verständlich und anschaulich schreiben

Im Grunde gibt es nur eine einzige Stilregel. Der kategorische Imperativ des Schreibens lautet:

> Schreiben Sie so, wie Ihre Leser lesen wollen.

So einfach ist das – und so schwer umzusetzen. Jeder Stil ist richtig, der aus der Wertschätzung der Leser erwächst; und wenn Sie schon einen Stil gefunden haben, der von dankbaren Lesern geschätzt wird und Ihnen hohe Auflagen einbringt, dann gibt es natürlich keinen Grund, daran etwas zu ändern.

Im Interesse der Leser ist das oberste Ideal jedes Sachbuchs, jedes Ratgebers und der strategischen Stellen in Fachbüchern Verständlichkeit. Ein Sachbuch will aufklären, ein Ratgeber zu etwas anleiten, und dazu muss auch beim flüchtigen Lesen an jeder Stelle zu verstehen sein, worauf Sie eigentlich hinauswollen. Ein weiteres Ziel ist Anschaulichkeit. Die Leser sollen sich etwas vorstellen können unter dem, was sie da lesen; es soll ihnen bildlich so einleuchten, dass sie es in ihr Leben mitnehmen können (damit wird sich Kapitel 5.1 beschäftigen).

Was will mir der Autor sagen?

Verständlich zu schreiben fliegt leider den meisten von uns nicht einfach zu. Verständlichkeit ist Arbeit. Wer mit der deutschen Wissenschaftssprache aufgewachsen ist, der neigt ganz automatisch dazu, sein Anliegen hinter Wortgebirgen zu verstecken. Zu sagen, was man sagen will, ist weit schwerer und gelingt erst beim zweiten oder dritten Anlauf. Für die sprachliche Überarbeitung müssen wir die Position von Lesern einnehmen, die weit weniger an Feinheiten der Formulierung interessiert sind als an der Frage: «Was will mir die Autorin hier eigentlich sagen?» Dazu hilft der Textmarker-Test:

> Streichen Sie in Ihrem Manuskript die Aussagen an, die Ihnen am meisten am Herzen liegen, aber beschränken Sie sich jeweils auf zwei, drei Schlüsselwörter.

Für die ganze stilistische Überarbeitung empfehle ich so vorzugehen, wie Profis das tun: in vielen Durchgängen immer nur eine Sache aufs Mal bearbeiten, aber die durch das ganze Manuskript hindurch.

Jetzt schauen Sie sich also an, welchem Muster Ihre Markierungen folgen. Zunächst auf der Ebene der Absätze: Liegen alle Markierungen in der ersten oder letzten Sätzen eines Absatzes? Wenn nicht, dann sollten Sie die Absatzgliederung überdenken; gehen Sie von einem Leser aus, der nur erste und letzte Sätze liest und den Rest bloß überfliegt. Lange Passagen ganz ohne Markierungen sollten vielleicht zu einem großen «Oho-»Absatz zusammengefasst werden. Folgen Markierungen zu dicht aufeinander, dann stärkt es das Gewicht jeder einzelnen Aussage, wenn sie mit etwas mehr Redundanz zu einem eigenen Absatz ausgebaut wird.

Nächste Frage: Welche Position nehmen die Markierungen innerhalb der Sätze ein? Diese Analyse ist für eine mutige stilistische Bearbeitung ganz entscheidend. Wenn die Schlüsselwörter jeweils erst in der dritten Zeile eines Satzes kommen, dann ist das nicht ein liebenswerter Individualstil, sondern eine mutwillige Verweigerung gegenüber den Lesern.

Verständlichkeit ist im Wesentlichen eine Frage des Satzbaus.

Abwechslung im Satzbau

Satzbau und Satzstellung bereiten im Deutschen oft besondere Probleme, weil der Möglichkeiten so unendlich viele sind. Im Unterschied zum Englischen verwenden wir die Standardform des einfachen Hauptsatzes mit Subjekt – Prädikat – Objekt eher selten, nicht einmal in gesprochener Sprache. Diese Variationen machen den Reiz des Deutschen aus. Selbstverständlich sollen Sie die Vielfalt möglicher Satzkonstruktionen dazu nutzen, um einen Gedanken adäquat abzubilden. Meinen «kategorischen Imperativ» könnte man auf sehr verschiedene Weise formulieren:

autoritativ: Schreibe so, wie deine Leser lesen wollen.

poetisch: Wie der Leser zu lesen begehrt, so schreibe der Autor.

hemdsärmelig: Schreib, wie's den Leuten gefällt.

umständlich: In Stilfragen gilt grundsätzlich, dass man sich an dem orientieren sollte, was jemand, der das Geschriebene lesen will, erwartet.

hochwissenschaftlich: Die Leseerwartung des Rezipienten bestimmt die Stilintention des Autors.

Einen einfachen Hauptsatz mit «normaler» Satzstellung bietet nur die letzte Variante, und sie ist keineswegs die verständlichste. Hauptsätze, Hauptsätze, Hauptsätze – das ist eine begründete Mahnung für Wissenschaftler, die zu Nebensatzgebirgen neigen, aber es kann nicht das Ziel sein. Sonst ergäbe sich ein «Asthmastil», der ziemlich langweilig zu lesen wäre. Der natürliche Satzbau im Deutschen ist eine abwechslungsreiche Mischung von kurzen und langen Sätzen, von reinen Hauptsätzen und Hauptsätzen mit angehängtem Nebensatz. Das heißt, es kommt immer darauf an, wie der Satz vorher aufgebaut war. Nach einer langen Periode sind wir froh um eine Atempause in Form eines Hauptsatzes, der womöglich das Ausgeführte auch inhaltlich auf den Punkt bringt. Wenn uns drei Merksätze hintereinander eingehämmert wurden, wünschen wir uns etwas mehr Leichtigkeit und Redundanz in einem leicht überdrehten langen Satz.

Ausdrucksstellung

Auch die Satzstellung hängt vom vorangegangenen Satz ab. Nehmen wir an, Sie wollen sagen, dass Ärzte untereinander häufig über «schwierige» Patienten sprechen. Wenn zuvor die Rede davon war, dass Ärzte nach außen den Eindruck vermeiden, es gäbe für sie besondere Problemfälle, können Sie schreiben: «Untereinander und unbelauscht unterhalten sich Ärzte häufig über Patienten, die sie dann offen als schwierig bezeichnen.» Wenn das letzte Thema die vernachlässigten «einfachen» Patienten waren, hieße der Satz wohl: «Über schwierige Patienten dagegen sprechen Ärzte untereinander sehr häufig.» Wenn Sie einfach nur Themen in Besprechungen ausgezählt haben: «Überdurchschnittlich häufig sprechen Ärzte über schwierige Patienten.» Solche Variationen, die man «Ausdrucksstellung» nennt, machen im Deutschen die Aussage eines ganzen Abschnitts oft verständlicher als das Standardschema Subjekt – Prädikat – Objekt.

Jede noch so verdrehte Satzstellung und jeder noch so komplizierte Satzbau sind richtig, wenn sie der passende Ausdruck eines komplexen Gedankens sind.

> Störend wirken aufgeblasene Satzgebilde, die eine an sich einfache Aussage mit rein sprachlichen Mitteln verkomplizieren.

Räusper-Sätze

Dazu gehört zum Beispiel der Räusper-Hauptsatz: «Es ist bekannt, dass …» – «Ich möchte noch darauf hinweisen, dass …» – «Amerikanische Forscher haben herausgefunden, dass …». Noch ist nichts gesagt, aber der Hauptsatz ist unwiederbringlich vorbei. Die Aussage ist in den Nebensatz abgedrängt, manchmal sogar in einen Nebensatz zweiter oder dritter Ordnung. Das liest sich dann etwa so:

> Seit den 1950er-Jahren wurden zahlreiche Untersuchungen angestellt, die eine Korrelation von Tabakkonsum und Bronchialkarzinom (RR = 20) oder Herzinfarkt (RR = 3) feststellten, wodurch die Aussage, dass Rauchen tödlich ist, belegt wurde.

Hauptsachen in Hauptsätze

In dieser Form sagt der Satz hauptsächlich, dass Forschung stattfand, nicht dass Menschen starben – was Leser eines Sachbuchs sicher mehr interessieren würde. Wir lesen Sätze nicht nur von vorne nach hinten, sondern wir analysieren zugleich unbewusst die Grammatikstruktur. Was im Hauptsatz steht, wird automatisch als wichtig eingestuft, während wir den einen oder anderen Nebensatz schon einmal überspringen. Die Regel heißt demnach, in der Formulierung von Ludwig Reiners, «Hauptsachen in Hauptsätze, Nebensachen in Nebensätze»*. Wenn Sie etwas wichtiges Neues zu sagen haben, dann fangen Sie auch einen neuen Hauptsatz an. Nicht unbedingt einen neuen Satz: Die Abgrenzung zum Vorhergehenden lässt sich von gleitend bis abrupt dosieren, von Komma über Semikolon bis Punkt.

Wenn also der Textmarker-Test ergeben hat, dass Sie zum Verstecken Ihrer Aussage neigen, dann bauen Sie Ihre Sätze ganz neu auf:

> Sagen Sie erst einmal die Hauptsache. Alles andere hängen Sie an.

Da Letzteres ziemlich viel sein kann, spricht nicht gegen einen langen Satz mit vielen Nebensätzen, wenn die Hauptsache gesagt ist. Noch einmal in der richtigen Reihenfolge:

> Rauchen ist tödlich; so ist bei Rauchern das Risiko eines Bronchialkarzinoms etwa um das Zwanzigfache und das eines Herzinfarkts um das Dreifache erhöht, wie seit den 1950er-Jahren in zahlreichen Untersuchungen belegt wurde.

Nebensatzgebirge

In der Regel gilt «first things first»: Der Anfang eines Satzes wird noch am ehesten gelesen, so dass die Nebensachen eher am Schluss stehen sollten. Manchmal können vorangestellte Nebensätze als eine Form der Ausdrucksstellung nützlich sein – aber nicht, wenn sie sich zu Gebirgen auftürmen. Der nach endlosen Nebensätzen nachgelieferte Hauptsatz ist dann meist von erhabener Schlichtheit, etwa:

> Wenn man bedenkt, dass es gar nicht einfach ist, eindeutig herauszufinden, ob das, was man untersucht, auch für die Praxis gilt und dass daher jede Aussage, die man aufstellt, möglicherweise nur auf die Situation im Labor zutrifft, wird man vorsichtig.

> Gönnen Sie den Lesern einen freien Blick auf Subjekt und Prädikat des Hauptsatzes.

Verben verstecken

Leser erwarten ziemlich zu Beginn eines Satzes zumindest ein Teilverständnis. Der grammatische Dreh- und Angelpunkt dafür ist das Prädikat des Hauptsatzes (zur Bedeutung von Prädikaten siehe auch Kap. 5.1). Englische Sätze wirken deshalb so einfach, weil die Grammatik zwingt, das Verb früh im Satz zu bringen. Das Deutsche hingegen eignet sich für das Spiel «Verben verstecken», wie ein Deutsch sprechender Amerikaner feststellt:

> Sie werden bemerken, wie weit das Verb von der Ausgangsbasis des Lesers entfernt ist. In einer deutschen Zeitung versteckt man das Verb auf der nächsten Seite; ich habe gehört, dass man manchmal nach grandiosen Vorbemerkungen und Einschüben, die sich über ein, zwei Spalten hangeln, in der Eile der Drucklegung das Verb ganz vergisst. (Mark Twain*)

Und er führt einer staunenden englischsprachigen Leserschaft vor, dass es im Deutschen sogar grammatisch korrekt sein kann, ein *halbes* Prädikat zurückzuhalten:

> The trunks being now ready, he DE-, after kissing his mother and sisters, and once more pressing to his bosom his adored Gretchen, who, dressed in simple white muslin, with a single tuberose in the ample folds of her rich brown hair, had tottered feebly down the stairs, still pale from the terror and excitement of the past evening, but longing to lay her poor aching head yet once again upon the breast of him whom she loved more dearly than life itself, PARTED.

Störende Einschübe

Stellen Sie sich manche Ihrer Sätze ins Englische übersetzt vor: Wie viel muss ein armer Simultandolmetscher in seinem Kopf jonglieren, bis er endlich Subjekt und Prädikat beisammen hat und loslegen kann?

> Alles, was wir beim Lesen geistig zwischenspeichern müssen, macht unruhig.

Einschübe zerreißen besonders die folgenden grammatischen Paare, und sie sollten gezielt wiedervereinigt werden:

- Subjekt und Prädikat: «Viele *Autoren*, die behaupten, dass ..., *irren sich.*» Die Ausdrucksstellung würde hier die Bewertung vorausliefern: «Unrecht haben viele Autoren, die ...».
- Teile des Prädikats: «Ich *kann* mich noch an die Zeit, als ... [Stunden später], *erinnern*». Da hilft die Umstellung eines einzigen Wortes: «Ich kann mich noch erinnern an die Zeit, als ...».
- Artikel und Substantiv: «*Ein* aufgrund ... durchaus vorhersehbares *Ereignis*». Auch das Subjekt kann vorab und im Ganzen serviert werden: «Ein Ereignis, das niemanden überraschte, weil ...».

Besonders störend ist die Trennung des Zusammengehörigen, wenn sie einen falschen Zwischensinn erzeugt: «sie schlugen ihn [aua] ... vor», «ich habe es [wie schön] ... verloren», «ich kündige hiermit [na endlich] ... an».

Schachtelsätze

Die meisten Leser können einen Einschub von maximal zwölf Silben zwischenspeichern, ohne ungeduldig zu werden. Vollends überfordert sind sie, wenn sie gleichzeitig mehrere Zwischenspeicher anlegen müssen. Damit sind wir beim Paradestück deutscher Unverständlichkeit, dem dreifachen eingesprungenen Nebensatz oder «Schachtelsatz». Hier ein Beispiel von Kurt Tucholsky*:

> Sprich mit langen, langen Sätzen – solchen, bei denen Du, der Du Dich zu Hause, wo Du ja die Ruhe, deren Du so sehr benötigst, Deiner Kinder ungeachtet, hast, vorbereitest, genau weißt, wie das Ende ist, die Nebensätze schön ineinandergeschachtelt, so daß der Hörer, ungeduldig auf seinem Sitz hin und her träumend, sich in

einem Kolleg wähnend, in dem er früher so gern geschlummert hat, auf das Ende solcher Periode wartet … nun, ich habe Dir eben ein Beispiel gegeben.

Kongruenzfehler

Was für eine Sprache, in der derartige Ungetüme immer noch grammatisch richtig sind! Häufig sind sie es aber im wahren Leben denn doch nicht. Ein untrügliches Zeichen dafür, dass der Autorin der Satzbau entglitten ist, sind kleine Kongruenzfehler: Der Satz beginnt im Plural, endet aber im Singular, oder statt eines Dativs steht plötzlich ein Akkusativ da: «mit sorgfältiger Planung, Engagement, Zeitaufwand und gelegentlich auch fremde Hilfe». Wenn Sie in Ihrem Text über solche Fehler stolpern: Korrigieren Sie sie nicht. Nehmen Sie statt dessen den ganzen Satz auseinander, und reduzieren Sie ihn auf ein Maß, das Sie selbst wieder überblicken.

Die Zeichensetzung

Auch Kommafehler sind nur der oberflächliche Ausdruck von Unsicherheiten im Satzbau – zumindest wenn Sie wissen, dass die Zeichensetzung im Deutschen ausschließlich grammatischen Zwecken dient (s. Kasten S. 124/125). Die neue Rechtschreibung hat hier einige Verwirrung angerichtet, obwohl die alten Regeln gar nicht außer Kraft gesetzt wurden; inzwischen sind professionelle Schreiber wieder zu der alten Kommasetzung bei beigeordneten Hauptsätzen und Infinitivsätzen zurückgekehrt. Das Unbehagen vieler Schreibender an den Kommaregeln rührt aber daher, dass sie nicht grammatisch denken: Eine korrekte Zeichensetzung würde ihnen vor Augen führen, wie viele Nebensätze sie verwenden. Schachtelsätze werden aber nicht verständlicher, wenn die Hälfte der Kommas fehlt. Wenn Sie es also leid sind, alle paar Wörter ein Komma setzen zu müssen, dann denken Sie noch einmal grundlegend über den Satzbau nach.

> Verlangen Sie Lesern nichts ab, was Sie nicht auch Zuhörern zumuten würden.

Durchschaubare Sätze

Natürlich könnten Leser einen umständlichen Satzbau durch mehrmaliges Hin- und Herspringen rekonstruieren. Sie tun's bloß nicht. Was sich beim flüchtigen Lesen nicht erschließt, wird als «oho» eingestuft und übergangen. Einen derart flüchtigen Blick nachzuvollziehen, ist für Sie als Autor gar nicht so einfach, da Sie ja wissen, was Sie eigentlich sagen wollten. Wichtiger als alle grammatischen Hinweise, die ich auf den letzten Seiten gegeben habe, ist deshalb, dass Sie Ihre Sätze wieder als fremd wahrnehmen. Lesen Sie, als müssten Sie sich zum ersten Mal im eigenen Satzbau zurechtfinden. Wenn Sie keine realen fremden Testleser zur Hand haben, dann hilft dazu enorm das laute Lesen (vgl. Kap. 4.1). Der Bau des nächsten Satzes muss mit einem Blick durchschaubar sein, um ihn richtig vortragen zu können. Sätze, die dem lauten Lesen standhalten, können nicht unverständlich sein.

Die Kommaregeln

Zeichensetzungsfehler sind wesentlich störender als Rechtschreibfehler, weil sie das grundsätzliche Verständnis des Satzes erschweren. Deshalb zeige ich Ihnen meine Fassung der Kommaregeln, auch wenn das etwas ausführlich wird und nicht ohne einige Grammatikbegriffe auskommt.

1. Hauptsätze werden voneinander und von Nebensätzen durch Kommas abgetrennt. Die meisten Schreiber machen zwar ein Komma vor Konjunktional-, manchmal auch vor Relativsätzen, übersehen aber die Stelle, wo der Nebensatz zu Ende ist und der Hauptsatz wieder aufgenommen wird: *Der Hund, der bellt und die Katze …* jagt? Nein: …, *die miaut.* Ach so, die Katze gehörte schon wieder zum Hauptsatz! Dann muss nach *bellt* ein zweites Komma stehen.

1.1 Was ist ein Nebensatz? Alles, was mit einem nachgestellten Prädikat (wie jetzt:) endet. Auf nachgestellte Prädikate folgt also fast immer ein Komma; nur dann nicht, wenn es so *weiter geht und* sich mit «und» noch ein Nebensatz anschließt.

1.2 Beigeordnete Hauptsätze: Dass «und» zwei Hauptsätze verbindet, lässt sich schnell daran erkennen, dass es durch Punkt und neuen Satzanfang ersetzbar ist, *und* genau dann (oder «. Genau dann») kommt vor «und» ein Komma. Eine der dümmsten Regelungen der neuen Rechtschreibung erlaubt das Weglassen dieses Kommas. Tun Sie's nicht. Sie lassen sonst die Leser auf dem falschen Fuß in den nächsten Gedanken stolpern,(!) *und* Sie selbst überblicken den eigenen Satzbau nicht mehr.

1.3 Partizip- und Infinitivsätze: Ebenso rate ich Ihnen dringend, längere Partizipgruppen, *wie hier vorgeführt,* oder Infinitivgruppen als Nebensätze *anzusehen.* O.k., das war jetzt kein schöner Satz und Umschreiben wäre meistens die beste Lösung, aber Sie sehen, wie hilfreich das Komma nach «dringend» war. Lesefreundlich ist die Regel,(!) derartige Konstruktionen grundsätzlich mit Komma *abzutrennen,* wenn sie länger als zwei Wörter sind. Dann muss das Komma aber an beide Enden der Infinitivkonstruktion: *wer Ohren hat zu hören und Augen zu sehen* (unübersichtlich, aber nicht falsch) oder: *wer Ohren hat, zu hören, und Augen, zu sehen,* aber keinesfalls: *wer Ohren hat, zu hören und Augen* – es sei denn: … *überflüssig zu machen.*

2. Präpositionalkonstruktionen werden nicht durch Kommas abgetrennt. Und seien sie noch so lang. Die beliebte Frage, ob vor «als» ein Komma komme, ist sinnlos; denn es gibt die Konjunktion (*er sah, als ich kam, sofort* – achten Sie auf das nachgestellte Prädikat «kam»), das Vergleichswort (*sie ist klüger als er* – ohne Komma) und die Präposition (*als dein dich liebender und dir in allen Widrigkeiten des Lebens und trotz der Unbesonnenheiten der Jugend treu zur Seite stehender Patenonkel muss ich dir bei allem gebotenen Verständnis sagen* – kein Grund, irgendwo ein Komma zu setzen).

3. Zwischen Aufzählungsgliedern steht ein Komma, nicht jedoch vor dem letzten, wenn es mit «und» bzw. «oder» angehängt ist: *A, B, C und D.* Also steht auch kein Komma vor *usw.* oder *etc.*

Bei zwei Attributen zu einem Substantiv muss man entscheiden, ob sie aufgezählt nebeneinander stehen (*ein blaues, gepunktetes, recht hübsches Kleid*) oder ob das erste einen Gesamtkomplex aus zweitem Attribut plus Substantiv näher bestimmt (*sehr geehrte gnädige_Frau, ein richtiger armer_Hund*).

4. Sie können theoretisch beliebige Satzteile durch zwei (!) Kommas als Einschübe kennzeichnen. Dann stehen die Kommas stellvertretend für Gedankenstriche; warum also benutzen Sie die nicht gleich? Besser noch wäre es, Sie würden sich gar nicht durch Einschübe selbst ins Wort fallen.

«Das Entscheidende ist die spannende Geschichte»

Gespräch mit Werner Bartens

Dr. med. Werner Bartens ist Arzt, Historiker und Germanist. Er arbeitete im Krankenhaus und in der klinischen Forschung, bevor er beschloss, sich auf den Medizinjournalismus zu verlegen. Daneben setzte er sich fachlich mit evidenzbasierter Medizin auseinander. Heute ist der mehrfach preisgekrönte Autor leitender Wissenschaftsredakteur bei der *Süddeutschen Zeitung* und lebt in München. Von seinen 15 populären Sachbüchern standen die *Lexika der Medizinirrtümer, Das Ärztehasserbuch* und *Körperglück* monatelang auf den Bestsellerlisten. Weitere Informationen: www.werner.bartens.de

Als Journalist schreibst du ja wahrlich genug. Wie schaffst du es, nebenher noch Bücher zu verfassen?
Schreiben geht immer. Das letzte Buch ist fast komplett in der S-Bahn entstanden, auf der Fahrt von der Redaktion nach Hause.

Und das hältst du durch, neben einer vollständigen Berufstätigkeit alle ein, zwei Jahre ein Buch zu schreiben?
Das ist jetzt falsch wahrgenommen, es sind eher zwei Bücher pro Jahr.

Oh, Entschuldigung.
Na ja, ich muss mittelfristig schon sehen, wie das mit meiner familiären und gesundheitlichen Verträglichkeit zusammenkommt. Aber meistens ist es ein positiver Stress. Ich frage mich allerdings, warum ich es trotz guter Vorsätze seit Jahren immer wieder nicht schaffe, ein Buchprojekt genau nach Plan abzuarbeiten, sondern dann doch immer zum Abgabeschluss der Arbeitsanfall extrem wird. Aber irgendwie haut es immer wieder hin.

Was motiviert dich?
Dieses Gefühl, ein Manuskript abzugeben und dann die Fahnen zu kriegen und erst recht das gebundene Buch in Händen zu halten – ich weiß, das ist ein abgegriffenes Bild, aber das hat schon etwas von «mein Baby».

Das ist auch etwas erstaunlich Entlastendes. Ich mache das ja nicht aus Geldgier, sondern weil ich wirklich das Gefühl habe, zu manchen Themen noch etwas zu sagen zu haben, und die mich auch ständig beschäftigen. Und wenn ich dann das Buch geschrieben habe, beschäftigen sie mich offenbar weniger. Wenn ich später zu einem Thema, zu dem ich schon ein Buch geschrieben habe, einen Zeitungsartikel schreiben soll, ist mir das erstaunlicherweise weniger präsent als vor dem Buch.

Da hast es ausgelagert?
Ja, genau. Mit dem Buch ist das Thema nicht abgeschlossen, aber doch erst mal beiseite gelegt.

Gibt es auch so einen Moment, wo es dich nervt, und du sagst: Jetzt habe ich das Buch geschrieben, jetzt will ich von dem Thema eigentlich nichts mehr wissen?
Manchmal ist einem der Inhalt des Buches schon ein bisschen fremd, wenn man es dann endlich in Händen hat, so sehr man sich auch freut.

Schreibst du von vorne nach hinten?
Wenn es stark verschiedene Unterpunkte gibt, dann gehe ich nicht zwangsläufig von vorne nach hinten vor, sondern mache das so nach Gusto, welches Thema mir gerade am nächsten ist. Aber das geht nur, wenn die Gliederung ganz klar ist. Wenn ich ein Buch über Fußball schreiben würde, ein Kapitel über Inter Mailand und eines über Real Madrid, dann ist mir wurscht, was im Konzept vorne oder hinten steht. Wenn mir nach Real Madrid ist, dann mache ich eben erst Real Madrid. Aber das ist eher die Ausnahme.

Nun recycelst du ja auch einiges, was du für Zeitungsartikel schreibst, für Bücher …
Das kann gar nicht sein.

Wirklich? Ich dachte, ich hätte viele Geschichten aus dem «Ärztehasserbuch» schon mal gelesen.
Das bildest du dir ein. Das kann höchstens daran liegen, dass wir über diese Themen schon miteinander gesprochen haben. Im Ernst, der Anteil der Texte, die ich übernehme, ist wirklich sehr gering, unter 10 %. Als ich das erste Mal mit Leuten von Verlagen zu tun hatte, haben die mir auch gesagt, dass sie immer völlig genervt sind, wenn ein Journalist zu ihnen kommt, der ein Buch machen will nach dem Motto: Ich habe jetzt so viele Texte geschrieben, kann man daraus nicht einen Band machen? So funktioniert das nicht, und so habe ich es auch nie gemacht.

Natürlich finde ich ab dem Moment, wo ich eine Idee hatte, ein Konzept, ein Exposé und einen Vertrag, also klar finde ich dann bei der täglichen Recherche und bei der Arbeit Themen interessanter, die zum Komplex dieses Buches passen. Und es kann schon sein, dass ich in manche Formulierung verliebt bin, die in Artikel einfließt und auch in das Buch.

Aber ich kann überhaupt nicht so schreiben. Es gibt journalistische Kollegen, die stückeln eigene Texte zusammen aus Archivtexten, aus Agenturmeldungen, und schreiben dann etwas Eigenes dazu. Das heißt nicht, dass das alles aus vorgefertigten Sachen ist, sondern die nehmen sich diese verschiedenen Bruchstücke als Gedankenstützen. Das geht bei mir nicht. Ich schreibe eigentlich immer, auch bei einem Zeitungstext, in einem Zug von vorne nach hinten. Ich brauche diesen Gedankenfluss, ich will, dass das sozusagen aus einem einzigen Entwicklungs- und Gedankengang entsteht. Ich will ja auch, dass sich hinterher ein guter Lesefluss ergibt.

Du bist für Verlage ein dankbarer Autor, weil du dich traust, hinterher auch rauszugehen mit deinem Buch und dafür Werbung zu machen.
Das mache ich gerne. Gut, es gibt Interviewanfragen, bei denen die angeblichen Journalisten sagten: Ich kenne zwar Ihr Buch nicht und habe es auch nicht gelesen, aber ich will mich mit Ihnen im Radio darüber unterhalten. Ich sehe das dann ganz professionell und denke, ok, ich kann ihm ja erzählen, was drinsteht. Aber eigentlich finde ich es schon schockierend. Oder man wird falsch verstanden oder in bestimmte Schubladen gesteckt. Andererseits gibt es auch im Radio oder Fernsehen immer wieder Leute, die dann sagen: Wir können frühestens in vier Wochen miteinander sprechen, ich habe mir mehrere Ihrer Bücher kommen lassen und will die erst mal lesen.

Radio und Fernsehen sind wichtig für dich?
Da ich für ein Laienpublikum schreibe, ist mir an einer großen Verbreitung gelegen, und da sind nun mal, das mag man beklagen oder nicht, Radio und Fernsehen die Hauptmultiplikatoren. Früher waren es die großen Rezensionen in der Süddeutschen, FAZ, Zeit, Spiegel, aber das ist heute längst überholt worden durch die Viertelstunde bei Herrn Kerner, Herrn Beckmann, Frau Heidenreich und wie sie alle heißen.

Und dort gehst du dann eben hin. Das klingt so locker. Ich weiß, dass es dir tatsächlich relativ leicht fällt, mündlich und schriftlich so zu formulieren, dass es alle verstehen. Aber ganz so einfach ist es doch nicht. Oder warum tun sich viele Experten, Wissenschaftler so schwer, sich ans Publikum zu wenden?
Es gibt verschiedene Gründe. Zum einen ist die Tradition in Deutschland nicht da. Wenn Wissenschaftler berühmt werden wollen, dann planen sie das 500-seitige Fachbuch, mit dem sie quasi die Duftmarke in ihrem Fachbereich setzen, aber sie planen nicht das 120-seitige Buch für jedermann. In der angelsächsischen akademischen Tradition dagegen ist es für einen Professor keine Schande, sondern eine Ehre, zu etwas beizutragen, was dort «public understanding of science» heißt.

Das andere ist, dass man schon eine besondere Idee haben muss, nicht einfach Wissenschaft für Laien übersetzt. So ehrenwert es ist, Wissen zu vermitteln, das geht nicht so, dass man sagt: Ich erkläre euch jetzt einmal die Photosynthese oder wie das mit der Kernfusion so funktioniert. Das reine Auflisten von Faktenwissen, ohne, wie ich es nenne, eine Geschichte dahinter, ohne Idee und ohne Erzählstrang, reicht meines Wissens nach nicht. Das kann man für Schulbücher machen, aber nicht für populäre Sachen.

Es ist also mehr eine Frage der Einstellung als von Formulierungstricks?
Unzweifelhaft gibt es eine Menge Fachbücher, denen ein paar Formulierungstricks gut tun würden. Aber das ist nicht das Entscheidende. Das Entscheidende ist die spannende Geschichte. Denk an Dan Brown, der sprachlich furchtbar ist, aber so spannende Plots entwirft, dass man trotzdem dranbleibt. Man möchte wissen, wie es weitergeht, und da liest man dann auch über holprige Sätze großzügig hinweg.

Man muss Lesern geben, was sie brauchen?
Das ist eigentlich mein Motiv, warum ich Sachbücher schreibe. Ich fand es mein ganzes Studien- und Berufsleben lang – nicht erst, seit ich Journalist bin, sondern schon im Medizinstudium – irrsinnig spannend zu fragen, was Laien über Medizin eigentlich wissen. Was kann man voraussetzen und was nicht? Weiß ein Laie, was der Unterschied zwischen Harnleiter und Harnröhre ist? Oder wo die Milz sitzt? Wusste ich selbst das, bevor ich Medizin studiert habe? Das hat mich ständig begleitet. Das ist aber etwas, was sich, glaube ich, Fachleute ganz selten fragen. Alle Fachbereiche pflegen ihre Fachsprache, dieses Kauderwelsch. Mir geht es darum nachzufragen, was man sich darunter eigentlich vorstellen soll, deshalb knie ich mich da rein. Ich will wirklich nicht als der Besserwisser dastehen.

Das ist im Moment mein Problem. Ich weiß sehr viel und sehr Detailliertes darüber, wie ein Buch entsteht, nachdem ich das so lange mache. Aber ich frage mich: Wollen das angehende Autorinnen und Autoren wirklich alles wissen?
Da musst du radikal entschlacken. Ich weiß, am Anfang ist die Angst da: Wie kriege ich das Buch voll? Aber wichtiger ist die Haltung: Was lasse ich alles weg? Das ist etwas, wo sich viele Leute im Weg stehen. Erstaunlicherweise auch viele Journalisten. Die kommen gar nicht auf die Idee, ein Buch zu schreiben, weil sie denken, sie müssten dann ja wahnsinnig viel wissen. Es gibt sicher den Impuls, dass man denkt: Oh Gott! 200 Manuskriptseiten habe ich mir vorgenommen und jetzt bin ich erst auf Seite 78. Und als Journalist fällt einem dann ein, da habe ich doch mal einen Artikel dazu geschrieben, das packe ich noch dazu. Ich habe für alle meine Bücher tonnenweise Fachliteratur gelesen, die ich dann aber nicht zwanghaft im Buch wiedergegeben habe.

Weglassen ist Service am Leser?
Du hast mal den schönen Spruch gesagt: Wenn zu viele Fehler drin sind, dann stellt sich beim Leser das Gefühl ein, warum soll ich das lesen, wenn der Autor selbst es nicht mehr durchlesen wollte? So ähnlich ist das damit auch: Wieso soll ich das alles wissen wollen, wenn ich das Gefühl habe, der reiht das mechanisch aneinander, ohne mir zu erzählen, warum ich das wissen soll? Ich werde nur belehrt und mit Fakten belästigt und überfüllt.

Wenn man selber sein Leseverhalten überprüft, dann kommt man davon ab. Weil das genau die Momente sind, in denen man als Leser aussteigt, wenn man das Gefühl hat, der verliert sich da jetzt in Details. Wir fragen uns bei der Zeitung immer: Wo steigt der Leser aus? An diesem Punkt sollte dann der Artikel zu Ende sein, oder etwas Neues kommen. Wenn du eine Geschichte erzählst, einen Erzählbogen hast, dann ist Lesern auch an jeder Stelle klar, warum sie das jetzt lesen sollten.

5 Machen Sie sich interessant

Picture yourself on a boat on the river
With tangerine dreams and marmelade skies
The Beatles

5.1 Verben pflegen und Bilder jäten

Wider die gepflegte Langeweile

Nicht schlecht: Aus Fachkauderwelsch ist ein verständlicher, seriöser, klar strukturierter Text geworden, der die Leser freundlich an die Hand nimmt, ihnen die Grundlagen erklärt und sie zwischendurch gebührend beeindruckt.

Warum sind Sie trotzdem noch nicht zufrieden? Warum wird das Buch den literarischen Ansprüchen, die das Satz-für-Satz-Umschreiben geweckt hat, noch nicht ganz gerecht? Warum klingen manche Sätze, auch wenn sie nun gut verständlich sind, nach amtlicher Verlautbarung? Warum ist da nicht mehr Action drin, mehr Witz? Sie selbst sind ja ehrlich begeistert von Ihrem Thema und könnten auch nachts am Kneipentisch stundenlang davon erzählen; warum teilt sich nicht mehr von dieser Begeisterung dem Text mit? Warum liest sich manches immer noch so gepflegt langweilig?

Fachsprache heißt nicht Amtssprache

Viele mündlich faszinierende Fachautoren entdecken beim Schreiben den Amtsschimmel in sich. Das hat etwas mit der Angst vor dem Verstandenwerden zu tun, aber das sollten wir hinter uns haben. Aufklärung ist kein Verwaltungsakt, Amtssprache kein Ersatz für gute Wissenschaftsprosa. Häufig liegt das Problem nur darin, dass Sie sich Alternativen nicht vorstellen können und schlechten Vorbildern hinterherschreiben. Ich will daher noch einmal technisch werden, um zu erklären, was interessante Sätze von langweiligen unterscheidet. Dann können Sie immer noch entscheiden, wie viel literarische Faszination Sie sich trauen wollen.

Verbalstil und Nominalstil

Genauso pauschal, wie ich in Kapitel 4.4 Verständlichkeit zu einer Funktion des Satzbaus erklärt habe, möchte ich jetzt das Problem der Langeweile auf eine simple technische Frage reduzieren:

> Langeweile entsteht durch langweilige Verben.

Das zentrale Verb, das Prädikat, gibt einem Satz seinen Bewegungsimpuls. Die eindrücklichsten Prädikate sind denn auch die «schwitzenden Verben», die eine physische Bewegung ausdrücken: hüpfen, stolpern, wuchten, schubsen … Die Amtssprache dagegen versucht Bewegung zu vermeiden und deshalb eigentlich ohne Verben auszukommen. Da das grammatisch nicht geht, greift man zu toten, inhaltslosen Verben wie «erfolgen» (s. Tab. 7, S. 136). Dadurch werden alle Bedeutungen den Substantiven (Nomen) aufgebürdet, deshalb nennt man diese Art zu schreiben «Nominalstil». Er ist leider auch in der Wissenschaft weit verbreitet:

> Aufgrund der Bedeutung dieser Ergebnisse erfolgte die Entscheidung zur Durchführung weiterer Studien.

In Verbalstil, also mit richtigen, bedeutungstragenden Vollverben, hieße dieselbe Aussage etwa:

> Was wir herausfanden, erschien uns so wichtig, dass wir uns entschlossen, weiter zu forschen.

Welch ein Unterschied! Das Beispiel zeigt, dass man nicht für jeden Zweck und jede Zielgruppe möglichst verbal formulieren würde. Ich möchte, anders als die meisten Stillehren, Ihnen den Verbalstil nicht aufdrängen – genauso wenig wie im vorigen Kapitel den Hauptsatz.

Aus zwei Gründen mag Ihnen der Verbalstil-Satz Unbehagen bereiten:

Sätze ohne Subjekt

Erstens stört Sie vielleicht das Subjekt «wir»; lesen Sie noch einmal in Kapitel 4.2 nach über den Unterschied zwischen einem Autoren-Ich und einem Meinungs-Ich. In Hinsicht auf die Lesbarkeit stellt sich, wenn aufgrund des Weglassens der ersten Person eine radikale Entsubjektivierung jeglicher Aussage eintritt, das Ergebnis suboptimal dar – also, wenn dabei solche Sätze herauskommen, finde ich, Sie sollten lieber «Ich» schreiben. Aber es bleibt dabei: Verbalstil verlangt ein grammatisches Subjekt, während tote Verben sich mit dem Scheinsubjekt «es» begnügen. Das macht den Nominalstil so beliebt in einer bürokratischen Sprache, die Entscheidungen als unpersönliches Verwaltungshandeln darstellen will.

Passiv und «man»

Dasselbe gilt für das Passiv: Es wirkt in der Häufung langweilig, weil es mit dem grammatischen Subjekt auch die handelnde Person eliminiert. Wenn etwas angeordnet, eingeführt, durchgesetzt «wurde», dann bleibt unklar, wer für wen und gegen wen es getan hat.

Gegenüber solchen gedankenlosen Passivformulierungen hat das viel gescholtene «man» immer noch den Vorzug, ehrlich einzugestehen, was man nicht weiß. In Fachbüchern ist Passiv und «man» nicht immer zu vermeiden, weil wir vieles nicht wissen: Mit Sicherheit lässt sich wohl nur schreiben, dass John F. Kennedy am 22. November 1963 ermordet «wurde». Völlig unnötig ist das Passiv aber, wenn Sie das handelnde Subjekt dann doch mit «durch ...» oder «von ...» nachliefern. Oft würde der Verzicht aufs Passiv die ganze Perspektive umkehren: «Rom wurde 455 von den Vandalen überrannt», liest man in den Geschichtsbüchern – wäre es nicht interessant zu erfahren, wie dieses «Rennen» aus deren Perspektive erschien?

Auf keinen Fall sollten Sie das grammatische Subjekt vermeiden, wenn Sie das tatsächlich verantwortliche Subjekt einer Handlung kennen.

> Jede tatsächlich handelnde Person, die Sie in einen Satz einfügen können, macht diesen Satz realitätsnäher.

Zu den guten und bösen Dingen in der Welt «käme es» nicht, wären da nicht Subjekte, die sie täten.

Substantivitis

Zweitens erzeugt Nominalstil bedeutsame Substantive. Hier liegt die Versuchung für fachliches Schreiben: Schließlich sind die meisten unserer liebgewordenen Fachbegriffe Substantive. Aber nicht alle Substantive sind Fachbegriffe. Dass ein Satz mehr Substantive enthält, als ihm gut tut, sieht man zuverlässig an Papierpräpositionen (Tab. 7) wie «aufgrund», «hinsichtlich» oder «bezüglich», die niemand je in den Mund nehmen würde und die auch weniger logischen Zwecken dienen als dazu, die Substantivketten irgendwie zu bändigen.

> Verwenden Sie so viele lebendige Verben wie möglich; so viele Substantive wie nötig, um den Lesern bestimmte Fachbegriffe nahezubringen.

So würde ich ein Amtsschimmel-Monster im Stil von: «Hinsichtlich der Niederschlagwahrscheinlichkeit erfolgt eine auf den Folgetag bezogene Vorhersage seitens des DWD» erst einmal radikal verbalisieren: «Der DWD sagt voraus, ob es morgen regnen wird.» Und nun kann ich mir ansehen, was verlorenen gegangen ist: vermutlich der Begriff der Regenwahrscheinlichkeit – den ich ausführlich erklären müsste, da ihn die wenigsten Zuschauer von Wetterberichten verstehen. Also füge ich genau dieses eine Substantiv wieder ein: «Der DWD sagt voraus, mit welcher Wahrscheinlichkeit es morgen regnen wird.»

Der Kompromiss: Substantive

Wenn Sie also Ihren Stil lebendiger machen wollen, dann klopfen Sie einfach die Substantive daraufhin ab, ob sie Fachbegriffe sind

Tabelle 7: Vorsicht Gift! Wörter, die Texte langweilig machen

Tote Verben

- es erfolgt
- es kam zu
- es liegt vor
- es handelt sich um
- es besteht

Funktionsverben (Streckverben)

- sich in Bewegung befinden = gehen, fahren, laufen, fliegen
- Beobachtungen anstellen = beobachten
- die Fähigkeit besitzen = können
- zum Ausdruck bringen = sagen
- einen Rat erteilen = raten
- den Vorzug geben = vorziehen
- zum Ausbruch kommen = ausbrechen
- einen Beitrag leisten = beitragen
- in Verhandlungen stehen = verhandeln
- unter Beweis stellen = beweisen
- eine Anordnung treffen = anordnen
- einen Versuch unternehmen = versuchen
- eine Verbesserung vornehmen = verbessern

Modalverben

- können
- sollen
- müssen
- wollen
- dürfen

Papierpräpositionen

- anhand
- aufgrund
- bezogen auf
- bezüglich
- gemäß
- hinsichtlich
- infolge
- innerhalb
- seitens
- im Rahmen von
- vor dem Hintergrund von
- im Hinblick auf

Floskeln
■ ansonsten = sonst ■ zum gegenwärtigen Zeitpunkt = jetzt ■ durchaus keine Seltenheit = häufig ■ in diesem Zusammenhang ■ ich würde sagen ■ meiner Meinung nach
Plastikwörter
■ Aspekt ■ Bereich ■ Diskurs ■ Ebene ■ Konzept ■ Modell ■ Struktur

auf Fachbegriffe begrenzen

oder gedankenlos substantivierte Alltagswörter. In dem Beispielsatz von oben («Aufgrund der Bedeutung dieser Ergebnisse erfolgte die Entscheidung zur Durchführung weiterer Studien») mag man «Ergebnisse» und «Studien» als Fachbegriffe ansehen, die substantivierten Verben «Bedeutung» und «Durchführung» aber sicher nicht. Demnach wäre ein Kompromiss zwischen Nominal- und Verbalstil:

> Die Ergebnisse erschienen uns wichtig genug, um weitere Studien zu rechtfertigen.

So einfach ist das, und schon klingt es mehr nach Aufklärung und weniger nach Amtsschimmel. Die Entscheidung liegt bei Ihnen. Vielleicht passt zu Ihrer Zielgruppe der Kompromissstil besser als reiner Verbalstil. Mir geht es nicht darum, dass Sie auf eine bestimmte Art schreiben sollen, sondern dass Sie Merkwürdigkeiten streichen, die sich aus ganz unwissenschaftlichen Quellen in Ihren Text eingeschlichen haben. Mit jedem richtigen Verb mehr, mit jedem Substantiv weniger wird Ihr Buch lebensnaher und damit für Durchschnittsleser interessanter.

Wirklich falsch ist Nominalstil in zwei Formen. Erstens klingen eigens erfundene Substantivierungen leicht lächerlich: aufgrund des Sich-in-die-Länge-Ziehens der Verhandlungen, bezüglich des Schneller-Gesundwerdens, die Kunst des Online-Versicherungen-Verkaufens (so, mit den Bindestrichen und der Groß-/Klein-Schreibung, würde man das schreiben, wenn man es denn schriebe). Ähnlich künstlich wirken Streckverben wie «eine Entscheidung treffen» (Tab. 7), bei denen ein ganz normales Verb (entscheiden) substantiviert wird – um den Preis, dass ein anderes Verb an einen Platz treten muss, wo es gar nichts verloren hat (welches Ziel wird denn beim Entscheiden «getroffen»?). Zweitens sollte Nominalstil nie dazu dienen, schlampige Recherche hinter inhaltslosen Phrasen zu verbergen. Wer je versucht hat, das «fraglose Bestehen eines Bedarfs» oder die «Durchführung entschlossener Maßnahmen» interessanter zu formulieren, kennt die Rückfragen, die dann nötig werden: wer, wie, warum? Aber genau diese Informationen sind es, die das Interesse der Leser wecken.

Mut zur Fantasie

Ein reales Subjekt durch ein richtiges Verb aktiv etwas tun zu lassen, erfordert Fantasie; und genau darum geht es eigentlich.

> Ein interessanter Text unterscheidet sich von einem langweiligen dadurch, dass er Fantasien freisetzt, Bilder heraufbeschwört.

Viele Fach- und Sachbuchautoren scheinen vor diesen Bildern zurückzuschrecken; vielleicht sind sie mit Hegel der Meinung, dass man sich bei einem Begriff nichts vorstellen, sondern nur etwas denken solle. In der Tat kann es erschrecken zu sehen, wie schnell komplexe Zusammenhänge zu emotional besetzten, ideologisch missbrauchbaren Bildern gerinnen, die nicht mehr aus den Köpfen zu bekommen sind. Ob wir von «Genmanipulation» schreiben oder davon, «das Buch des Lebens zu entziffern», vom «Freihandel» oder von der «Globalisierung», von «Widerstandskämpfern» oder «Terroristen» – immer haben wir in der Wahl des Bildes schon Partei ergriffen.

Aber solche Bilder prägen sich ein, und das war es ja eigentlich, was Sie mit Ihrem Buch erreichen wollten. Deshalb besteht die (fast) letzte Arbeit an Ihrem Manuskript darin, zu prüfen, welche Bilder Sie unabsichtlich verwendet haben und welche Sie bewusst prägen wollen.

Banale Bilder

Auch hier ist der erste Schritt der Verzicht auf langweilige Konventionen. Vielfach benutzen wir abgedroschene Metaphern wie Ebene, Aspekt oder Bereich gar nicht mehr im Bewusstsein, dass sie Bilder sind. Nicht diese «Plastikwörter»* (Tab. 7) als solche sind das Problem, sondern ihre gedankenlose Verwendung, mit der wir Leser ablenken, anstatt ihre Vorstellungswelt zu lenken. Wenn Sie Ihr Thema in hierarchischen, abgegrenzten Schichten, Niveaus oder Stockwerken abhandeln, dann können Sie ruhig auch «Ebenen» dazu sagen. Wenn eine Sache von rechts ganz anders aussieht als von links, von vorne, hinten oder oben, dann sind das wirklich verschiedene «Aspekte».

> Bilder müssen ausgebeutet werden, um Interesse zu wecken.

Sicher kann man eine Metapher auch zu Tode reiten; aber wichtiger wäre es, dass Sie ihr Anliegen erst einmal in den Sattel heben, damit es auf einem kräftigen Bild vorantraben kann (jetzt habe ich das Bild dreimal verwendet, und damit ist es dann auch gut).

Vorsicht vor Adjektiven: weiße Schimmel, Klischees, Phrasen

Der Langeweile ist nicht abzuhelfen, indem man mehr Adjektive verwendet. Wenn Verben die Spannkräfte des Satzes sind, Substantive die Tragpfeiler, dann sind Adjektive der Stuck. Ornamente ersetzen nicht eine klare Gestaltidee. Im Gegenteil tragen viele Adjektive weiter zum Gesamteindruck unscharfer, nicht wirklich gemeinter Bildlichkeit bei. Da sind erstens die weißen Schimmel, bei denen das Adjektiv nichts zur Bedeutung des Substantivs hinzufügt, wie «feste Überzeugung» (kann man weich überzeugt sein?), «gezielte Maßnahme», «bekannter Experte» oder «drohende Gefahr». Mich irritiert beim Zugfahren immer die Bitte, die «örtlichen Lautsprecherdurchsagen am Bahnsteig» zu beachten; besteht denn die Gefahr, ich könnte statt dessen die regionalen, nationalen oder internationalen Lautsprecherdurchsagen beachten? Zweitens gibt es die Klischees, abgedroschene Adjektiv-Substantiv-Paare, die sich eine Zeitlang von ihrer Überbeanspruchung erholen sollten: «herbe Enttäuschung», «volles Verständnis», «bitterer Ernst», «schwerer Verlust». In der Wissenschaftssprache kommt noch eine dritte Sorte von Adjektiv-Substantiv-Automatismen hinzu, wie Sie die Phrasendreschmaschine des Übersetzerkollegiums Straelen* erzeugt: «funktionale Kommunikationsflexibilität», «konstruktive Innovationsrelevanz», «ambivalente Beziehungsstruktur» – Phrasen, die laut tönen und nichts sagen.

Übermäßiger Adjektivgebrauch deckt das Gemeinte mit einer Sauce aus Geschwätz zu. Ein Zeitungsverleger soll in der Redaktion ein Schild angebracht haben: «Bevor Sie ein Adjektiv hinschreiben, kommen Sie zu mir in den dritten Stock und fragen, ob es nötig ist.»* Besonders in adverbialer Stellung sind Adjektive, Adverbien und Partizipien von Übel, weil sie die Wortart überwuchern, die wir hegen und pflegen sollten: die Verben. Krimiautoren wissen, dass sie niemals schreiben dürfen: «er sagte drohend» – *was* er sagt, muss uns eine Gänsehaut einjagen. Und auch wir sollten uns abgewöhnen zu schreiben, etwas sei «nachdrücklich» vertreten, «eindeutig» nachgewiesen oder «überzeugend» belegt – tun ist allemal besser als behaupten.

> Gedankenlose Bilder zu eliminieren ist in Sachtexten schon die halbe Miete.

Verrutschte Metaphern

Seltener kommen jene verrutschten und widersprüchlichen Metaphern vor, die die absolute Spitze des Sumpfes ablenkender Bildlichkeit bilden – ja, Sie lachen! Berti Vogts hat tatsächlich einmal gesagt: «Die Breite an der Spitze ist dichter geworden.» Ihnen wird nicht unterlaufen zu schreiben:

> Der Zahn der Zeit, der schon manche Träne getrocknet hat, wird auch über diese Wunde Gras wachsen lassen.

Wenn man genau hinsieht, entdeckt man aber in den eigenen Texten unauffälligere Varianten dieses Fehlers, weil wir immer wieder Bilder hinschreiben, die wir nicht mehr als Bilder sehen. Etwas Unerwünschtes kann nicht «Mangelware sein», eine «Lawine lostreten» kann ich nur, wenn daraus etwas Katastrophales entsteht, «sorgen» kann nur liebevoll gemeint sein; also nicht: «der Frosteinbruch sorgte für zahlreiche Glatteisunfälle».

Viele missratene Bilder in Fach- und Sachbüchern sind gedankenlose Übernahmen von Formulierungen, die nur im Englischen «Sinn machen», etwa «Administration» für Regierung, «Netzwerk» für Netz, «realisieren» für begreifen oder «in 23 Patienten wurde gefunden». Noch häufiger gibt es im Deutschen *zwei* gute Übersetzungen für ein englisches Wort, wie Gehirn und Geist für *mind*, Beleg und Beweis für *evidence* oder Vorstellung und Begriff für *concept*; dann muss man sich an jeder Stelle neu entscheiden, anstatt Kunstwörter wie «mental», «Evidenz» oder «Konzept» zu erfinden, unter denen sich niemand etwas vorstellen kann.

Starke Bilder kultivieren

Wenn Sie derart Ihr Manuskript durchgejätet haben, bleiben diejenigen starken Bilder übrig, die Sie wirklich wollen. Sie gilt es zu pflegen und auszubauen.

Wenn ich sage, Sie sollten die Bilder jäten und die übrig gebliebenen kultivieren, dann ist das natürlich auch wieder eine Metapher: das Buch als Garten. Um zu zeigen, was ich meine, hier also eine hortikulturelle Zusammenfassung dessen, was Sie bisher geleistet haben: Sie haben fruchtbaren Boden gesucht und in unbebautem Gebiet ein Feld abgesteckt (Kap. 1). Sie haben geackert und gesät und über Nacht die erste Fassung aufschießen sehen (Kap. 2). Dann erst haben Sie entschieden, was auf welchem Beet wachsen soll, und in der zweiten Fassung gliedernde Wege und Mäuerchen angelegt (Kap. 3). Schließlich haben Sie Pflanze für Pflanze, Satz für Satz, das Unkraut entfernt, die geraden Triebe des Satzbaus hochgebunden (Kap. 4), die Verb-Wurzeln gedüngt, die Bilder-Blüten begossen und überzählige Adjektiv-Knospen gestutzt (Kap. 5) – ich sollte aufhören, bevor mir die Gartenmetapher allzu sehr ins Kraut schießt. Die Kunst des Schreibens besteht, das lässt sich jedenfalls im Rückblick festhalten, wie die Kunst des Gärtnerns darin, das Material zunächst ungehemmt wachsen zu lassen, um es dann um so sorgfältiger zu kultivieren. Und jetzt fahren Sie die Ernte ein.

5.2 Der Buchtitel

Zentrale Metaphern

Selbstbewusste, konsequente Bilder machen nicht nur beim Lesen mehr Spaß als reine Gedanken, sie bleiben auch besser haften. Langfristig wird von jedem Kapitel nur die zentrale Metapher übrig bleiben. Sogar ganze Bücher schrumpfen im Rückblick auf ein einziges starkes Bild. Was wissen Sie von Platon, wenn nicht das Höhlengleichnis? War Newton nicht der Mann, der einen fallenden Apfel mit der Planetenbewegung in Zusammenhang brachte? Erinnern Sie sich noch an etwas aus *Anna Karenina* außer dem Bild des einfahrenden Zuges, aus *Winnetou* außer der mit dem Messer vollzogenen Blutsbrüderschaft, aus *Moby Dick* außer dem Tappen von Käptn Ahabs Holzbein?

Begriffe besetzen

Ihr Buch nimmt eine Geschlossenheit an, die erst das Ergebnis der langen Durcharbeitung komplexer Probleme sein kann. Im Idealfall lässt sich Ihr Anliegen jetzt mit wenigen Wörtern benennen, die für die zentralen Metaphern stehen. Besetzen Sie diese Wörter – oder, mit einem schönen Bild, weil es ihre Funktion wiedergibt, Lesern etwas zum Anfassen zu bieten: «Begriffe».

> Welche Begriffe haben Sie geprägt, die anderen so noch nicht eingefallen sind und an die man sich erinnern wird?

Sie wissen, dass einige Fach- und Sachbuchautoren Unsterblichkeit erlangt haben aufgrund eines einzelnen Begriffs. Zu Einstein fällt uns die Relativität ein, zu Kant der kategorische Imperativ. Wer vom Unbewussten, vom Kapitalismus oder vom Diskurs spricht, bezieht sich zwangsläufig auf Freud, Marx oder Foucault, auch wenn die keines dieser Wörter erfunden haben. In jüngster Zeit haben weniger bedeutende Autoren bleibende Spuren hinterlassen in Begriffen wie Salutogenese, Burn-out, emotionale Intelligenz, digitale Bohème oder Guerillamarketing. Da wollen Sie dazu gehören.

Deshalb werden Sie zuletzt aus Ihrem Garten einen kleinen Blumenstrauß ernten und zu einem Gesamtbild binden. In aller Regel kommen die wichtigen Begriffe schon oft genug im Text vor. Was ich mir aber noch einmal ansehen würde, sind die ersten und letzten Sätze aller Kapitel, die Einleitungen und Zusammenfassungen. Dort sollte jeweils ein Zentralbegriff auftauchen. Dann gehören sie natürlich in die Kapitelüberschriften, und zuletzt in den Titel des Buches.

Der endgültige Buchtitel

In Ihrem Verlagsvertrag steht sicher ein Arbeitstitel, aber der ist immer noch verbesserbar. Wenn Sie wirklich ein originelles Bild für Ihr Anliegen gefunden haben, einen Begriff geprägt haben, dann sollte der auch in den Titel. Eine solche Orchidee muss gebührend präsentiert werden. Schreiben Sie noch einmal alle wichtigen Begriffe auf ein Blatt, und schieben Sie sie so lange hin und her, bis Sie zwei oder drei perfekte Titel gefunden haben, die Sie ihrer Lektorin vorschlagen können. Beharren Sie nicht auf einem einzigen, denn das Verlagsmarketing will auch noch etwas zu entscheiden haben.

Jenseits ästhetischer Vorlieben oder Regeln («drei Titelbegriffe klingen immer gut») gibt es drei mögliche Strategien*, um zu guten Titelideen zu kommen:

Fachbuchtitel: Inhalt

> Zum einen kann der Titel eines Buches einfach erklären, was darin steht. Das ist die übliche Vorgehensweise bei Fachbüchern.

Je umfassender der Anspruch des Buches ist, ein ganzes Fachgebiet abzuhandeln, desto kürzer wird der Titel ausfallen («Kinderheilkunde» ist allgemeiner als «Stoffwechselkrankheiten im Kindesalter»); dementsprechend haben Lehrbücher die kürzesten Titel. Bei einem sehr speziellen Thema dagegen läuft «erklären, was drin steht» schnell auf einen barocken Vier-Zeilen-Titel hinaus. Der Verlag wird dann darauf bestehen, dass sich nur kurze Titel verkaufen. Dieser Konflikt lässt sich oft dadurch lösen, dass eine nicht allzu exzessive Version der wissenschaftlichen Inhaltsangabe zum *Untertitel* wird. Darüber setzt man eine alltagssprachliche, emotionalisierte Formulierung desselben Inhalts als Haupttitel. Ein schönes Beispiel für diese Taktik ist das bekannte Lehrbuch der Kommunikationswissenschaft*, das einfach «Miteinander reden» heißt und dessen drei Bände die Untertitel tragen: «Störungen und Klärungen. Allgemeine Psychologie der Kommunikation», «Stile, Werte und Persönlichkeitsentwicklung. Differentielle Psychologie der Kommunikation» und «Das ‹innere Team› und situationsgerechte Kommunikation. Kommunikation – Person – Situation». Man sieht hier aber auch die Gefahr, dass die Untertitel von Band zu Band immer komplizierter werden, bis aus einer einfachen Idee am Ende etwas wird, dessen typografisches Bild sich der Oberfläche eines Formel-I-Wagens annähert.

Wenn Sie den eigentlichen Inhalt zum Untertitel machen, denken Sie daran, dass der zwar im Internet angezeigt wird, in der Buchhandlung aber nur der Buchrücken zu sehen ist, auf dem meist nur der Haupttitel steht. Der Haupttitel sollte also für Fachleute nicht völlig unverständlich oder irreführend sein.

Bei Ratgebern empfiehlt sich ein anderer Denkansatz. Hier zählt weniger, was ich in das Buch hineingepackt habe, sondern was mein Leser damit anfangen kann.

Ratgebertitel: Leserbedürfnis

> Gute Ratgebertitel sprechen von Leserbedürfnissen.

Titel wie «Schlank im Schlaf», «Endlich Nichtraucher», «Jedes Kind kann schlafen lernen» oder «Argumentieren unter Stress» versprechen einen unmittelbaren Nutzen, indem sie auf die vorgestellte Situation der Leser eingehen. Der Autor hat sich offenbar in ihre Wünsche hineinversetzt und überlegt, was deren Verwirklichung im Wege steht, und genau hier setzt das Buch mit seinen Ratschlägen an. Ein Ratgebertitel spricht potenzielle Buchkäufer also weniger als Leser an denn als «User».

Sachbuchtitel: Sprachspiel

Am meisten Freiheit haben Sie beim Entwerfen von Sachbuchtiteln. Sachbuchleser wollen zwar auch wissen, wovon das Buch handelt. Aber sie sind sich meist im Klaren, dass diese Inhalte auch in anderen Büchern behandelt sind.

> Sachbuchtitel versprechen eine neue, überraschende, spannende Darstellung des Inhalts.

Tabelle 8: Ein paar Fach- und Sachbuchtitel, die ich interessant finde

- Am Anfang war der Wasserstoff
- Anleitung zum Unglücklichsein
- Arm und Reich – Die Schicksale menschlicher Gesellschaften
- Der Arschloch-Faktor
- Bildung – Alles, was man wissen muss
- Der Dativ ist dem Genitiv sein Tod
- Eigentlich wollte ich Wildgans werden
- Eine kurze Geschichte der Zeit
- Eine kurze Geschichte von fast allem
- Es ist so einfach – Vom Vergnügen, Dinge zu entdecken
- Der ferne Spiegel
- Für jede Lösung ein Problem
- Geheime Botschaften
- Geschichte eines Deutschen
- Gesunde Geschäfte
- Götter, Gräber und Gelehrte
- Grenzen des Wachstums
- Die heimlichen Verführer
- Ich bin dann mal weg
- Krankheit als Konflikt
- Der lange Weg zur Freiheit
- Liebe dich selbst und es ist egal, wen du heiratest
- Der Mann, der seine Frau mit einem Hut verwechselte
- Moppel-Ich
- Nieten in Nadelstreifen
- Schöner Denken – Wie man politisch unkorrekt ist
- Simplify your life
- Die Unfähigkeit zu trauern
- Weit weg vom Rest der Welt
- Wie wirklich ist die Wirklichkeit?
- Wohin mit Vater?
- Die Zukunft einer Illusion

Im Unterschied zum Fachbuch liest man ein Sachbuch ja zum Vergnügen. Deshalb arbeiten Sachbuchtitel gerne mit Sprachspielen, Witzen und Verblüffungseffekten. Ob die funktionieren, lässt sich nur durch Ausprobieren feststellen. In **Tabelle 8** habe ich Ihnen eine extrem subjektive Auswahl gelungener Sachbuchtitel zusammengestellt. Oft geht aus dem witzigsten Titel nicht wirklich hervor, wovon das Buch handelt. Dann braucht es wieder einen Untertitel, der das Rätsel sofort auflöst: «Die Mäuse-Strategie für Manager. Veränderungen erfolgreich begegnen»*.

Über Buchtitel kann man endlos streiten. Aber allmählich sollten Sie und der Verlag zu einem endgültigen Entschluss kommen. Erstens muss jetzt, da der Abgabetermin naht, die Werbung für das Buch beginnen, und dazu braucht man eine Coverabbildung. Haben Sie schon über das Titelbild gesprochen? Zweitens kann der Verlag eine Titelformulierung, die über die rein wissenschaftliche Aussage hinausgeht, schützen lassen. Und drittens ist der fertige Titel und das endgültige Inhaltsverzeichnis für Sie selbst ein Zeichen, dass alle geistig anspruchsvolle Arbeit nun getan ist. Sie haben Ihr Bestes gegeben, um die Leser für Ihr Buch zu interessieren.

5.3 Vom fertigen Manuskript zum Buch

Das Manuskript ist fertig

Das war's. Die stilistisch überarbeitete dritte Fassung ist nun das, was Verlage immer noch «Manuskript» nennen. Im Prinzip ist Ihr Buch fertig; auch wenn es noch ein halbes Jahr oder mehr dauern kann, bis Sie es tatsächlich als Buch in Händen halten werden. Aber alles, was jetzt noch kommt, sind Routinearbeiten, die Sie gut neben Ihren sonstigen Tätigkeiten erledigen können – oder während Sie das nächste Buch schreiben.

Rechtschreibung

Ach ja, die Rechtschreibkorrekturen. In **Tabelle 9** finden Sie meine Kurzform der neuen Rechtschreibregeln; die Diskussion über diese unselige Reform möchte ich hier nicht führen. Ich rate davon ab, Texte schon während des Schreibens gründlich korrekturzulesen. Wenn Sie so viele Tippfehler wie ich machen, ist eine grobe Bereinigung sinnvoll, erspart aber nicht das Korrekturlesen am Ende. Frühes Korrekturlesen behindert nur einen freien Zugang zum Geschriebenen. Auf dem Weg von der ersten zur zweiten Fassung haben Sie ganze Abschnitte verworfen. Später haben Sie wichtige Sätze neu geschrieben und Wörter ausgetauscht. Da wären voreilige Rechtschreibkorrekturen nur frustrierend gewesen.

Nun muss es aber sein. Nicht, weil Rechtschreibung wirklich wichtig wäre; die deutschen Klassiker sind auch ohne ausgekommen. Aber heutige Leser mögen keine Rechtschreibfehler und können sich regelrecht darin verbeißen, unfähig, noch auf Wichtigeres zu achten.

Tabelle 9: Regeln und Beispiele zur neuen Rechtschreibung

1. Schreibung einzelner Laute	
■ Nur nach langem Vokal oder Diphthong wird ss (stimmloses s) zu ß	*groß, weiß, außer,* aber: *dass, muss*
■ Wortfamilien werden gleich geschrieben:	
■ Umlaute	*behände, überschwänglich*
■ Zusammentreffen gleicher Buchstaben	*Schifffahrt, Rohheit, selbstständig,* aber: *Tee-Ernte*
■ Einzelfälle	*rau, potenziell, nummerieren, Tipp, platzieren*
2. Silbentrennung	
■ -ck	*pa-cken*
■ s-t	*Kis-te*
■ Fremdwörter: morphologische Trennung beibehalten	*Sym-ptom, Ana-mnese*
3. Fremdwortschreibung	
■ Fachwörter wie bisher	*Katarrh, Phlebographie*
■ Erster Teil groß, sonst wie die entsprechenden deutschen Wörter	*Arteria carotis interna, Ductus arteriosus Botalli, Evidence-based Medicine, Very-high-Density-Lipoprotein*
■ Substantiv + Substantiv mit Bindestrich	*Job-Sharing* (nicht: *Nofuturegeneration)*
■ Substantiv + Adverb zusammen	*Layout, Comeback*
■ Adjektiv + Substantiv unverbunden, beides groß	*Safer Sex, Fast Food*
4. Groß-/Kleinschreibung	
■ Fast alles, was sich als Substantiv verstehen lässt, wird großgeschrieben; auch verblasste Substantive nach Präposition oder Verb	*Acht geben, Ähnliches, im Allgemeinen, das Beste, in Bezug auf, etwas Derartiges, der Einzelne, auf Englisch, als Erstes, der Erste, Folgendes, im Folgenden, im Geringsten, das Gleiche, im Großen und Ganzen, im Klaren, Leid tun, Letzteres, alles Mögliche, im Nachhinein, aufs Neue, Recht haben, bei Rot, Schuld haben, auf Seiten, im Übrigen, im Voraus, das Weite suchen, im Wesentlichen*
■ Einzelne stark verblasste Substantive klein	*angst, bange, gram, leid, pleite, schuld sein, es ist mir recht, ernst nehmen, ein bisschen, ein paar, an … statt*
■ Pronomina, Zahlwörter, nicht-substantivierte Superlative klein	*alles, der andere, der eine, erstens, das erste Mal, mancher, das meiste, bei vielen, sehr viel, am besten*
■ Tageszeiten mit «heute» etc. groß	*heute Morgen, gestern Abend,* aber: *morgens, dienstagabends*
■ -sche groß und mit Apostroph	*Ohm'sches Gesetz*
■ Nach Doppelpunkt groß, wenn ganzer Satz folgt, sonst klein	

5. Zusammen-/Getrenntschreibung	
Zusammen, wenn:	
■ verkürzte Wortgruppe	*angsterfüllt, hitzebeständig, schlafwandeln, diesmal, keinmal* (aber: *jedes Mal*)
■ Teil nicht selbstständig existiert	*redselig, vieldeutig, wettrennen*
■ Fugen-s	*erwerbsmindernd*; aber: *Halt gebend*
■ gemeinsam steigerbar	*armselig (armseliger), selbstbewusst*; aber: *dünn besiedelt (dünner besiedelt)*
■ durch Konjugation nicht trennbar	*bergsteigen, langweilen*; aber: *Rad fahren (ich fahre Rad)*; Ausnahmen: *standhalten, stattfinden*
■ Getrennt nach Infinitiven, Partizipien, zusammengesetzten Adverbien	*sitzen bleiben, kennen lernen, blendend weiß, gestochen scharf, gefangen nehmen, getrennt schreiben, geschenkt bekommen, vonstatten gehen, zugute halten*
■ Getrennt nach -wärts, -einander, -seits, -ig, -isch, -lich, dahinter, darin, darüber, darunter, davor	*aufwärts gehen, zueinander finden, lästig fallen, übrig bleiben, riesig groß, mikroskopisch klein, dahinter kommen*
■ Adverb + Verb: zusammen, wenn ein neuer Begriff entsteht	*wiederholen/wieder holen, zusammentragen/zusammen tragen*
■ Adjektiv + Verb: zusammen, wenn Adjektiv nicht steigerbar, sonst getrennt	*fernsehen, feststellen*; aber: *fest halten (fester halten), leicht fallen, streng genommen*
■ Getrennt vor sein	*da sein*
■ Einzelfälle	*irgendetwas, stattdessen, umso* *so viel, wie viel, zu wenig*
6. Bindestriche	
■ Zahl + Adjektiv mit Bindestrich, Zahl + Suffix ohne	*100-jährig* *60er*

Besser wird das Buch durch die Rechtschreibkorrektur nicht mehr, und im Unterschied zur Zeichensetzung (S. 124) erfordert sie keinerlei kreative Anstrengung. Im Gegenteil, lesen Sie einmal Folgendes laut:

> Ncah enier an enier elingshcen Uvnriestiät dchuregfhütern Sduite ist es eagl, in wlehecr Rienhnelfoge die Bcuhtsbaen in enier Wrot sethen, slongae der estre und lzete Bcuhtsbae am rcihgiten Paltz snid. Der Rset knan ttolaer Bölsdnin sien, torztedm knan man es onhe Pobremle lseen.

Das menschliche Gehirn ist imstande, Rechtschreibfehler beim Lesen automatisch zu korrigieren, ohne sie überhaupt ins Bewusstsein dringen zu lassen.

Wenn Sie korrekturlesen, dann tun Sie nichts anderes; vor allem fangen Sie nicht an zu lesen.

Sobald Sie inhaltlich versuchen zu verstehen, übersehen Sie auch die gröbsten Fehler. Alte Lehrertricks dazu sind, jedes Wort mit dem Zeigefinger anzutippen oder die Wörter in einem Satz von hinten nach vorne zu überprüfen. Auf jeden Fall sollten Sie die letzte Rechtschreibkorrektur an einem Ausdruck vornehmen, denn am Bildschirm huscht das Auge noch schneller über Fehler hinweg.

Eigene Texte kann man schwer korrekturlesen – man weiß ja, was da stehen sollte. Der ideale Korrektor ist jemand, dem das Buch nicht nur völlig fremd, sondern auch inhaltlich völlig egal ist. Vielleicht kennen Sie ja so jemanden, und Sie tauschen Korrekturlesen gegen Hemdenbügeln?

Ist das nicht Aufgabe des Verlages? Das kommt sehr darauf an. Je kleiner die Auflage, desto weniger Geld und Zeit steht für Korrekturen zur Verfügung. Sie glauben doch nicht, dass sich die Rechtschreibkorrektur ausschließlich von Computerprogrammen erledigen lässt? Bei einem Sachbuch mit hoher Auflage müsste eine gründliche Korrektur drin sein. Allerdings haben Sie auch dann mehr davon, wenn ein professioneller Bearbeiter sich nicht mit Tausenden von Rechtschreibfehlern herumschlagen muss, sondern in derselben Zeit substanziell stilistisch eingreifen kann. Außerdem reduziert jeder Korrekturdurchgang nur die Zahl der Rechtschreibfehler, absolute Fehlerfreiheit gibt es nicht. Es würde also schon helfen, wenn das Buch bei Ankunft im Verlag nicht mehr allzu viele Rechtschreibfehler hätte.

Das Manuskript liegt beim Verlag

In der am Ende von Kapitel 3.1 beschriebenen Form packen Sie jetzt alles ein und schicken es Ihrem Lektor. Damit ist es in der Welt. Zum ersten Mal haben Sie die Kontrolle über Ihr Manuskript aus der Hand gegeben: Es wird nun von Leuten gelesen und bearbeitet, die Sie nicht selbst ausgesucht haben. Verständlicherweise sind Sie gespannt auf die Reaktionen, hätten aber am liebsten gleich das fertige Buch in Händen, genau so, wie Sie es geschrieben haben, nur viel schöner gestaltet und mit einem bunten Umschlag. Und als nächstes geschieht: nichts.

Verlage arbeiten ständig daran, die Prozesse zwischen Manuskript und fertigem Buch zu optimieren. Dem steht bei Fach- und Sachbüchern die hohe Zahl im Entstehen begriffener Werke entgegen. Wenn eine Lektorin auf Post von Dutzenden von Autoren wartet, deren Mehrzahl den Abgabetermin als unverbindliche Empfehlung ansieht, dann wird sie Ihre Sendung erfreut und erleichtert zur Kenntnis nehmen. Aber mehr als eine kurze Eingangsbestätigung und eine Prüfung der Vollständigkeit und Lesbarkeit aller Dateien können Sie erst einmal nicht erwarten. Ganz nach unten in den Stapel des Unbearbeiteten wandern unvollständige Manuskripte oder solche, bei denen der Abgabetermin jenseits jeglicher Planung überzogen ist. Es mag völlig einsichtige Gründe geben, warum Sie zwei Jahre zu spät dran sind, aber Sie können nun nicht erwarten, dass sich sofort jemand auf das Manuskript stürzt. Im Normalfall aber – vollständiges, ordentliches Manuskript zum erwarteten Zeitpunkt – setzt sich Ihre Lektorin selbst am meisten unter Druck, indem sie dem Vertrieb einen definitiven Erscheinungstermin nennt. Dann versucht sie unter den wenigen festangestellten oder den vielen freien Copy Editors (die vielen Verlagsbegriffe, die im Folgenden vorkommen, finden Sie im Glossar ab S. 177 erklärt) einen zu finden, der sich mit Ihrem Thema auskennt und freie Kapazitäten hat. Von nun an sind in jedem weiteren Stadium mehrere Leute an Ihrem Manuskript zugange, und es wird auf unzähligen Schreibtischen, Fensterbänken und Fußböden und in einer Vielzahl von Dateiversionen zwischengelagert werden, weil es mit vielen gleichzeitig entstehenden Büchern konkurriert.

Ich rate Ihnen dringend, damit professionell umzugehen, das heißt auch für Sie schockierende Terminpläne klaglos zu akzeptieren, dann aber auf deren Einhaltung zu pochen. Andernfalls, wenn Sie Unrealistisches verlangen, wird man Ihnen das vielleicht um des lieben Friedens willen versprechen, um später Gründe für «unerwartete» Verzögerungen zu finden; die gibt es immer, da kein Manuskript perfekt ist. Ebenso wenig ist Ihnen gedient, wenn das Buch schnell und schlampig durchgenudelt wird. Es hat die optimalen Bearbeiter, Hersteller und Setzer verdient, auch wenn die nicht sofort frei sein mögen.

Fragen Sie, wann mit den Korrekturabzügen zu rechnen ist, damit Sie dann auch Zeit haben, sie zu lesen; ansonsten lassen Sie die Leute in Ruhe arbeiten.

Wenn Sie in der Zwischenzeit etwas tun möchten, dann machen Sie sich Gedanken über Ihren Beitrag zur Werbung: Rezensenten, Pressekontakte, Aufsätze, öffentliche Auftritte, vielleicht eine Website (vgl. Kap. 5.4).

Änderungswünsche

Der zweite Grund, sich rechtzeitig eine professionelle Haltung und eine dicke Haut zuzulegen, sind die Kritiken, Änderungswünsche und stillschweigenden Korrekturen, die nun auf Sie zukommen. Vieles wird Ihnen unverständlich erscheinen. Aber bedenken Sie, dass auf berufsmäßige Leser in gesteigertem Maß die Grundregel zutrifft, dass der Leser immer Recht hat (vgl. Kap. 4.1), oder wie Stephen King* schreibt:

> Ein Gesetz der Straße, das in diesem Buch nicht so deutlich formuliert wird, lautet: «Der Lektor hat immer recht». Daraus folgt logi-

> scherweise, daß kein Autor alle Verbesserungsvorschläge seines Lektors beherzigen wird, denn wir sind alle kleine Sünder und werden niemals die Perfektion eines Lektors erreichen.

Das heißt, dass jede Änderung auf ein reales Problem hinweist; nicht, dass die vorgeschlagene Lösung immer die optimale ist.

> Fach- und Sachbücher gewinnen mit jeder Korrektur. Bearbeitungen sind ein unschätzbarer Service.

Beschweren würde ich mich, wenn mein Manuskript unverändert durchgewunken oder nur die Rechtschreibung korrigiert würde – es sei denn, die erwartete Auflage ist so klein, dass aus Kostengründen eine Bearbeitung von vorneherein nicht in Frage kommt.

Die Ur-Version verschwindet

Früher waren Manuskripte heilig und wurden, völlig zerfleddert und mit Korrekturen und Auszeichnungen übersät, bis zum Erscheinen des Buches weitergereicht. Im Computerzeitalter ist das obsolet. In einer Datei lassen sich Änderungen viel schneller, tiefgreifender und vor allem konsequenter durchführen, auch wenn dadurch der «Urzustand» verschwindet. Eine erfahrene Copy Editorin wird spüren, wo sie rückfragen muss: Die meisten Rechtschreibfehler werden Sie schwerlich beabsichtigt haben, aber wenn Sie «Private Krankenversicherung» oder «der Eine» groß oder «us-amerikanisch» klein schreiben, dann ist das, obwohl regelwidrig, für Sie vielleicht wichtig. Jenen Schachtelsatz dagegen, dieses verrutschte Bild können Sie unmöglich gewollt haben, das korrigieren wir schnell. Erfahrene Autoren werden so tun, als stamme die verbesserte Version von ihnen selbst. Wenn Rückfragen kommen, tun Sie sich den Gefallen, freundlich und schnell zu reagieren, und outen Sie sich nicht mit dem Satz «Was, Sie ändern etwas an meinem Text!» als blutiger Anfänger.

Wenn Ihnen, während das Manuskript beim Verlag liegt, noch etwas dazu einfällt, dann schreiben Sie das nicht in Ihre Textdatei hinein – denn die ist Schnee von gestern –, sondern notieren Sie es getrennt. In der Regel wird man Ihnen die Dateien nach Bearbeitung noch einmal zuschicken; allerdings mit der dringenden Bitte, nichts mehr an Formatierungen zu ändern. Sie können für Ihr zukünftiges Schreiben viel lernen, wenn Sie sich ansehen, was der Verlag unter einem «satzreifen» Manuskript versteht. Davon abgesehen können Sie jetzt noch nach Herzenslust umschreiben, was immer Ihnen missfällt, ohne Kosten zu verursachen; später ist das nicht mehr so.

> Wenn Sie Eingriffe des Verlages für ganz unsinnig halten, dann regen Sie sich nicht auf, sondern korrigieren Sie sie jetzt sofort, gründlich und im ganzen Buch konsequent zurück – oder besser, denken Sie sich eine dritte Variante aus.

Herstellung und Satz

Das satzreife Manuskript liegt dann erst einmal wieder, diesmal auf dem Schreibtisch des Herstellers. Das ist die Person im Verlag, die für Ihr Buch die optimale Gestaltung wählt und über den besten verfügbaren Satzbetrieb entscheidet. Ein Hersteller wird noch einmal das ganze Manuskript durcharbeiten, jetzt allerdings nach ästhetischen Kriterien: Er legt das Format und die Spaltenzahl fest, die Kolumnentitel, das Aussehen der Abbildungen und Tabellen, alle zu verwendenden Schriften, die Überschriftengrößen, die Auszeichnungen (fett, kursiv, farbig usw.), sämtliche Leerräume, Rasterflächen, Rahmen und vieles mehr, und er wird dem Setzer ellenlange Anweisungen mitschicken.

Die Korrekturabzüge

Der Setzer baut nun das Buch komplett neu auf. Von Ihren Word-Daten wird nur der reine Textinhalt übrig bleiben, während alle Gestaltungen in einem professionellen Satzprogramm genau nach Herstelleranweisung umgesetzt werden. Deshalb habe ich in Kapitel 3.1 Wert darauf gelegt, dass Sie die Leute nicht mit Formatierungen verwirren, sondern nur markieren, welcher Textteil wozu dienen soll.

Am Ende steht etwas, das aus historischen Gründen «Fahne», «Umbruch» oder «Abzug» genannt wird: ein perfekt durchgestalteter Korrekturausdruck aller Seiten des fertigen Buches (jetzt wissen wir endlich, wie viele Seiten es sind). Nur die Auflösung der Abbildungen entspricht noch nicht dem Buch; wenn die Abbildungsqualität entscheidend ist, braucht man spezielle Abzüge oder Andrucke.

Es sei Ihnen unbenommen, diesen Abzug noch einmal gründlich zu lesen. Man findet immer noch Kleinigkeiten zu korrigieren. Aber widerstehen Sie der Versuchung, große Teile neu zu schreiben. Erstens ist jede Korrektur nach dem Satz teuer; zweitens zerstören Sie unter Umständen die Ausgewogenheit des Ganzen. Und drittens ist das, was Sie jetzt ergänzen möchten, das Material Ihres nächsten Buches.

Konzentrieren Sie sich auf diejenigen Dinge, die Sie im Korrekturabzug zum ersten Mal sehen. Im Text sind das Trennungen und Seitenverweise, aber wichtiger sind Gestaltungsfragen: Vermitteln die Abbildungen und Tabellen die Botschaft, die Sie wollten? Sind die Bezüge zwischen ihnen und dem Text optimal? Steht alles an Stellen, wo es beim Blättern leicht zu finden ist?

Denken Sie daran, dass die Leser Doppelseiten vor sich sehen werden: links immer eine gerade, rechts eine ungerade Seite. Wenn auf Seite 68 unten die Abbildungen 13 und 14 erwähnt werden, dann dürfte es didaktisch und ästhetisch ideal sein, Abbildung 13 auf Seite 68 und Abbildung 14 gegenüber auf Seite 69 jeweils am oberen Rand zu platzieren. Wenn dagegen auf Seite 69 von der Abbildung 15 die Rede ist, die erst auf Seite 70 folgt, dann ist das unbefriedigend, weil man umblättern muss.

Korrigieren Sie für Laien lesbar, und verwenden Sie die Setzer-Korrekturzeichen am Rand (s. **Kasten**). Schreiben Sie keine Kommentare an den Rand, warum dieses oder jenes unmöglich sei und unbedingt geändert werden müsse, oder Bemerkungen wie «bitte wie im Manuskript angegeben». Wenn da steht «Abbildung 5 fehlt», dann schreiben Sie nicht dazu: «Wo ist Abbildung 5?», sondern besorgen Sie die Abbildung (ggf. noch einmal), oder streichen Sie sie.

Geben Sie einfach buchstabengetreu vor, was der Setzer ändern soll.

Übersichtlich korrigieren

Korrekturzeichen

Das Prinzip ist, dass man nicht die Korrekturen in den Text hineinschreibt, sondern nun ein Zeichen, dieses am Rand wiederholt und dorthin eine Korrektur oder schreibt. Zeichnen Sie immer genau die auszutuaschenden Buhsstaben an. Wenn märrere Korekturen hinteeinänder foglen, benutzt man verschiedene Korrekturzeichen. Für das das Tilgen von Überflüssigem gibt es dass Zeichen , das «deleatur» heißt (lat. «es möge gelöscht werden»).

Änderungen an vertikalen und horizontalen Abständen werden in der Regel so angezeichnet, es gibt aber auch Zeichen für «kein Ab stand»oder «Wortzwischenraum». Ein Absatz kann eingefügt oder getilgt werden.

Fehlender Einzug oder unpassender Einzug wird

so angezeichnet, Umstellungen oder so, wenn betroffen Wörter mehrere sind, so.

Unterstreichen oder *unterschlängeln* bezeichnet Schriftänderungen.

KOMMENTARE schreibt man in Doppelklammern.

r
die
Hinzufügung
au uchs
eh rr r a g

1 2 3
gewöhnlich
kursiv
((groß + klein))

Wenn das unübersichtlich wird, weil Sie einen ganzen Satz umformulieren müssen, dann streichen Sie diesen Satz durch, schreiben an den Rand «((siehe Beilage))» und legen ein Blatt mit dem neuen Satz ein (bitte nicht antackern oder kleben, sonst kann man die Korrekturen nicht mehr kopieren). Um dem Setzer das Abtippen zu ersparen, wäre es nett, wenn Sie eine winzige Word-Datei anlegen würden, die alle diese neuen Sätze enthält – mehr aber auch nicht.

Generalanweisungen sind dann möglich, wenn eine Korrektur wirklich durch Suchen-und-Ersetzen durchgeführt werden kann: «generell: Jugendlicher zu Adoleszent, Jugendlichen zu Adoleszenten» (dann müssen Sie von Hand noch alle Stellen mit «der/die/viele Jugendliche» zu «Adoleszent/in/en» korrigieren). Korrigieren Sie konsequent: Wenn Sie die Abbildungen von 1 bis 112 durchnummeriert haben und Abbildung 2 streichen, dann müssen Sie nicht nur Abbildung 3 bis 112 umbenennen, sondern auch sämtliche Verweise im Text – es sei denn, Sie fangen das schnell wieder auf, indem Sie aus Abbildung 3a und b zwei getrennte Abbildungen machen.

Lektor und Herstellerin werden Ihre Korrekturen noch einmal ansehen und in Zweifelsfällen rückfragen. Wenn Sie allerdings Symptom zu Symp-tom oder bisschen zu bißchen verschlimmbessert haben, dann wird das stillschweigend ignoriert. Die Ausführung jeder Korrektur wird überprüft, manchmal mehrfach, wenn die Setzerin etwas beharrlich missversteht. Damit wird man Sie nicht behelligen, aber wundern Sie sich nicht, wenn darüber Zeit vergeht – zumal wenn Sie die Abzüge mit einem Wust schwer lesbarer Korrekturen bekritzelt haben.

Das Sachregister

Wenn der Seitenumbruch sich sicher nicht mehr verschiebt, kann das Sachregister erstellt werden – von Ihnen oder vom Verlag, je nachdem, was Sie vereinbart haben. Besser wird es, wenn Sie es selbst machen. Sachregister sind immer sinnvoll für Bücher, die man nicht von vorne nach hinten liest, also sicher für Lehrbücher und auch für die meisten Sachbücher. Computergenerierte Register verweisen auf jede Erwähnung eines Wortes und sind deshalb weitgehend nutzlos.

> Das ideale Register verdankt sich der sorgfältigen Überlegung einer mit dem Buch vertrauten Person, welche Begriffe die Leser suchen könnten.

Verschlagworten Sie lieber eine größere Einheit (Überschrift) in jeder denkbaren Variante, als Wörter aufzunehmen, die nur zufällig einmal im Text verwendet werden. Wichtig sind vor allem Synonyme, die mit verschiedenen Buchstaben anfangen. Hier ein Beispiel: Das Kapitel «Auswirkungen von Kakaobestandteilen auf das Herzinfarktrisiko» könnte man suchen unter:

- Blutdruck, Einfluss von Kakao
- Ernährung und koronare Herzkrankheit
- Flavonoide
- Herzinfarktrisiko, Einfluss von Kakao
- Hypertonie, Einfluss von Kakao
- Kakao, kardiovaskuläres Risiko
- kardiovaskuläres Risiko, Kakao
- koronare Herzkrankheit, Einfluss von Kakao
- Schokolade, kardiovaskuläres Risiko,

während Stichworte wie «Blutdruck, Einfluss von Schokolade» oder «kardiovaskuläres Risiko, Schokolade» überflüssig sind, weil an dieser Stelle im Alphabet schon etwas ganz Ähnliches steht. Auf diese Weise dient das Aufschreiben der Registerbegriffe wirklich den Leserbedürfnissen. Wenn man nicht jeden Satz liest, sondern in größeren Einheiten überlegt, was da steht, kommt man schnell voran: Profis schaffen etwa 50 Seiten in der Stunde.

Die zweitbeste Variante ist die Markierung der Registerbegriffe im letzten Umbruchabzug mit einem Leuchtstift. Vermerken Sie Varianten und zweiteilige Begriffe in derselben Farbe am Rand, und markieren Sie nicht zu viele und nur Begriffe, die an der markierten Stelle auch ausführlich erörtert werden; pro Druckseite genügen in der Regel drei Begriffe. Vergessen Sie nicht die Tabellen- und Abbildungslegenden und vor allem nicht die Überschriften! Sachwörter werden in der Regel im Singular erfasst. Substantive haben Vorrang. Davon gibt es Ausnahmen, wenn das Adjektiv wichtiger ist als das Substantiv (kardiovaskuläre Erkrankung, depressive Störung).

Die Endphase

Ganz zum Schluss bekommen Sie noch einen letzten Abzug oder eine pdf-Datei mit der Bitte um das «Gut-zum-Druck» (früher «Imprimatur»). Und dann geschieht wieder lange, lange nichts, wovon Sie etwas mitbekämen. In Wirklichkeit passiert so einiges: Drucker geben Angebote für Ihr Buch ab und einer erhält den Auftrag, Papier wird bestellt und geliefert, ein Termin auf der Druckmaschine wird reserviert, hochaufgelöste Satzdaten werden an die Druckerei übermittelt, Druckplatten werden belichtet, die einzelnen Bogen des Buches werden gedruckt, gefalzt und zusammengetragen, der Umschlag wird endgültig gestaltet (denn erst jetzt wissen wir, wie dick das Buch, und damit, wie breit der Rücken genau sein wird), Inhalt und Umschlag werden an die Buchbinderei geliefert, die Bücher werden gebunden, eingeschweißt, verpackt, auf Lastwagen verladen und auf mehrere Lager verteilt – und endlich gibt ein Lagerist ein Paket auf die Post, das Ihre Belegexemplare enthält.

Der Wunsch, es möge nie erscheinen

Insgesamt ergibt das eine quälend lange Zeit, in der nichts voran zu gehen scheint – welch ein Kontrast zur Hektik und Konzentration der letzten Schreibphasen. In dieser Zeit zwischen Manuskript und Buch überfällt Autoren oft eine merkwürdige Krankheit; und ich schreibe dies im vollen Bewusstsein, dass sie mich ebenfalls ereilen kann. Es ist die Buchverhinderungskrankheit. Die Symptome sind Lektoren wohl vertraut: exzessive Korrekturwünsche am letzten Abzug, nachdem die Autorin am vorletzten gar nichts mehr zu beanstanden hatte. E-Mails in Dreitageabständen mit jeweils genau einer Korrektur. Anrufe am Freitagabend mit dem Vorschlag, die Zielgruppe des Buches ganz neu zu definieren, unter Berufung auf eine Autorität, die erst jetzt das Manuskript gelesen habe. Sicherstes Symptom der Buchverhinderungskrankheit aber ist die obsessive Beschäftigung mit ästhetischen Fragen, die dem Autor bisher schnurzegal waren. Die Schrift ist zu groß/zu klein. Die Abbildungen sind zu groß/zu klein/völlig verkehrt. Plötzlich entdecken Sie, dass Ihnen die Art, wie der Verlag seine Umschläge gestaltet, noch nie gefallen hat; Sie haben da aber neulich auf einer Party eine ungemein begabte Grafikerin kennen gelernt … Und natürlich geht der Buchtitel jetzt, nachdem ihn der Verlag im gesamten Buchhandel bekannt gemacht hat, gar nicht mehr. Und könnte man bei der Gelegenheit nicht auch noch den Autorennamen von «Klaus Müller» in «Arbeitsgemeinschaft Friedensforschung e. V. (Hrsg.)» ändern?

Das Buch entgleitet Ihrer Kontrolle

Vielleicht können Sie nachvollziehen, was solche Wünsche bei Verlagsmitarbeitern auslösen, die all das vor zwei Jahren mit Ihnen durchgesprochen haben. Aber ich bitte meinen Lektor vorbeugend um Nachsicht. Es ist ja gar nicht so, wie es scheint, dass Autoren in letzter Minute das gemeinsame Projekt noch zum Scheitern bringen wollen. Sicher beunruhigt es zu sehen, wie etwas, was ich vor zwei Jahren gedacht und vor einem Jahr niedergeschrieben habe, nun unter meinem Namen veröffentlicht wird, als wäre ich heute noch derselben Meinung. Aber ich weiß wohl, dass alle Last-Minute-Manöver diesen Moment nicht verhindern, höchstens um ein oder zwei Monate hinausschieben werden.

> Das eigentlich Quälende ist weniger das Warten auf das fertige Buch als der schleichende Kontrollverlust.

Niemand kümmert sich mehr um mich; plötzlich trifft da jemand eine Entscheidung über die Umschlagfarbe, die mir zwar im Grunde egal ist, zu der ich aber doch eine Meinung hätte, wenn ich nur gefragt würde. Der Streit wird denn auch, wenn's hart auf hart kommt, darin gipfeln, dass ich dem Lektor ins Gesicht schleudern werde: «Schließlich ist es mein Buch!»

Nein, das ist nicht mehr. Es war mein Buch, solange es meinem Kopf war. Als ich es niederschrieb, wurde es Teil unserer gemeinsamen Sprache, und ich musste mich deren Ansprüchen unterwerfen. Nun, da es als Buch vorliegt, gehört es der Öffentlichkeit.

5.3 Das Buch verkaufen

Das Buch ist da!

Plötzlich ist es da. Eines Tages kommt ganz unzeremoniell ein Paket an, das Ihre Belegexemplare enthält. Für den Moment ist das ein tolles Gefühl. Das Buch sieht so viel besser aus und fühlt sich so viel besser an als all die Manuskriptstapel: abgeschlossen, vollständig, perfekt. Genießen Sie es. Sie werden zum ersten Mal bemerken, wie eigentümlich kühl druckfrische Bücher riechen und wie glatt und sauber sie sich anfühlen.

> Lassen Sie die Menschen, die Ihnen nahe stehen, an diesem kleinen Wunder teilhaben.

Ich hatte Ihnen geraten, oft davon zu sprechen, dass Sie mit einem Buch schwanger gehen. Jetzt ist der Moment, das Baby vorzuführen. Nehmen Sie sich ruhig ein Beispiel an der Selbstverständlichkeit, mit der Eltern von Neugeborenen von jedermann Bewunderung erwarten.

Ich habe meinen Doktortitel jahrelang sehr zögerlich verwendet, und es ist mir auch heute noch schwer nachvollziehbar, wie viel die zwei Buchstaben mit dem Pünktchen außerhalb des akademischen Umfelds bedeuten. Ebenso werden gerade «wenig buchaffine» Bekannte verstehen, dass etwas Besonderes geschehen ist – mehr als Ihre Kollegen, deren Bücherregale ohnehin schon überlaufen. Also drücken Sie Tante Martha, dem Wirt Ihres Schreibcafés und der Schulfreundin ein Buch in die Hand. Dafür sind Ihre persönlichen Belegexemplare da. Die Multiplikatorenexemplare für wichtige Kollegen, Vorgesetzte, Rezensenten sollte meines Erachtens der Verlag übernehmen; schließlich dienen die dazu, Werbung zu machen, um Bücher zu verkaufen.

Genießen Sie die Bewunderung, auch wenn sie mit völligem Unverständnis für Ihr Thema gepaart ist. Denn bei Ihnen selbst wird das Hochgefühl schnell verfliegen. Der Baby-Blues ist bei den meisten Autoren vorprogrammiert. In einigen Wochen wird der Anblick der eigenen Bücher so vertraut wie lästig sein. Irgendwie sehen fremde Bücher, vor allem die von Konkurrenten, immer besser aus. Der eigene Name auf dem Umschlag wird Ihnen wahrscheinlich so fremd bleiben wie die eigene Stimme im Radio. Und es muss mindestens ein Jahr vergehen, bis Sie das Buch wieder lesen können, ohne Schaden an Ihrer Seele zu nehmen.

Das Schweigen des Verlages

Als Lektor bekomme ich manchmal von Autoren zu hören: «Ausgerechnet zu der Zeit, als ich mich am meisten über einen Anruf von Ihnen gefreut hätte, haben Sie nicht an mich gedacht!» Warum auch? Wenn ein Buch endlich im Druck ist, vergesse ich es gründlich, denn da warten noch hundert andere. Alle Marketingmaßnahmen sind längst geplant oder durchgeführt, und zum Verkaufserfolg und zur voraussichtlichen Laufzeit der Auflage (was mich dann wieder sehr interessiert) lässt sich noch nichts Vernünftiges sagen.

Die Verkaufszahlen des ersten Monats sagen noch gar nichts über den Erfolg des Buches aus, sondern nur über die Präsenz des Verlages im Buchhandel. Denn diese Bücher stehen erst einmal nur in den Regalen der Buchhandlungen. Wenn die Verlagsvertreter ein Buch allzu sehr angepriesen haben, das dann niemand lesen will, können die Verkaufsziffern bald negativ werden, weil die Buchhändler mehr zurückschicken («remittieren») als nachbestellen. Diese Phase muss man also mindestens abwarten.

> Nach etwa einem Vierteljahr sieht der Verlag, wie gut das Buch läuft.

Wenn Ihre Lektorin vorher anruft, dann hat das erfreuliche Gründe: sei es, dass der Erfolg überwältigend ist, sei es, dass Anfragen für Interviews oder öffentliche Auftritte vorliegen. Wenn nicht, brauchen Sie sich auch keine Sorgen zu machen.

Besuche in Buchhandlungen

Sie können ja mal in Ihre bevorzugte (Fach-) Buchhandlung gehen und nachsehen. Wenn man das eigene Buch im Regal sieht, wird es gleich viel realer. Aber lassen Sie die Buchhändler in Ruhe. Ich wollte Sie nicht abschrecken, deshalb habe ich es bisher nicht erwähnt: Jährlich erscheinen auf Deutsch etwa 40 000 Fach- und Sachbücher. Von einer auf Ihr Fachgebiet spezialisierten Buchhändlerin können Sie erwarten, dass sie Ihr Buch dem Titel nach kennt, aber sicher nicht, dass sie es im Regal stehen hat oder gar weiß, was darin steht. Der Trick Paul Scheerbarts*, bei allen Berliner Buchhandlungen nach seinem Buch zu fragen, um den Verkauf anzukurbeln, verfängt in Zeiten des zentralen, computergestützten Einkaufs schon lange nicht mehr. Trotzdem kann es sinnvoll sein, schon vor Erscheinen des Buches mit der örtlichen Buchhandlung Kontakt aufzunehmen, nämlich um eine Lesung oder einen Vortrag anzubieten; dazu später mehr.

Amazon

Eine Buchhandlung sollten Sie auf jeden Fall besuchen: Amazon. Ich finde es ja albern, wenn Autoren mit Ihrem «Verkaufsrang» bei Amazon hausieren gehen*. Aber eines muss man dem Internet-Buchhändler lassen: Im Unterschied zur realen Buchhandlung müssen Sie bei Amazon nicht um knappe Regalplätze kämpfen. Auch ein Buch, dessen Zielgruppe klein und das nicht mehr ganz neu ist, wird dort ebenso präsentiert wie der neueste Bestseller. Möge der Beste gewinnen. Aber natürlich versucht die böse Konkurrenz, Amazon zu manipulieren. Nicht auszuschließen, dass die begeistertste «Kundenrezension» von einem guten Bekannten der Autorin stammt.

Rezensionen sind bei Fachbüchern die wichtigste Werbung.

Rezensionen

Das gilt ziemlich unabhängig davon, ob dem Rezensenten das Buch gefällt oder nicht. Auch Verrisse sind Werbung. Die Hauptgefahr ist, dass niemand über Ihr Buch spricht, niemand es wahrnimmt und die Leute, die etwas damit anfangen könnten, nie von dem Buch erfahren. Wenn sie dagegen eine negative Rezension lesen, werden sie schon wissen, was davon zu halten ist; oft macht ein Verriss erst neugierig.

Der offizielle Weg zu Rezensionen verläuft über die Redaktion der Zeitschrift. Leider behandeln viele Fachzeitschriften ihren Besprechungsteil stiefmütterlich: Bücher bleiben endlos liegen, bevor sie an Rezensenten verschickt werden, niemand fühlt sich für die Terminkontrolle zuständig, und Rezensionen werden als Füllmaterial betrachtet, das man schon mal einige Monate nach hinten schieben kann. So kommt es, dass manches Fachbuch Jahre nach seinem Erscheinen rezensiert wird; ich habe schon erlebt, dass Rezensionen nach drei Jahren gleichzeitig mit der nächsten Auflage des Buches erschienen. Auf der anderen Seiten werden Verlage von «Rezensenten» und «freien Journalisten» bedrängt, die nichts anderes wollen als Bücher geschenkt zu bekommen und die nie etwas schreiben.

Es hilft also nichts, Sie müssen selbst aktiv werden. Die Bezeichnung «Lobkartell» für eingespielte Runden des gegenseitigen Rezensierens finde ich etwas hart, denn um Lob geht es ja gar nicht. Aber ein Kollege, dem Sie das Buch persönlich in die Hand gedrückt haben und der von Ihnen auch wieder einen Gefallen erwartet, wird sich ganz anders verpflichtet fühlen dafür zu sorgen, dass die Besprechung wirklich erscheint, bevor er Ihnen wieder unter die Augen tritt.

Ungenügende Werbung

Versuche ich Ihnen gerade Arbeiten unterzujubeln, die Sie eigentlich vom Verlag erwarten? Ja.

Die Werbung, die der Verlag von sich aus für das Buch macht, wird Ihnen nie genügen.

Das liegt daran, dass Sie sie mit der Werbung für Konsumgüter und einige wenige Bestseller vergleichen. Aus Abbildung 1 (S. 41) können Sie abschätzen, wie viel beziehungsweise wie wenig Geld für die Bewerbung Ihres Buches zur Verfügung steht: Wenn man Halbjahresvorschauen und Sammelprospekte abzieht, allerhöchstens 5 % des zu erwartenden Umsatzes (Ladenpreis mal Auflage). Rechnen Sie sich aus, ob dafür eine Anzeige in der «Zeit» oder im «Spiegel» wirklich drin ist.

Sie leben besser damit, wenn Sie sich klarmachen, dass allen Fachautoren die Werbung für ihre Bücher ungenügend erscheint. Es liegt nicht an Ihrem Buch, und es liegt auch nicht an Ihrem Verlag. Vielleicht investiert die ganze Fachbuchbranche zu wenig Geld und Ideen in Marketing. Vor allem aber bricht bei dem Thema Werbung ein Konflikt wieder auf, der für Fach- und Sachbuchautoren konstitutiv ist. Ihre Unzufriedenheit mit dem Verlagsmarketing nährt sich aus dem dumpfen Gefühl, dass der wesentliche Marketingfaktor eines Buches der Autor ist, und dass Sie selbst eigentlich viel mehr dafür tun sollten. Sie wissen aber nicht, ob Sie das wollen.

Für das Buch tingeln gehen?

Einerseits richten Sie sich an ein Publikum, und das wollen Sie auch erreichen. Andererseits haben Sie noch andere Wünsche, als möglichst oft gelesen zu werden: Sie haben ein inhaltliches Anliegen, für das das Buch ein Mittel unter anderen ist. Die Selbstdarsteller ohne Inhalt suchen sich von vorneherein ein anderes Medium. Ich habe diesen Widerspruch zwischen begrenztem inhaltlichem Anliegen und unbeschränktem Wunsch nach Verbreitung in Kapitel 1 aufzulösen versucht als «der Erfolg beim richtigen Leser». Nun aber stellt sich das Problem erneut. Sie wollen, dass sich das Buch möglichst gut verkauft, aber Sie wollen sich dafür nicht prostitutieren. Für Ihre Sache werden Sie jederzeit öffentlich eintreten. Aber Werbung für das Buch, das sollen andere machen.

Vielleicht denken Sie auch, Sie könnten das nicht. Ich weiß, dass nicht jeder eine natürliche Begabung zur Selbstvermarktung hat, aber das braucht es gar nicht. Wie in Kapitel 1 geht es nicht darum, Hinz und Kunz von dem Buch zu überzeugen, sondern nur die engere Zielgruppe. Und mit der sind Sie als Expertin, Fachmann, Spezialistin in engem Kontakt, viel mehr als ein Belletristikautor in seinem Dichterstübchen, und im Grunde auch mehr als der Verlag. Sie können die vielen Anlässe nutzen, an denen Sie ohnehin auftreten, um für das Buch zu werben. Und Sie können sich helfen lassen. Zumindest die Pressestelle Ihrer Universität oder Ihres Arbeitgebers können Sie ohne Scheu einspannen. Je größer also Distanz zwischen Ihnen und der Zielgruppe des Buches ist, desto nützlicher sind für Sie die professionellen «Vermittler»: die Medien.

Die Medien

Experten und Journalisten brauchen einander. Die Medien wollen von Ihnen zitierfähiges Material, um ihre Meinungen mit Fachautorität zu unterfüttern; Sie wollen als Fachmann erwähnt werden und Ihre Aussagen verbreitet sehen. Daher ist das Verhältnis ein völlig gleichwertiges, allerdings mit einer Einschränkung: Die Medien bestimmen die Form («Sie können über alles reden, aber nicht über drei Minuten»). Meistens auch den Zeitpunkt der Kontaktaufnahme; eine Pressekonferenz hat nur dann Sinn, wenn man die Ressourcen hat, sie wirklich professionell organisieren zu lassen, und ein aktuelles Ereignis als Aufmacher. Wichtiger erscheint mir ein langfristiges Vertrauensvolles Verhältnis, der Ruf als ansprechbarer und zitierfähiger Experte. Die verbreitete Verachtung von Wissenschaftlern für Journalisten kann ich nicht verstehen. Wenn jemand es schafft, den halbstündigen verwickelten Vortrag, den Sie ihm am Telefon gehalten haben, auf zwei Sätze einzudampfen, dann sollten Sie ihm dafür dankbar sein. Nehmen Sie sich ein Beispiel daran und sagen Sie in Livesituationen gleich die zwei Sätze. Andererseits diktieren Sie die Inhalte; und wenn Sie es in drei Minuten nicht schaffen, das Buch mehrmals zu erwähnen, dann ist es Ihnen einfach nicht wichtig genug.

Als Sachbuchautor sind Sie nur dann wirklich erfolgreich, wenn Sie auch Spaß daran haben, sich in den Medien zu präsentieren.

Egal wie seriös das Buch sein mag, über die Verbreitung entscheidet der Guru-Faktor. Aber auch hier ist nicht das Lob von Elke Heidenreich das unbedingte Ziel, und alles andere nichts wert. Wenn Sie es ins Lokalradio, in das Telefonpanel einer Selbsthilfe-Zeitschrift oder in eine Ratgebersendung im Dritten Programm schaffen, dann erreichen Sie vielleicht genau damit Ihre Zielgruppe optimal.

Fachmedien

Special-Interest- und Fachbuchautoren dagegen haben den großen Vorteil, sich auf genau definierbare Medien beschränken zu können. Rezensionen in Fachzeitschriften können Sie, wie erwähnt, begrenzt beeinflussen. Anzeigen sind nur die zweitbeste Lösung. Man kann kein Buch durch Anzeigen allein verkaufen, und redaktionelle Unabhängigkeit gilt noch immer so viel, dass Verlage nie genug Geld haben, um redaktionelle Inhalte beeinflussen zu können. Aber Sie selbst haben ganz andere Möglichkeiten, in Fachzeitschriften zu gelangen. Was immer geht, ist die Single-Auskopplung aus Ihrem Buch: der Aufsatz. Selbstverständlich werden Sie die entscheidende Tabelle, die wichtigste Grafik aus dem Buch mit auffälligem Quellenhinweis verwenden. Darüber hinaus können Sie sich eine Fachzeitschrift auf Dauer zunutze machen, wenn Sie Ihre Mitgliedschaft im Editorial Board oder die Tätigkeit als Peer-Reviewer wirklich ernst nehmen.

Buch und Person

Der entscheidende Vorteil einer Sach- oder Fachbuchautorin, die ihre Publikationen langfristig geplant hat, liegt in der dauerhaften Verknüpfung von Person und Veröffentlichung.

Gerade weil das Buch nur ein Teil Ihrer Tätigkeit ist, können Sie es vielfältig unterstützen – und sich von ihm helfen lassen. Erstaunlich viele Menschen sind bereit, ein Buch zu kaufen, nachdem sie den Autor getroffen haben; manche wollen sogar ein signiertes Exemplar. Umgekehrt ist es für viele aufregend, zu dem eben gelesenen Buch die Autorin in Person kennenzulernen. Deshalb gehört es schon zur Planung eines Buches dazu, dass Sie sich vornehmen, zum Erscheinungszeitpunkt möglichst viel in der Zielgruppe unterwegs zu sein.

Lokale Präsenz

Das kann ganz in Ihrer Nähe sein. Manche Sachbücher haben eine begrenzte geografische Reichweite (vgl. Kap. 1.2). Wenn Sie die Menschen in Ihrer Stadt ansprechen wollen und davon möglichst viele, dann haben Sie dazu vor Ort jede Menge Gelegenheit. Lokalzeitungen haben viel Einfluss und oft nicht so spannende Themen wie das Buch eines verdienten Mitbürgers. Sprechen Sie frühzeitig die örtliche Buchhandlung an. Das klappt fast immer, wenn Sie ein überzeugendes Konzept haben – wohl eher einen Vortrag mit griffigem Titel als eine Lesung aus dem Buch –, denn auch der Buchhandlung ist an lokaler Vernetzung gelegen, und außerdem spart sie die Reisespesen. Eine regelrechte Lesereise für ein Sachbuch zu organisieren ist aus denselben Gründen sehr viel schwieriger.

Fachkongresse

Auch die Zielgruppe eines Fachbuchs lässt sich persönlich ansprechen: Das Äquivalent zur Nachbarschaftsstrategie ist das wissenschaftliche Dorf, das sich auf Fachkongressen trifft. Es sollte selbstverständlich sein, dass Sie um den Erscheinungszeitpunkt des Buches herum auf jedem nur möglichen Kongress auftreten. Sprechen Sie diese Liste mit dem Verlag ab, damit das Buch dann auch wirklich da ist. Einige Monate vorher lassen sich Produktionspläne noch so gestalten, dass die druckfrischen Bücher zu einem wichtigen Kongress eintreffen. Sie können auch umgekehrt den Anlass zum Erscheinungstermin schaffen: wenn Sie die Ressourcen haben, mit einem eigens organisierten Symposium; zumindest aber mit einer öffentlichen Buchvernissage, die Sie vielleicht an einen Fachkongress anhängen können.

Ich würde solche Auftritte weniger als «Tingeln» ansehen denn als letzte Möglichkeit, das integrale Verständnis der Sache, das Sie durch das Schreiben des Buches erworben haben, noch einmal gründlich auf die Probe zu stellen. Nicht selten ergibt sich aus der Diskussion die entscheidende Idee für das nächste Buch.

Privates Marketing

Die enge Beziehung von Buch und Person macht Fach- und Sachbücher zu idealen Objekten für das, was man neuerdings «Guerillamarketing» nennt. Eine E-Mail, in der Sie begeistert über Ihr neues Buch berichten und zum Besuch einer privaten Website einladen, wird man kaum als Spam ansehen; auch dann nicht, wenn Sie sie an sämtliche Adressen Ihrer Fachgesellschaft verschicken. Die Internetpräsenz eines Buchproduzenten gilt, anders als die eines Produzenten von Zahnpasta, nicht als Werbung, sondern als interessante Selbstdarstellung; und im Gegensatz zu anderen Teilnehmern am Web-2.0-Geschwätz haben Sie etwas Reales vorzuweisen. Bücher verkauft man nicht wie Waschmittel, mit möglichst großem Geldaufwand. Kein bezahlter «Sympathieträger» kann Ihrem Buch Glaubwürdigkeit verleihen. Die «Marke», die Sie mit einem erfolgreichen Buch kreieren, sind Sie selbst.

Erliegen Sie nicht der Versuchung, sich von dem Buch zu distanzieren, sobald es da ist.

Das Buch als Erfahrung

Ich weiß, das sind Ihre Gedanken von vorvorgestern, und vieles würden Sie heute weiser und gelassener formulieren. Deshalb rate ich dringend davon ab, das fertige Buch gleich noch einmal zu lesen. Trotzdem gehört es von nun an zu Ihnen. Unabhängig vom kommerziellen Erfolg finde ich es wichtig, dass Sie sich mit Leib und Seele für das Buch einsetzen, weil es Teil Ihrer Lebensgeschichte ist. Ein Buch ist eine Erfahrung. Irgendwann werden Sie die Strapazen vergessen haben und nur noch danach fragen, ob es die Erfahrung wert war. Sehen Sie die Zeit des Schreibens wie einen beruflichen Auslandsaufenthalt an. Sie werden das Jahr in San Francisco auch nicht in erster Linie danach beurteilen, wie viel Zeit und Nerven es Sie gekostet hat, ob es Ihre Karriere eher gefördert oder verzögert hat und ob es sich finanziell gelohnt hat. Das Buch hat Sie verändert; zumindest wissen Sie nun über ein Thema wirklich Bescheid. Wenn Sie es in zehn Jahren noch einmal lesen, werden Sie erstaunt sein, wie klug Sie damals waren. Nicht nur in den Augen derer, bei denen Sie sich einen Namen gemacht haben, hat das Buch Sie erkennbarer gemacht, auch für sich selbst sind Sie nun um eine Erfahrung reicher.

«Ich habe ein gutes Produkt,
das will ich verkaufen»

Gespräch mit Maja Storch

Dr. phil. Maja Storch ist Psychologin und Psychoanalytikerin. Sie arbeitet als Projektleiterin an der Universität Zürich und leitet das Institut für Selbstmanagement und Motivation Zürich (ISMZ), ein Spin-off der Universität. Sie lebt und schreibt in Aach im Hegau. Von ihren Sachbüchern ist *Die Sehnsucht der starken Frau nach dem starken Mann* das erfolgreichste, aber auch ihre Fachbücher, zuletzt *Ressourcen aktivieren mit dem Unbewussten* (mit Frank Krause), haben für diesen Buchtyp ungewöhnlich hohe Auflagen erreicht.

Im Vorwort Ihres Buches Embodiment *steht: «Dieses Buch ist ein Wagnis.» Wussten Sie, dass es ein Erfolg wird, als Sie damit angefangen haben?*
Wenn ich nicht die Idee gehabt hätte, dass das Buch für viele Leute ziemlich interessant ist, hätte ich es gar nicht gemacht. Ich schreibe nichts, was ich nicht selbst ziemlich interessant finde; ich habe ja auch noch etwas anderes zu tun. Ein Wagnis war es insofern, als hier vier sehr verschiedene Personen aus unterschiedlichen Fachrichtungen zusammengearbeitet haben. Wir haben uns Sitzung um Sitzung mit Begriffsproblemen herumgeschlagen. Aber das sieht man dem Buch nicht mehr an.

Warum haben Sie das auf sich genommen?
Wir haben gesagt, das Thema Embodiment muss man claimen, besetzen, bevor es jemand anderer tut. Das ist wie beim Aktienkauf: Eigentlich ist der Titel eine Wette auf die Zukunft. Wir waren überzeugt, dass dieses Thema kommt, und wir wollten die sein, die für den deutschsprachigen Raum die Ansprechpartner sind. Wir haben alle vier schon viele Jahre daran gearbeitet, auch zu Zeiten, als das an den Universitäten noch Widerstände hervorrief. Wenn jetzt jemand von Embodiment redet, soll es heißen: Da gibt's doch schon dieses Buch.

Wie wird aus so einer Zukunftsvision ein konkretes Buchprojekt?
Erst einmal habe ich eine generelle Publikationsstrategie, und die hat mit meinem Selbstbild zu tun. Ich bin in erster Linie Wissenschaftlerin, in zweiter Linie Psychotherapeutin und Coach. Und ich möchte mich ganz klar von den vielen Scharlatanen im Psychobereich abheben. Was ich erzähle, hat eine wissenschaftliche Fundierung. Deshalb schreibe ich für jedes Thema zuerst eine wissenschaftliche Publikation, auch wenn man damit kein Geld verdient. Aber das ist die seriöse Basis für die nachfolgende populäre Veröffentlichung.

Für beiden Arten von Büchern habe ich meine Stammverlage. Dort gibt es Ansprechpartner, die ich lange kenne, die kann ich mal eben anrufen und sagen: Du, ich habe da eine Idee … Deshalb sind mir feste Lektoren wichtig: Die wissen, was in meinem Hirn los ist, und sie haben auch ihre Nase im Buchmarkt. Ich bleibe Verlagen treu, weil ich dann mit dem Lektorat ein gutes und inniges Vertrauensverhältnis aufbauen kann.

Wenn prinzipiell beschlossen ist, dass ich das Buch machen will, dann lege ich einen Karton an, da steht ein Wort drauf wie «Kommunikation», und dann fliegt über zwei, drei Jahre alles rein, was mir zu dem Thema unterkommt. Irgendwann sichte ich das und fange ernsthaft an, das Buch zu machen.

Brauchen Sie dann eine definierte Schreibphase, oder geht das nebenher?
Ich schreibe es von Anfang bis Ende in einem Stück. Das ist auch ein Grund, warum viele Leute von meinen Büchern sagen, sie haben es bis zum Ende durchgelesen. Was ich ein großes Lob finde, denn bei ganz vielen Büchern bleibt man in der Hälfte stecken. Die Leute fragen immer: Wie viel Zeit brauchst du für ein Buch? Dann sage ich: Geschrieben ist das schnell. Ein Buch denken braucht Zeit. Schreiben tu ich das in acht Wochen.

In acht Wochen?
Das sagen meine Freunde auch immer: Was, in acht Wochen ein Buch schreiben! Dann sage ich: Ja, aber fünf Jahre denken. Die ganze Argumentationslinie muss stehen, wenn ich anfange.

Außerdem sind diese acht Wochen Schreiben nur so etwas, wie wenn Leonardo da Vinci in den Steinbruch geht und sagt, dieser Marmorblock ist es. Das Manuskript nach acht Wochen, dieses ungeordnete Zeug, ist ja beileibe nicht das Buch, sondern das ist erst mein Marmorstein, und dann wird daran rumgearbeitet. Dann geht die Arbeit erst richtig los. Die erste Fassung ist nur der Stoff, aus dem man ein Buch macht.

Wie kann man sich dieses Runterschreiben konkret vorstellen?
Meine acht Wochen Schreibquarantäne sehen immer gleich aus, bis an die Grenze der Zwanghaftigkeit. Das Schöne am Schreiben ist, dass ich zuhause sitzen kann, mit meinen Socken, dem Milchkaffee, meinem schönen Ausblick. Ich schreibe immer auf demselben alten orangen IMac mit Word-irgendwie-uralt, erst später kopiere ich es zum Überarbeiten auf meinen aktuellen Computer. Morgens habe ich meine Primetime, wache freiwillig um 7 oder 8 Uhr auf und hocke mich hin, ohne ein Wort mit meinem Mann zu sprechen, und schreibe. Glücklicherweise arbeitet mein Mann in einem kreativen Beruf und kennt die Eigenheiten. Dann schreibe und schreibe und schreibe ich zwei Stunden am Stück, dann drucke ich's aus, und

dann lasse ich alles fallen, gehe einkaufen, koche. Erst am Nachmittag guck ich mir das an und kritzel darin herum. Und am nächsten Morgen ist der nächste Schub da – pünktlich wie Stuhlgang, wenn Sie das prosaische Bild verzeihen. Diesen Rhythmus müssen Sie finden. Bei meiner Diplomarbeit habe ich mich furchtbar gequält, weil ich dachte, ich müsste acht Stunden am Schreibtisch sitzen.

Und dann, wenn die Rohfassung fertig ist?
Dann verschicke ich das gleich an meine Testleser. Ich habe dafür eine Hausfrauenmetaphorik. Ich sage immer, das muss abhängen. Ich selber bin nach dem Schreiben betriebsblind, ich kann es nicht mehr einschätzen. Dann sag ich: Das musst du liegenlassen wie ein gutes Steak. Du musst es vergessen, und nach vier Wochen kannst du es wieder lesen, dann bist du wie ein neutraler Leser, der das zum ersten Mal liest. Wenn ich bis dahin zwei, drei Feedbacks habe, dann kann ich die einarbeiten. Das Ganze muss zwei-, drei-, vier-, fünfmal stattfinden. Darum braucht die Überarbeitungsphase sicher noch einmal ein halbes Jahr.

Und wenn das Buch erschienen ist? Gefällt Ihnen das, dafür Werbung zu machen, über die Kongresse zu tingeln?
Sehen Sie: Schon dass Sie «tingeln» sagen, das hat so etwas Verächtliches, anstatt dass man stolz ist auf sein Produkt. So denken viele Wissenschaftler. Dabei haben sie nur Angst. In der Wissenschaft herrscht ein Klima der Angst. Man schottet sich ab mit einer Geheimsprache, weil man fürchtet, wenn man die Theorien auf einfach übersetzt, bleibt nichts übrig als heiße Luft. Ungeheure Streitigkeiten zwischen psychologischen Lehrmeinungen beruhen einfach darauf, dass zwei Leute für dieselbe Sache verschiedene Begriffe nehmen und nicht bereit sind, sich verständlich zu machen.

Sie sind dazu bereit, sich verständlich zu machen?
Schließlich werden wir von den Leuten bezahlt. Die Gesellschaft bezahlt für die Wissenschaft, weil sie sich davon einen Profit erhofft. Also sind wir verpflichtet, unsere Erkenntnisse in irgendeiner Weise verbraucherkonform aufzubereiten und wiederzugeben.

Interessanterweise begegnen mir aus wissenschaftlichen Kollegenkreisen keine Vorwürfe. Die freuen sich eher, wenn meine Bücher verständlich sind, weil sie dann auch in der Lehre benutzt werden können.

Nur manchmal muss sich jemand profilieren. Ich erinnere mich an eine Rezension meines bewusst populären Sachbuchs *Das Geheimnis kluger Entscheidungen.* Da stand: «Man erfährt wissenschaftlich nichts Neues.» Das ist so, als ob ein Tester von Gault-Millau in die Pizzeria geht und da mit gerümpfter Nase sitzt. Das hat mich geärgert.

Aber Sie gehen immer wieder raus. Wie kommt man über diese Schwelle hinweg?
Ich habe in dieser Beziehung sehr hart an mir gearbeitet. Ich hatte zwei Schlüsselerlebnisse. Das eine war ein Gespräch mit einem hohen Manager von Coca-Cola über das Schreiben. Der hat ganz kühl gesagt: Was Sie brauchen, ist Marketing! Ich war entsetzt. Ich mache doch Wissenschaft. Dabei hat der Mann völlig recht. Ich will etwas verkaufen, nämlich meine Gedanken. Und ich bekomme nur dann einen Verkaufserfolg, wenn ich mir Gedanken über Marketing mache.

Sie wollen auch Bücher verkaufen.
Das ist auch ein Tabu. Die typische psychische Haushaltslage eines schreibenden Menschen ist doch: Entweder verdiene ich Geld, dann ist das Prostitution, oder ich bleibe ehrenwert, aber arm. Pecunia olet. Erst bei meinem zweiten Buch kam mir der Gedanke: Schreiben musst du sowieso, dann kannst du damit auch Geld verdienen.

Das zweite Schlüsselerlebnis war Dieter Bohlen. Sie erinnern sich, der hat von seiner Autobiografie in einem halben Jahr 300 000 Exemplare verkauft, und war Thema Nr. 1 auf der Buchmesse. Ich habe mich so aufgeregt: Ein Arnold Stadler muss von seinem Büchner-Preis vier Jahre leben, und der verdient mit diesem Schrott Geld. Und stellt sich auch noch breit grinsend hin und sagt, andere mögen bessere Schriftsteller sein, aber die sollen ihm erst einmal die 300 000 Exemplare nachmachen.

Furchtbar.
Ja, nur bin ich auch Psychotherapeutin. Ich weiß, wenn sich jemand so furchtbar aufregt wie ich über diesen Bohlen, der mir doch egal sein könnte, dann hat das etwas mit mir selbst zu tun. Dieter Bohlen war für mich das, was Jung «Schatten» nennt. Mit diesem Schatten musste ich mich auseinandersetzen. Was für mich herauskam, war ein sehr erfreulicher Gedanke: Wenn ich mich dem stelle, dass auch ich etwas verkaufen will, dann heißt das doch nicht, dass ich auf einer Stufe mit Dieter Bohlen stehe. Ich schreibe ja keinen Schrott. Ich habe ein gutes Produkt gemacht, und das will ich jetzt verkaufen. Ich kann mit Qualität Geld verdienen. Ich kann mir sagen: Ich bin wie Porsche. Ich mache sehr gute Qualität, und damit verdiene ich auch gutes Geld.

Anhänge

Anhang 1: Autorenfragebogen

Verlag Hans Huber

Autorenfragebogen / Exposee

1. Wer ist der Autor/die Autorin?

- Privat-/Dienstanschrift, Telefon, Fax, E-Mail; bevorzugte Korrespondenzadresse
- berufliche Qualifikationen, Titel, aktuell ausgeübte Tätigkeit
- bereits veröffentlichte Bücher

2. Wie sehen Inhalt, Aufbau und Gestalt Ihres geplanten Buches aus?

- **Haupttitel**, **Untertitel**, ggf. alternative Titelvorschläge
- **Kurzbeschreibung** des geplanten Buches (Klappentext von ca. 10 Zeilen)
- **Gliederung/Inhaltsverzeichnis** des Buches, ggf. Kapitelautoren
- **Umfang** (Seiten, Zeichenzahl)
- evtl. Textprobe
- Art des Buches (Lehrbuch, Praxisleitfaden, Handbuch, Nachschlagewerk, Forschungsstudie etc.)
- ggf. wiederkehrende Text- und Bildelemente
- Ausstattung (Farbigkeit, Zahl der Abbildungen, Fotos, Infografiken), besondere Formatwünsche, Bindung (Hardcover/Softcover)
- Vorschläge für Umschlagabbildung
- anzustrebender Ladenpreis
- Vorschläge zur Finanzierung durch Dritte, z.B. Druckkostenzuschuss, Festabnahme

3. Für wen schreiben Sie dieses Buch? Warum ist es notwendig?

- Wer wird voraussichtlich Ihr Buch kaufen? Zielgruppe im engeren Sinne, Bedeutung der Zielgruppen in Reihenfolge geordnet, Zielgruppengröße
- Fragen, auf die Ihr Buch Antworten gibt, besondere Stärken, Nutzen für die Zielgruppe
- Verkaufsargumente: Was bietet Ihr Buch, was andere nicht haben?

4. Welche Bücher können für Ihr Buch eine Konkurrenz darstellen?

- Ist Ihr Buch einzigartig auf dem Markt? Wenn ja: Warum wurde das Thema nicht schon früher besetzt? Wenn nein: alle Konkurrenzwerke auflisten.
- In welchen Punkten wird sich Ihr Buch von Konkurrenzwerken unterscheiden?
- Warum denken Sie, dass Ihr Buch besser ist als die Konkurrenz?

5. Wie stellen Sie sich den Ablauf vor?

- Wann können Sie realistischerweise das vollständige Manuskript Ihres Buches liefern?
- Wo bestehen Unwägbarkeiten (z.B. Koautoren)?
- Sind Sie in der Lage, druckfertige Vorlagen (pdf-Datei) zu erstellen, oder bekommen wir von Ihnen unformatierte Texte?
- Streben Sie einen bestimmten Erscheinungstermin an (z.B. Tagung)?

6. Wie können wir gemeinsam den Verkauf des Buches fördern?

- Werden Sie weiter zu diesem Thema publizieren? Haben Sie die Möglichkeit, sich mit dem Buch als Experte für das Thema zu positionieren?
- Haben Sie Gelegenheit, auf Kongressen o.ä. aufzutreten, Prospekte und Flyer zu verteilen oder Folien Ihres Buches zu zeigen?
- Auf welchen Tagungen und Kongressen im Jahr nach dem Erscheinen sollte Ihr Buch gezeigt werden?
- Wird Ihr Buch in Aus-, Fort-, Weiterbildung oder Studium eingesetzt? Wo genau?
- Berufsverbände, wissenschaftliche Gesellschaften oder Zielgruppen, für die Ihr Buch im engeren Sinne von Interesse sein könnte (Anschriften, Mitgliederzeitschriften)
- Multiplikatoren, Meinungsbildner auf Ihrem Gebiet
- wichtige Fachzeitschriften in Ihrem Gebiet, Redaktionskontakte, mögliche Rezensenten
- Journalistenkontakte, Zeitungen, Rundfunk und Fernsehen

www.verlag-hanshuber.com

HUBER

Anhang 2: Beispiel für ein Exposé

S. 1 Anschreiben (möglichst persönlich an Lektor):
ich möchte Ihnen ein Buch vorschlagen über … (Grobthema)
warum bei diesem Verlag? ähnliche Titel, evtl. Reihe
was für eine Art Buch, für wen? Erklärung des Themas
was leistet das Buch? was ist seine Hauptthese? auf den folgenden Seiten finden Sie Angaben zum Titel und zur Gestalt des Buches sowie zu Zielgruppe und Markt und zu den Autoren; selbstverständlich bin ich für Modifikationen offen
Sie erreichen mich jederzeit unter …

S. 2 Titelvorschlag, evtl. Alternativen, ggf. Untertitel
Klappen- bzw. Werbetext (max. 10 Zeilen)
das gesamte Manuskript wird maximal … Zeichen haben, plus … Abbildungen und … Tabellen, woraus sich ein Umfang von höchstens … Druckseiten ergibt
Ausstattungswünsche: Farbigkeit, Bindung, besonderes Format? Idee zur Umschlaggestaltung (Corporate Design des Verlages beachten!)
ich stelle mir einen Ladenpreis im Bereich von € … vor
(wenn eine Fremdfinanzierung nötig sein wird) eine Festabnahme von … Exemplaren durch … ist wahrscheinlich; ein Zuschuss ist verhandelbar; ab dem …ten Exemplar erwarte ich ein Honorar
ich werde bis spätestens … das Buch als (pdf-Datei oder unformatierter Text) fertigstellen und stelle mir das Erscheinen zum … vor (Anlass)

S. 3 Inhaltsverzeichnis (oberste Ebene, ggf. mit Erläuterungen)

S. 4 Hauptzielgruppe des Buches ist … (genaue Beschreibung, Größe)
ich stelle mir vor, dass dieses Buch das Problem löst, … (Nutzen des Buchs für Hauptzielgruppe)
vergleichende Auflistung der Konkurrenzwerke: was hat mein Buch, was andere nicht haben?

S. 5 Autoren oder Herausgeber
Korrespondenzanschrift, Telefon, E-Mail
Tätigkeit, Schwerpunkte
relevante Vorveröffentlichungen
geplante weitere Tätigkeit und öffentliche Auftritte mit Bezug zum Thema
wichtige Mitautoren, Geleitwort, Empfehlungen?

S. 6 Textprobe (maximal ein Kapitel)

Anhang 3: Grundlagen des Urheberrechts

Nach Auffassung der deutschsprachigen Urheberrechtsgesetze entsteht das Urheberrecht durch eine «**persönliche geistige Schöpfung**» und nicht durch eine besondere Willenserklärung. An dem Werk muss etwas neu sein (und sei es die neue Zusammenstellung längst bekannten Wissens), Sie müssen sich etwas dabei gedacht haben, und es muss Ihnen als Person zuzuordnen sein – das genügt. Anders als das Patentrecht oder das Markenschutzrecht verlangt das Urheberrecht keine besondere Erklärung von Ihrer Seite. Ob Sie Ihre geistige Schöpfung überhaupt schon zu Papier gebracht haben, spielt allenfalls für die Beweisbarkeit eine Rolle. Die Tatsache, dass Sie jemandem Ihren Text auf Papier oder in Datenform zugeschickt haben, gibt dieser Person keinerlei Rechte über den Text. Sie können also ohne Bedenken Manuskripte an Verlage schicken. Umgekehrt haben Sie nicht das Recht, einen Text oder ein Bild zu verwenden, nur weil Sie es scheinbar herrenlos im Internet finden.

Im deutschen Urheberrecht gibt es gewisse Rechte, die Sie auch durch Verträge niemals abtreten können (**Urheberpersönlichkeitsrecht**). Dazu gehört die letztliche Entscheidung darüber, ob überhaupt und in welcher Form das Werk erscheinen soll. In unserer hektischen Zeit wird man von Ihnen nur noch selten eine förmliche Erklärung (Imprimatur) verlangen; z. B. die Rücksendung eines letzten Abzuges ohne weitere Korrekturen reicht als Zeichen Ihres Einverständnisses. Außerdem können Sie und nur Sie entscheiden, ob und wie Ihr Name genannt werden soll. Werden mehrere Urheber genannt, muss die Reihenfolge (falls nicht alphabetisch) den Beitrag an «persönlicher geistiger Schöpfung» wiedergeben; «Ehrenurheberschaften» sind unzulässig.

Mit der «persönlichen geistigen Schöpfung» erhalten Sie automatisch ein umfassendes und ausschließliches **Nutzungsrecht** bzw. **Verwertungsrecht** (soweit damit Geld zu verdienen ist) an Ihrem Werk. Daraus können Sie bestimmte einzelne Nutzungs- und Verwertungsrechte durch Vertrag an einen Anderen abtreten. Es gilt nur das, was ausdrücklich und konkret genannt ist; alle anderen möglichen Nutzungsrechte verbleiben beim Urheber. Deshalb enthalten Verlagsverträge meist ellenlange Passagen, in denen jede nur irgend denkbare Nutzungsform geregelt ist. Besonders die neuen Medien, bei denen ja noch niemand weiß, in welcher Form man mit ihnen Geld verdienen wird, haben den Verlagsjuristen erhebliche Kopfschmerzen bereitet. Ein Streit um solche Paragrafen lohnt sich nur, wenn Sie schon konkrete Vorstellungen von Nutzungsrechten haben, die Sie sich vorbehalten wollen.

Dieses umfassende Urheberrecht ist allerdings beschränkt durch gewisse **Rechte der Allgemeinheit.** So muss ein Politiker es sich gefallen lassen, dass seine öffentlich gehaltene Rede in der Zeitung abgedruckt wird; nicht aber das, was er im privaten Kreis gesagt hat.

Das wichtigste dieser einschränkenden Rechte ist das **Zitatrecht.** Sie dürfen fremde Werke «in einem durch den Zweck gebotenen Umfang» zitieren. Anders als viele glauben, gibt es also keine absolute Obergrenze für die Länge eines Zitates. Das Zitat muss nur vier Bedingungen erfüllen:

- Es muss als Beleg verwendet sein, d. h. aus dem, was Sie vorher und nachher schreiben, muss hervorgehen, zu welchem Zweck Sie dieses Zitat anführen.
- Es muss als Zitat kenntlich gemacht sein, z. B. durch Anführungszeichen, durch Kursivierung oder durch Einrücken.
- Es darf nicht verändert sein. Auslassungen, erläuternde Hinzufügungen und veränderte Formen müssen gekennzeichnet sein, üblicherweise durch eckige Klammern. Bei kurzen Zitaten muss man darauf achten, dass ihr Sinn nicht dadurch entstellt wird, dass sie aus dem Zusammenhang gerissen sind.
- Die Quelle muss so genannt sein, dass man sie wiederfinden und ggf. vergleichen kann.

Ein anderes wichtiges Allgemeinheitsrecht ist das Recht, für Wissenschaft, Unterricht oder den Privatgebrauch kleine Teile eines Werkes zu **kopieren**. Ausgeschlossen ist das Kopieren ganzer Bücher oder Zeitschriften und von Noten und Computerprogrammen. Bei diesen und anderen weit gestreuten Kleinstvervielfältigungen übernimmt die Vergütung eine «Verwertungsgesellschaft», die z. B. von Hersteller und Betreiber eines Kopiergerätes Gebühren einzieht.

Das Urheberrecht überlebt den Urheber und geht auf seine Erben über. In der Regel erlischt es siebzig Jahre nach dem Tod des Urhebers.

Anhang 4: Gestaltung druckfertiger Vorlagen

Ich verwende hier bewusst die üblichen Setzerausdrücke, damit Sie sich leichter mit dem Verlag verständigen können. Sie sind im Glossar erklärt.

Es ist viel ökonomischer, jeden Arbeitsschritt durch das ganze Dokument durch zu vollziehen, als zu versuchen, nacheinander jedes einzelne Kapitel perfekt zu gestalten.

1. Voraussetzungen

Der Text liegt in einer Datei vor, vollständig und korrekturgelesen, weitgehend unformatiert, aber alle Sonderteile (Überschriften, Einrückungen, Aufzählungen etc.) sind mit Formatvorlagen markiert. (Ein einfacher Test, ob das überall durchgeführt ist: Ersetzen Sie mit «bearbeiten – ersetzen» nacheinander jede vorgesehene Formatvorlage durch Nichts; dann muss der ganze Text verschwinden.) Im Text kommen keine Leerzeilen oder Tabulatorschritte vor.

Alle Tabellen, Abbildungen usw. liegen getrennt vom Text vor und sind im Text mit Nummern erwähnt.

Vom Verlag liegen detaillierte Anweisungen zur Gestaltung vor.

2. Flächen

Richten Sie den vom Verlag genannten **Satzspiegel** ein, d. h. die maximal bedruckbare Fläche, indem Sie die Seitenränder in Ihrem Dokument entsprechend festlegen. Die Papiergröße und die Ausrichtung der Seiten auf dem Papier ist irrelevant, da der Drucker die Seiten ohnehin auf einem großen Druckbogen anordnen muss. Drucken Sie zum Nachmessen eine Seite 1 : 1 aus, die nur mit Text in Grundschrift und Blocksatz bedeckt ist.

Denken Sie ab jetzt in **Doppelseiten**, denn das ist die Einheit, die Leser eines Buches vor sich haben: links eine gerade Seite, rechts eine ungerade. «Außen» heißt also auf geraden Seiten links, auf ungeraden rechts. Seitenzahlen, kleine Bilder, Marginalien usw. müssen immer außen stehen, also auf geraden und ungeraden Seiten unterschiedlich.

Entscheiden Sie, ob Sie einen **Kolumnentitel** (Kopfzeile) einrichten wollen. Wenn ja, kommt die **Pagina** (Seitenzahl) dorthin, immer ganz nach außen. Den Rest des Kolumnentitels können Sie differenziert nutzen; bei Fachbüchern z. B.: links außen Pagina, links innen übergeordnete Gliederungseinheit (Teil oder Hauptkapitel), rechts innen untergeordnete Gliederungseinheit (Kapitel oder Unterkapitel), rechts außen Pagina. Ohne Kolumnentitel steht die Pagina am besten unten ganz außen, knapp unterhalb der Satzspiegelgrenze.

Eine symmetrische Gestaltung (Pagina in der Mitte, Überschriften zentriert) eignet sich nur für Belletristik, Geschenkbücher u.ä., nicht für Fach- und Sachbücher.

Legen Sie die **Spaltenzahl** fest. Eine Spalte darf nie breiter sein als 80 Zeichen, sonst findet man beim Zurückspringen die Zeile nicht wieder. Wenn Sie **Marginalien** verwenden wollen (schwierig in Word), dann legen Sie auch die Breite der Marginalienspalte fest.

Legen Sie den Ort jeder möglichen senkrechten Linie fest, die sich aus der Anordnung des Textes optisch ergeben könnte. Meist genügt eine einzige **Einzuglinie** für erste Zeilen, Aufzählungen und eingerückte Zitate. Das korrekte Maß dafür ist das «Geviert»: so viel waagerecht einziehen, wie eine Zeile senkrecht (von Grundlinie zu Grundlinie) hoch ist.

3. Schriften

Legen Sie für Ihre Standard-Formatvorlage, die Sie für den ganzen Fließtext benutzt haben, die vom Verlag vorgeschlagene **Grundschrift** fest. Nehmen Sie dafür keine exotischen Schriften und auf jeden Fall eine Serifenschrift. Denken Sie daran, dass im Buchdruck die Buchstaben viel schärfer erscheinen als im Computerausdruck, also auch kleiner sein dürfen. Für alles, was kleiner als die Grundschrift sein soll, also Fußnoten, Literaturlisten, Marginalien, evtl. eingerückte Zitate und Legenden, legen Sie einen (einzigen) **kleinen Grad** fest, meist 2 Punkt kleiner als die Grundschrift.

Experimentieren Sie mit dem **Durchschuss** (Zeilenabstand). Richtig ist der kleinste Abstand, bei dem das Auge die Zeile noch mühelos halten kann; d. h. je größer die Schrift und je breiter die Spalte, desto größer muss der Durchschuss sein. Word macht es keineswegs immer richtig; oft passt ein Abstand von 1,1–1,2 Zeilen besser.

Legen Sie die Schriftgrößen der **Überschriften** fest. Hier sind Groteskschriften sinnvoll. Die einzelnen Überschriftenebenen müssen sich um mindestens 2 Punkt unterscheiden, besser mehr. Die unterste Überschriftenebene kann auch in Grundschrift fett sein.

Verwenden Sie **abweichende Schriften** im Text höchst sparsam, evtl. für Abbildungsverweise. Kontrollieren Sie, ob im ganzen Dokument die **Auszeichnungen** einheitlich verwendet sind: fett zur Gliederung (Schlüsselwörter), kursiv zur Betonung.

Gehen Sie alle **Sonderzeichen** durch, insbesondere:

- Anführungszeichen: nur eine Form des Anführungs- und eine dazu passende des Schlusszeichens
- Gedankenstriche – wie Sie hier sehen, ist das ein langer Strich mit Raum davor und dahinter – im Unterschied zu Wortwiederholungs- und Binde-Strichen und «bis» (3–4 mg)

- Abstände vor Einheiten (15 %), zwischen d. h., Dr. med. o. ä., vor / nach Schrägstrich. Da das korrekte Maß eines halben Wortabstands (Spatium) in Word nicht einzugeben ist, müssen Sie hier selbst eine einheitliche Lösung finden, am besten geschütztes Leerzeichen.

4. Leerräume und Textanordnung

Legen Sie die **Leerräume** (Abstände) oberhalb und unterhalb der verschiedenen Überschriften fest, und entscheiden Sie, was beim direkten Aufeinanderfolgen verschiedener Überschriftenebenen passieren soll. Je größer eine Überschrift, desto mehr Raum muss oberhalb von ihr sein. Nahe beieinander stehende Leerräume müssen sich deutlich unterscheiden: etwa der Autorname näher bei der Kapitelüberschrift als beim Textanfang; eine Zwischenüberschrift näher beim folgenden als beim vorangehenden Text; wenn auf eine Überschrift 2. Grades eine 3. Grades und dann Text folgt, dann werden die drei Leerräume nach unten hin immer kleiner. Arbeiten Sie das für das ganze Dokument durch, bis alle vertikalen Abstände zwischen allen Textteilen stimmen (auch Leerzeilen vor und nach Einrückungen u. ä.). Nehmen Sie dabei noch keine Rücksicht auf den Seitenumbruch. Sehen Sie im Zweifelsfall immer mehr Leerraum vor, anstatt zu quetschen.

Entscheiden Sie, welche Textteile **Blocksatz** sein sollen, meist der ganze Fließtext. **Flattersatz** ist sinnvoller für Überschriften, Legenden, Texte in Kästen und schmale Spalten.

Ziehen Sie die **erste Zeile** jedes Fließtext-Absatzes ein (nicht sinnvoll in schmalen Spalten, etwa beim mehrspaltigen Satz). Heben Sie das wieder auf (z. B. durch eine Formatvorlage «Stumpf») bei allen Absätzen, die auf Leerräume folgen, also etwa nach Überschriften oder eingerückten Zitaten.

Führen Sie nun die **Silbentrennung** durch. Wenn Sie ein automatisches Trennprogramm benutzen, gehen Sie den ganzen Text durch auf:

- Löcher durch unzureichende Trennung, z. B. von Fremdwörtern
- zu große Häufung von Trennungen (mehr als drei Trennstriche untereinander)
- Trennung von Wörtern, die nicht getrennt werden sollen, etwa Eigennamen.

Jetzt ist der ganze Text optisch perfekt, enthält aber noch keine Tabellen und Abbildungen.

5. Tabellen und Abbildungen

Bringen Sie die Tabellen und Abbildungen auf Spaltenbreite. Passen Sie alle Schriften in Tabellen und Abbildungen so an, dass nur eine Schriftart in maximal drei Schriftgrößen vorkommt. Gestalten Sie Tabellen einheitlich, mit ähnlichen Spaltenbreiten und gleichen Arten von Linien (z. B. Kopf-, Hals- und Fußstrichen, ohne Umrahmungen). Damit Infografiken aus verschiedenen Programmen gleich aussehen, empfiehlt es sich, sie in einem professionellen Programm nachzubauen. Überprüfen Sie die Auflösung: bei Halbtonbildern sollten es mindestens 300 dpi sein, bei Strichzeichnungen und Infografiken mindestens 900 dpi, besser 1200 dpi. Achten Sie darauf, dass sich Rasterflächen deutlich unterscheiden.

Fügen Sie oberhalb der Tabellen, aber unterhalb der Abbildungen die Legende ein.

6. Umbruch

Beginnen Sie Kapitel mit einer neuen Seite, Teile/Hauptkapitel sogar mit einer neuen rechten (ungeraden) Seite. Erkundigen Sie sich beim Verlag nach der Paginierung der Titelei; meist zählt das Inhaltsverzeichnis als S. 5, und der Text beginnt auf S. 7.

Fügen Sie die Tabellen und Abbildungen in der Nähe ihrer ersten Erwähnung im Text ein. «In der Nähe» heißt möglichst auf derselben Doppelseite, im Idealfall nach der Erwähnung, d. h. weiter unten oder weiter rechts, aber nicht nach einer neuen Überschrift. Schieben Sie die Tabellen und Abbildungen an den oberen oder unteren Rand der Seite, und lassen Sie mindestens drei Zeilen Leerraum zum Text.

Jetzt, aber erst jetzt, können Sie für einzelne Stellen Bastel-Lösungen suchen. Versuchen Sie klare Flächen zu erzeugen, z. B. gleiche Untergrenzen der Spalten. Vermeiden Sie Hurenkinder und wenn möglich auch Schusterjungen. Fügen Sie immer nur zusätzlichen Leerraum hinzu oder kürzen Sie den Text; versuchen Sie nicht etwas noch hinzuquetschen. Manchmal muss man mehrere Seiten neu umbrechen, um einen guten Rhythmus zu bekommen.

7. Datenübermittlung

Druckbetriebe können mit Word nichts anfangen. Sie verwenden die Seitenbeschreibungssprache PostScript. Ein komfortableres Format zur Übermittlung von Druckdaten ist pdf; mit dem Acrobat Reader von Adobe können Sie pdf-Dateien am Bildschirm überprüfen. Benutzen Sie ein professionelles Programm zur pdf-Erstellung, bei dem Sie einstellen können, dass alle verwendeten Schriften eingebettet werden. Sicherheitshalber sollte sich der Drucker ein Probe-pdf ansehen. Eine pdf-Datei eines ganzen Buches ist etliche MB groß, sollte also auf einer CD verschickt werden.

Anhang 5: Glossar der Verlagssprache

Abbildung
jedes →Strukturelement, das einen grafischen Anteil enthält, also auch eine →Tabelle mit Pfeilen o.ä.; man unterscheidet →Halbton- und →Strichabbildungen; →Legende

Abzug
= →Korrekturabzug

Andruck
der Druck eines →Bogens mit der richtigen Druckmaschine auf dem Originalpapier des Buches; teuer, aber die einzige Methode, die Wirkung von Abbildungen exakt zu bestimmen; →Korrekturabzug, →Proof

Antiquariat
ursprünglich ein Handel mit alten Büchern; inzwischen werden auch nicht verkäufliche Fach- und Sachbücher routinemäßig «Modernen Antiquariaten» angeboten, Buchhändlern, die auf den verbilligten Verkauf (→Ramsch) druckfrischer Bücher spezialisiert sind

Auflage
1. die Zahl von Büchern, die auf einmal gedruckt werden
2. alle diese Bücher zusammen plus alle →Nachdrucke, die die gleiche →ISBN tragen (eine «unveränderte zweite Auflage» unterscheidet sich also von der ersten mindestens durch die ISBN und evtl. den Umschlag)

Ausgabe
im Unterschied zu →Auflagen sind Ausgaben unterschiedliche Formen eines Buches, die nebeneinander existieren können, etwa eine →Hardcover- und eine →Taschenbuchausgabe oder Ausgaben in verschiedenen Sprachen

Auszeichnungen
eigentlich alle Hinweise zur →Gestaltung, die die →Herstellung an einem →Manuskript vornimmt; im engeren Sinn Schriftänderungen wie *kursiv*, →**halbfett,** →Kapitälchen oder →VERSAL

Autor
wer ein Buch geschrieben hat; meist identisch mit →Urheber, da der Begriff «Autor» aber nicht juristisch definiert ist, der Name, der auf

dem →Titel (1) steht, auch wenn das nicht der Urheber ist; →Ghostwriter, →Herausgeber

Belegexemplar
1. ein →Exemplar, das →Autoren oder andere Mitarbeiter an dem Buch vom →Verlag gratis erhalten
2. ein →Exemplar einer Zeitschrift, in der eine →Rezension erschienen ist, für den Verlag des rezensierten Buches

Belletristik
«schöngeistige Literatur», Romane, Erzählungen, Gedichte und dergleichen; hat nichts mit trist zu tun, sondern mit «belles lettres», dem «schönen Geschriebenen»

Blocksatz
ein Text, dessen Wortzwischenräume etwas vergrößert sind, damit die Zeilenenden genau untereinander stehen und eine ruhige Textfläche entsteht; Silbentrennungen müssen genau überprüft werden, damit die Löcher zwischen den Wörtern minimiert werden; nicht geeignet für kleine Textmengen und schmale Spalten; Ggs. →Flattersatz

Bogen
Bücher werden meist auf Papier gedruckt, das 16- oder 32-mal so groß ist wie das →Format des Buches; damit die Seiten nach dem vier- bzw. fünfmaligen Falten richtig hintereinander liegen, müssen sie nach einem komplizierten Schema auf dem Bogen verteilt werden

broschiert (br.)
= →kartoniert

Buch
ein Wort, das im Verlagsjargon selten benutzt wird, weil es zu vieldeutig ist; kann bedeuten →Werk, →Manuskript, →Titel (2), →Pappband oder →Exemplar, aber auch Teil einer Zeitung

Buchrücken
nicht die Rückseite des Buches, sondern die schmale Seite, an der es gebunden ist; trägt meist eine Kurzfassung von →Autor und →Titel (1)

Buchvernissage
Fest zum Erscheinen eines neuen Buches

Copy Editing
= →Redaktion = →Lektorat (2); «copy» heißt auf Englisch nicht nur Kopie, sondern auch einfach Text

Copyright
englischer Begriff für →Urheberrecht, unterscheidet sich aber dadurch, dass es angemeldet werden muss (©-Zeichen) und nicht nur einem →Urheber, sondern auch einem →Verlag zukommen kann

dpi
Dots per Inch, →Rasterpunkte pro Zoll

Durchschuss
Zeilenabstand

Einzug
eine gedachte Linie, an der z. B. die erste Zeile eines Absatzes oder eine Aufzählung links beginnt; das traditionelle Maß ist das →Geviert

Exemplar (Ex.)
das einzelne Buch, im Unterschied zum →Titel (2)

Exposé
Buchvorschlag an →Verlage

Fachbuch
ein Buch, das sich an Menschen mit einer bestimmten Berufsausbildung wendet; dazu gehören auch →Lehrbücher, →Qualifikationsschriften und →Praxisanleitungen

Fadenbindung
das Zusammennähen der gefalteten →Bogen auf der Seite des →Buchrückens; haltbarer als →Klebebindung

Fahne
ursprünglich ein →Korrekturabzug, der nur den Text und noch nicht Abbildungen und Tabellen enthielt, damit der →Umbruch (1) erst nach der Korrektur gemacht werden musste; heute nur noch = →Korrekturabzug

Flattersatz
ein Text mit definierten Wortzwischenräumen, geeignet für kleine Textmengen und schmale Spalten; Ggs. →Blocksatz

Fließtext
die Hauptmenge des Texts, die unverschieblich die Spalten füllt

Format
die Gesamtgröße einer Buchseite, d. h. →Satzspiegel plus unbedruckte Ränder; da über die Größe eines Buches heute unter →Marketing-Gesichtspunkten entschieden wird und nur noch eine lose Beziehung der vielen Formate zu der Größe von Papier-→Bogen besteht, sind alte Formatangaben wie «Folio» oder «Quart» überholt

gebunden (gb.)
ein Buch mit festem →Umschlag, der mit dem übrigen Buch nur durch ein angeklebtes Blatt verbunden ist, während der →Buchrücken sich frei wölben kann; = →Hardcover, →Pappband, Ggs. →kartoniert

General Interest
→Sachbücher, die Interessen befriedigen, die wir alle haben dürften; Ggs. →Special Interest

Gestaltung
alles, was eine fertige Seite von einem mit Schreibmaschine geschriebenen →Manuskript unterscheidet; = →Satz; englisch «format», aber der Ausdruck «Formatierung» ist verpönt, weil Microsoft Word darunter typografischen Unsinn versteht

Geviert
eine um 90 Grad gedrehte Zeilenhöhe, d. h. der Abstand zwischen →Grundlinie und Grundlinie, waagerecht aufgetragen

Ghostwriter
der →Urheber eines Texts, der gegen Geld auf die Nennung des eigenen Namens verzichtet, damit jemand anders sich als →Autor bezeichnen kann

Glossar
das hier: eine Liste mit Begriffserläuterungen

Groteskschrift
eine Schrift, deren Buchstaben keine «Füßchen» haben; geeignet für kleine Textmengen wie etwa Überschriften; Bsp. Helvetica, Frutiger, Univers oder Arial; Ggs. →Serifenschrift

Grundlinie
die gedachte Linie, auf der die meisten Buchstaben stehen (außer g, p, q und y)

Grundschrift
die Schriftart und -größe, die den Hauptanteil des →Fließtexts ausmacht

Gut zum Druck (GzD)
1. das Einverständnis des →Urhebers, dass das Buch so gedruckt werden kann
2. der Auftrag von →Lektorat und →Herstellung an die Druckerei, wenn sie mit diesem Einverständnis auch einverstanden sind; = →Imprimatur

halbfett
korrekte Bezeichnung für das, was in Word fett heißt (es geht noch fetter); →Auszeichungen

Halbtonabbildung
jede →Abbildung, die →Raster, d. h. verschiedene Grau- oder Farbtöne enthält, im Unterschied zur →Strichabbildung

Handbuch
ein Mehrautorenbuch, das den Anspruch erhebt, ein großes Thema in seiner ganzen Komplexität systematisch abzuhandeln; →Herausgeber, →Sammelband

Hardcover
= →gebunden; bei Belletristik, wo die →Taschenbuchverwertung gleich mit geplant ist, die teure Erstausgabe

Herausgeber (Hrsg.)
im →Urheberrecht, wer aus den Beiträgen einzelner →Urheber etwas neues Gemeinsames schafft; Organisator und wichtigster →Autor eines Mehrautorenwerks (→Lehrbuch, →Handbuch oder →Sammelband); verwirrenderweise heißt im Englischen «editor» sowohl Herausgeber als auch →Lektor

Herstellung
die Abteilung eines →Verlages, die den Kontakt zu →Satz (2) und Druckerei herstellt und Anweisungen für →Gestaltung (→Auszeichnungen) und Druck erteilt

Honorar
das Geld, das der →Urheber erhält; selten eine Pauschale, meist ein Prozentsatz vom →Ladenpreis, vom →Nettoladenpreis oder vom →Verlagserlös der im Vorjahr verkauften →Exemplare

Hurenkind
die letzte unvollständige Zeile eines Absatzes, die alleine oben auf der neuen Seite steht: «ein Hurenkind weiß nicht, wo es herkommt»; →Schusterjunge

Imprimatur
lat. «es möge gedruckt werden»; alte Bezeichnung für →Gut zum Druck

ISBN
International Standard Book Number, eine international vereinbarte Nummerierung, um jeden in einem →Verlag erschienenen →Titel (2) und jede →Auflage (2) zu identifizieren; seit 2007 identisch mit dem EAN-Code auf allen möglichen Waren, besteht seither aus: 978 für «Buch» – Sprachnummer (3 = dt., 0 = engl.) – Verlagsnummer (345 für den Verlag dieses Buches) – verlagsinterner Nummer (84521 für dieses Buch) – Prüfziffer

Kapitälchen
KLEINE UND GROSSE GROSSBUCHSTABEN; wirken heute veraltet

kartoniert (kt.)
ein Buch, das nur einen angeklebten →Umschlag aus Karton hat; die korrekte Bezeichnung für das, was viele Leute →Taschenbuch nennen; = →broschiert, Ggs. →gebunden

Kasten
umrahmter Text; meist im →Umbruch gegenüber dem Haupttext frei verschieblich; →Strukturelemente

Klappentext
eigentlich der Text auf den eingefalteten Enden eines →Schutzumschlags; meist auch für den Werbetext auf der Buchrückseite gebraucht; →Umschlag

Klebebindung
das Verkleben der gefalteten →Bogen auf der Seite des →Buchrückens; billiger, aber weniger haltbar als →Fadenbindung

Kolumnentitel
die oberste Zeile einer Seite, die dem Leser sagen kann, in welchem Kapitel er ist; in Word «Kopfzeile»

Korrektorat
im Unterschied zu →Lektorat (2) das Durchsehen nur auf Recht-schreib- und Zeichensetzungsfehler

Korrekturabzug
ein Ausdruck der fertig →gestalteten Buchseiten auf einem Computerdrucker zur Beurteilung; kurz →Abzug, manchmal auch →Fahne oder →Umbruch (2); →Proof

Ladenpreis
der Preis, den ein Buchkäufer in der Buchhandlung zahlt, inklusive Mehrwertsteuer; wird in Deutschland und Österreich vom →Verlag festgelegt und muss dann von jeder Buchhandlung eingehalten werden; →Nettoladenpreis, →Rabatt, →Nettoerlös

Layout
1. im engeren Sinn = →Umbruch (1);
2. im weiteren Sinn = →Gestaltung

Lebenshilfebuch
= →Selbsthilfebuch

Legende
die Überschrift einer →Abbildung oder →Tabelle

Lehrbuch
ein Buch, das in der Berufsausbildung verwendet wird; →Fachbuch

Lektorat
1. die Verlagsabteilung, die mit →Autoren zu tun hat
2. die umfassende inhaltliche, didaktische, stilistische und formale Bearbeitung eines →Manuskripts
→Programmplanung, →Redaktion, →Korrektorat

Makulatur
1. das umweltgerechte Entsorgen von Büchern
2. das Ergebnis: Altpapier

Manuskript
lat. «Handschrift», auch im Computerzeitalter die Bezeichnung für die inhaltlich endgültige, aber noch nicht →gestaltete Textversion, die ein →Verlag vom →Autor erhält; die Bezeichnung «Typoskript» für mit Schreibmaschine oder Computer geschriebene Texte hat sich nie durchsetzen können

Marginalie
Randbemerkung, z. B. zur unaufdringlichen Untergliederung oder für Merksätze

Marketing
die Summe aller Maßnahmen, um ein Buch seiner →Zielgruppe nahe zu bringen, und die Leute in einem →Verlag, deren Aufgabe das ist; eine einprägsame englische Definition besteht aus vier Ps: Product (das Buch selbst), Price (→Ladenpreis), Placement (der Buchvertrieb vom Verlagslager bis zum Buchhandelsregal) und Promotion (Werbung)

Monografie
ein →Fachbuch über einen einzelnen Gegenstand, das meist auch nur einen →Autor hat; Ggs. →Herausgeberwerk, →Handbuch

Nachdruck
der Druck von neuen →Exemplaren derselben →Auflage (2), die nicht anders aussehen als die zuerst gedruckten und dieselbe →ISBN tragen

Nettoladenpreis
der →Ladenpreis minus Mehrwertsteuer

Nettoverlagserlös
= →Verlagserlös

Nutzungsrecht
die vom →Urheber erteilte Genehmigung, das →Werk in irgendeiner Weise zu verwenden; →Urheberrecht, →Verwertungsrecht

Pagina
Seitenzahl

Paginierung
Durchzählen der Seitenzahl (römisch oder arabisch)

Paperback
ursprünglich = →kartoniert; heute manchmal Zwischenverwertungsstufe zwischen →Hardcover und →Taschenbuch: kartoniert, aber größer und teurer als Taschenbücher

Pappband
auch wenn es schäbig klingt, die edelste Variante von Buch, seit es kaum noch Leder- und Leinenbände gibt: ein →gebundenes Buch, dessen →Umschlag durch eine feste Pappeinlage verstärkt ist

pdf
Portable Document Format, ein Dateiformat der Firma Adobe, mit dem sich alle →Gestaltungen elektronisch übermitteln lassen und bei dem trotzdem der Text als Text erhalten bleibt

Plagiat
im Ggs. zum →Zitat eine unerlaubte Übernahme aus einem fremden →Werk, etwa ohne Nennung der Quelle; →Urheberrecht

Praxisanleitung
ein →Fachbuch, das die Berufsausübung erleichtert

Programmplanung
der Teil des →Lektorats (1), der über die strategische Ausrichtung des →Verlages und neu ins Programm zu nehmende →Autoren und →Titel (2) entscheidet

Proof
1. = →Korrekturabzug
2. Simulation eines →Andrucks, z. B. mit einem sehr guten Laserdrucker

Qualifikationsschrift
eine Arbeit, mit der man einen akademischen Abschluss oder Grad erwirbt: Diplom-, Bachelor-, Master-, Doktorarbeit, Habilitationsschrift; →Fachbuch

Rabatt
Ermäßigung des Einkaufspreises gegenüber dem →Ladenpreis, für Buchhandlungen und Zwischenhändler, aber auch für →Autoren

Ramsch
der verbilligte Verkauf von Restauflagen, meist über ein Modernes →Antiquariat; letzte Station vor der →Makulatur; setzt im Unterschied zum Verkauf beschädigter →Remittenden die Aufhebung des →Ladenpreises voraus

Raster
Graustufen und Farbflächen werden im Buchdruck durch das mehr oder weniger enge (→dpi) Nebeneinanderdrucken kleiner Punkte erzeugt; Rasterflächen können zur Hervorhebung unter einen Text gelegt werden, z. B. in →Kästen; Abbildungen, die Rasterflächen enthalten, heißen →Halbtonabbildungen

Ratgeber
eine im Buchhandel beliebte Bezeichnung für →Selbsthilfebuch; manchmal auch generell für →Sachbuch

Redaktion
1. der Teil des →Lektorats (1), der sich mit der Bearbeitung von →Manuskripten beschäftigt

2. dessen Tätigkeit = →Lektorat (2) = →Copy editing; manchmal auch nur = →Korrektorat

Register
ein alphabetisches Verzeichnis mit Seitenzahlen; neben dem üblichen →Sachregister gibt es in Spezialfällen auch Personen-, Ortsregister usw.

Remissionsrecht (RR)
bis zu einem gewissen Zeitpunkt gestattet der →Verlag Buchhändlern das Rücksenden unverkaufter →Exemplare; manchmal werden diese leicht beschädigten Bücher («Remittenden») dann verbilligt abgegeben; →Ramsch

Revision
die Überprüfung der korrekten Ausführung von Korrekturen im nächsten →Korrekturabzug

Rezension
die Besprechung eines Buches in einer Zeitschrift oder Zeitung, zunehmend auch im Internet; →Belegexemplar

Sachbuch
ein Buch, das sich an Menschen mit einem bestimmten Informationsinteresse wendet, sei es →General Interest oder →Special Interest; Abgrenzung zu →Selbsthilfebuch oder →Ratgeber unscharf

Sachregister
alphabetisches Verzeichnis der in einem Buch behandelten Themen mit Seitenzahlen; im Fach- und Sachbüchern meist das einzige →Register

Sachwortverzeichnis
= →Sachregister

Sammelband
ein →Herausgeberwerk, das im Unterschied zum →Handbuch lediglich eine vorläufige Zusammenstellung von Aufsätzen zu einem Thema bietet

Satz
1. = →Gestaltung
2. der Betrieb, der diese Gestaltung nach Anweisung der →Herstellung professionell erledigt

satzreif
der Zustand, in dem der →Verlag ein →Manuskript in den →Satz gibt; korrekturgelesen, perfekt durchstrukturiert und so →ausgezeichnet, dass der Setzer genau weiß, wie er die →Gestaltung zu erledigen hat

Satzspiegel
der maximal bedruckte Teil einer Buchseite, also →Format minus Ränder

Schusterjunge
die erste Zeile eines Absatzes, die alleine unten auf der Seite steht: «ein Schusterjunge weiß nicht, wo er hingeht»; →Hurenkind

Schutzumschlag
der →Umschlag eines →gebundenen Buches, wenn er ablösbar ist und eingeschlagene →Klappen hat

Selbsthilfebuch
ein →Sachbuch, das Hilfe bei praktischen, zwischenmenschlichen, medizinischen, psychologischen, pädagogischen, religiösen usw. Lebensfragen verspricht; = →Lebenshilfebuch, →Ratgeber

Serifenschrift
ein Schrift wie diese hier, deren Buchstaben auf kleinen «Füßchen» ruhen; geeignet für große Textmengen; Bsp. Times, Garamond, Baskerville, Bodoni oder Courier; Ggs. →Groteskschrift

Softcover
= →kartoniert

Sonderzeichen
alle Zeichen, die nicht auf der QWERTZ-Tastatur auftauchen, streng genommen auch die deutschen Umlaute und das ß; nur die 128 ursprünglichen ASCII-Zeichen (die Groß- und Kleinbuchstaben, die Zahlen, !’#$%&’()*+,-./:;<=>?@[›^_`{|}~ und das Leerzeichen) werden in jeder Schrift zwischen Computerprogrammen zuverlässig übermittelt, was unangenehm sein kann, wenn es um den Unterschied zwischen µg und mg geht

Special Interest
→Sachbücher, die spezielle Interessen befriedigen, etwa Hobbys; →Ratgeber, →Selbsthilfebuch; im weiteren Sinn zählen auch alle →Fachbücher zu Special Interest

Strichabbildung
eine →Abbildung, die keine →Raster enthält, d. h. an jeder Stelle entweder ganz schwarz oder weiß ist; Ggs. →Halbtonabbildung

Strukturelement
alles, was in einem Buch nicht normale Textfläche («Bleiwüste») ist: →Tabellen, →Abbildungen, →Rasterflächen, →Kästen usw.

Tabelle
ein →Strukturelement, das nur Text und waagerechte und senkrechte Linien enthält; →Abbildung, →Legende

Taschenbuch
ursprünglich die billigere, →kartonierte Zweitausgabe als →Hardcover bereits erschienener Bücher in einer durchnummerierten Reihe; da es inzwischen auch Originalausgaben in Taschenbuchreihen gibt und manche Bücher auch noch als →Paperback angeboten werden, wird die Terminologie immer verwirrender

Titel
1. der Name eines Buch, wie er auf der Titelseite (meist S. 3) erscheint (*nicht* wie auf dem →Umschlag)
2. das von anderen Büchern unterschiedene →Buch; wenn ein →Verlag 20 verschiedene Bücher in einer →Auflage (1) von je 3000 herausbringt, dann sind das 20 Titel, aber 60 000 →Exemplare

Umbruch
1. die bestmögliche Verteilung von Text, →Abbildungen, →Tabellen, →Kästen und anderen →Strukturelementen auf die Seiten
2. das Ergebnis, heute = →Korrekturabzug (früher der zweite Schritt nach der →Fahne)
→Gestaltung, →Layout

Umschlag
nicht nur der ablösbare →Schutzumschlag, sondern auch der angeklebte Überzug eines →gebundenen oder →kartonierten Buches; die Vorderseite heißt U1 oder UG1, die Rückseite, da man von einem ablösbaren Umschlag mit zwei Innenseiten ausgeht, U4 oder UG4

Urheber
im →Urheberrecht der «Schöpfer des →Werkes», d. h. ein Mensch, der eine «persönliche geistige Schöpfung» vollbracht hat, ohne dass er die irgendwo eintragen oder schützen lassen müsste; →Copyright

Urheberrecht
die Regeln zum Schutz von →Urhebern und →Werken, die in Deutschland im Urheberrechtsgesetz festgelegt und international durch die Berner Übereinkunft und andere Abkommen geschützt sind; besteht aus dem Urheberpersönlichkeitsrecht (Entscheidung über die Veröffentlichung und den Namen des Urhebers) und übertragbaren →Nutzungs- und →Verwertungsrechten; →Copyright

Verlag
ein Unternehmen, das Rechte an →Werken erwirbt, diese vervielfältigt und vertreibt; kommt von «vorlegen», weil die Übernahme des finanziellen Risikos wesentlicher Bestandteil des Verlegens ist

Verlagserlös
der Teil des →Ladenpreises, der nach Abzug aller →Rabatte von Buchhändlern und Zwischenhändlern den →Verlag erreicht

Verlagsvertrag
der Vertrag zwischen einem →Verlag und einem →Urheber; →Urheberrecht

Versalien
GROSSBUCHSTABEN

Verwertungsrecht
die vom →Urheber erteilte Genehmigung, das →Werk zu verwenden, um damit Geld zu verdienen; →Nutzungsrecht, →Urheberrecht

vierfarbig
da mit den vier Druckfarben Schwarz, Cyan, Magenta und Gelb durch das Übereinanderlegen von →Rastern jeder beliebige Farbeindruck erzeugt werden kann, heißt vierfarbig einfach bunt

Werk
im →Urheberrecht eine «persönliche geistige Schöpfung», d. h. etwas, das es vorher nicht gab, das einer geistigen Anstrengung entsprang, das eine Form hat und einen individuellen →Urheber; es materialisiert sich im Buch, besteht aber auch schon zuvor; →Verlagsverträge beziehen sich i. d. R. auf das Werk in seinem Werkzusammenhang, betreffen also nicht Teile daraus

Zielgruppe
die Menschen, an die sich ein Buch zunächst richtet, weil sie etwas miteinander gemein haben: ein Interesse, ein Bedürfnis, ein Vorwissen, worauf sich das Buch beziehen kann; →Marketing

Zitat
die erlaubte Übernahme aus einem fremden →Werk im wissenschaftlichen Zusammenhang; Voraussetzungen sind Zweckbestimmung, Kennzeichnung, Quellenangabe, Werktreue

Zuschuss
ein Geldbetrag, den der →Autor oder ein Dritter («Sponsor») dem →Verlag bezahlt, um das Erscheinen des →Werkes zu ermöglichen

zweifarbig
schwarz plus eine Schmuckfarbe, oft ein Rot- oder Blauton; →vierfarbig

Anmerkungen

Kapitel 1

S. 11: Aus der unübersehbaren Fülle hier eine kleine Auswahl von nützlichen Büchern über belletristisches Schreiben, aus denen ich etwas über unser gemeinsames Anliegen gelernt habe, nämlich Sprache als Mittel der Verständigung mit Lesern einzusetzen:

Fritz Gesing: Kreativ Schreiben. Dumont, Köln, 2. A. 2005.

Gabriele L. Rico: Garantiert schreiben lernen. Rowohlt, Reinbek 1984

Hans Peter Roentgen: Vier Seiten für ein Halleluja. Sieben-Verlag, Fischbachtal 2008

Sol Stein: Über das Schreiben. Zweitausendeins, Ffm 1997.

S. 11: Im englischen Sprachraum dagegen wird fachliches Schreiben als selbstverständlicher Bestandteil einer akademischen Ausbildung angesehen. Deshalb gibt es Bücher wie Kathleen A. Kendall-Tuckett: How to Write for a General Audience. A Guide for Academics Who Want to Share Their Knowledge With the World and Have Fun Doing it. American Psychological Asociation, Washington 2007. Angesichts der doch gravierenden kulturellen Differenzen staune ich über die Ähnlichkeit ihrer Empfehlungen mit dem, wozu ich mich in langer Berufspraxis durchgerungen habe.

Das in den USA erfolgreiche Buch von William Zinsser: On Writing Well (HarperCollins, New York 1976), das der Verlag in einer Sonderauflage zum 30. Jubiläum «The Classic Guide to Writing Nonfiction» nennt, liegt unter dem Titel Nonfiction schreiben (Autorenhaus, Berlin 2006) auch auf Deutsch vor; aber es ist mehr eine Sammlung amüsanter Beispiele als eine wirkliche Einführung in das Schreiben von Fach- und Sachbüchern und gehört daher eher auf die obige Liste belletristischer Schreibratgeber. Die beste amerikanische Anleitung zur Konzeption und Veröffentlichung (weniger zum Schreiben) aufklärender Sachbücher ist von Susan Rabiner und Alfred Fortunato: Thinking Like Your Editor. How to Write Great Serious Nonfiction – and Get It Published. Auch hier liegt die Unübersetzbarkeit mancher Empfehlungen an dem ganz anders organisierten Buchmarkt in den USA: im Verhältnis zur Leserzahl weniger Titel, höhere Auflagen, höhere Honorare, aber auch wesentlich höhere Einstiegshürden für Autoren. Dementsprechend anders sind die Machtverhältnisse zwischen Verlagen und Autoren: Ich würde mich nie trauen, dieses Buch «Denken Sie wie Ihr Lektor» zu nennen.

S. 22: Das verspricht auch der reißerische Titel von Dirk R. Meynecke: Von der Buchidee zum Bestseller. Ullstein TB, Berlin, 4.A. 2007. Tatsächlich ist dieses Buch aber eine ganz vernünftige Einführung in die Mechanismen des Buchmarkts, allerdings mit Schwerpunkt auf Belletristik.

S. 27: Z. B. James W. Pennebaker: Heilung durch Schreiben. Hans Huber, Bern 2010.

S. 30: Eine gute Darstellung des ganzen Beratungsprozesses von der Buchidee bis zum Verlag aus Agentensicht bietet das Buch von Oliver Gorus und Jörg Achim Zoll: Erfolgreich als Sachbuchautor. Gabal, Offenbach 2006. Besonders stark sind die Passagen zur Verknüpfung von persönlicher Kompetenz und Auftreten als Autor; hier spürt man jahrelange Erfahrung mit narzisstischen Autoren, die in anderen Berufen erfolgreich und schwer zu überzeugen sind, dass sie noch einmal etwas dafür tun müssen, um auch bei Lesern Erfolg zu haben. Die Agentur Gorus tritt denn auch mittlerweile über die Verlagsvermittlung hinaus als «persönliche Positionierungsberatung» auf (www.gorus.de).
Die beste Anleitung für die Suche nach einem Agenten in den USA findet sich bei Rabiner/Fortunato, a. a. O., S. 120 ff. Denn die Autoren haben nach langer Lektoratstätigkeit die Seiten gewechselt und selbst eine Agentur aufgemacht (www.rabinerlit.com).

S. 38: Klaus Wagenbach: Zwölf Ergänzungen. Freibeuter Nr. 17, 1983, S. 110–111.

S. 43: Vgl. Gorus/Zoll, a. a. O., S. 13–22.

S. 44: Die lateinische Version «pro captu lectoris habent sua fata libelli» (je nach Leserkopf haben Bücher ihre Schicksale) stammt aus einem Gedicht von Terentianus Maurus, einem Grammatiker des 2. Jahrhunderts. Der Börsenverein des Deutschen Buchhandels (der Verband der Buchhändler und Verlage) führte die verkürzte Fassung lange als Motto. Inzwischen verzichtet man stillschweigend darauf, vielleicht aus Angst, das Schicksal der Bücher könnte längst besiegelt sein?

Kapitel 2

S. 49: Stephen King: Das Leben und das Schreiben. Ullstein TB, Berlin 2006, S. 161. Auch für Nicht-Stephen-King-Fans sehr amüsant zu lesen, erstens weil es großartig geschrieben ist und zweitens weil es deutlich macht, wie zielstrebig ein Bestsellerautor an ein Buch herangeht.

S. 50: Max Weber: Wissenschaft als Beruf. Reclam, Stuttgart 1995, S. 11.

S. 51: Darin bestärkt mich das wunderbare Buch von Natalie Goldberg: Schreiben in Cafés. Autorenhaus, Berlin 2003. Wenn Sie eine zusätzliche Motivation brauchen, um Schreiben zu, wie sie es nennt, «täglichem Training» zu machen, lesen Sie es.

S. 51: Zur Bedeutung von Ablenkungen und allgemein als Anregung, zum eigenen Schreiben zu finden, siehe besonders Howard S. Becker: Die Kunst des professionellen Schreibens. Ein Leitfaden für die Geistes- und Sozialwissenschaften. Campus, Ffm 1994. Außerdem zu akademischen Schreibhemmungen Otto Kruse: Keine Angst vor dem leeren Blatt. Ohne Schreibblockaden durchs Studium. Campus, Ffm, 6. Aufl. 1998; dieses Buch bietet viele nützliche, wenn auch etwas trockene Anregungen für das Schreiben im Studium.

S. 54: Doris Märtin: Erfolgreich texten! Die besten Techniken und Strategien. Heyne, München 1998, S. 35. Den Typ des «Kletterers» habe ich hinzu erfunden. Märtins Buch ist eine gute Trickkiste für das Schreiben beliebiger, vor allem kürzerer nichtliterarischer Texte.

S. 55: Albert Camus: Die Pest. Rowohlt, Hamburg 1950, S. 63, 80 f.

S. 55: Das Bild stammt von Ludwig Wittgenstein: Tractatus logico-philosophicus 6.54. Werkausgabe Bd. 1, Suhrkamp, Ffm 1984, S. 85.

S. 58: Kurt Tucholsky: Ratschläge für einen guten Redner. In: Na und –? Eine neue Auswahl. Rowohlt, Reinbek 1950, S. 35.

S. 60: King, a. a. O., S. 171.

S. 62: Michel Foucault: Der Mensch ist ein Erfahrungstier. Suhrkamp, Ffm 1996, S. 24.

S. 62: Umberto Eco: Wie man eine wissenschaftliche Abschlußarbeit schreibt. Doktor-, Diplom- und Magisterarbeit in den Geistes- und Sozialwissenschaften. C.F.Müller, Heidelberg, 11.A. 2005, S. 230. Eco schreibt wie in seinen übrigen Büchern hochgebildet, witzig, manchmal skurril, aber zum Teil zu anspruchsvoll und vor allem technisch – da das 1977 erschienene Buch seit langem nur noch nachgedruckt wird – völlig veraltet.

S. 65: Stephen King, a. a. O., S. 63.

Kapitel 3

S. 81: Gerhard Henschel: Die wirrsten Grafiken der Welt. Hamburg, Hoffmann und Campe 2003.

S. 82: Eine sinnvolle Verbindung von beidem bietet Reinhard Kaiser: Mein elektronischer Schreibtisch. Ein Lockbuch für alle, die aus ihrem Computer mehr machen wollen, als die Schreibmaschine immer schon war. Eichborn, Berlin 1999. Es zeigt Geisteswissenschaftlern, wie sie sich den Computer dienstbar machen können, statt ihm zu dienen. Leider ist die erste Auflage von 1999 und eine zweite nicht in Sicht.

S. 86: Das ist die Grundtechnik in Gabriele L. Ricos Schreibratgeber, s. Anm. zu S. 11.

S. 87: Zitiert nach Michel Foucault: Die Ordnung der Dinge, Suhrkamp, Ffm 1971, S. 17.

S. 88: Eine in amerikanischen Sachbüchern beliebte Struktur ist eine durchlaufende Erzählung mit eingeschobenen erklärenden oder Hintergrund-Kapiteln (vgl. Rabiner/Fortunato, a. a. O., S. 101 ff.). Aber da diese «break-narrative» Kapitel ganz sorgfältig in die lineare Ordnung eingepasst werden müssen, um die Leser nicht zu verwirren, ist auch das (wie ein Film mit Rückblenden) eine einzige, nicht eine doppelte Aufbauidee.

S. 91: Kurt Tucholsky: Ratschläge für einen guten Redner. In: Na und –? Eine neue Auswahl. Rowohlt, Reinbek 1950, S. 35.

Kapitel 4

S. 105: Ephraim Kishon: Wie man ein Buch bespricht, ohne es zu lesen. In: Kishons beste Geschichten. Bastei Lübbe, Bergisch Gladbach, 4.A. 2005, S. 302.

S. 107: Theodor W. Adorno: Minima Moralia. Reflexionen aus dem beschädigten Leben. Suhrkamp, Ffm 1951, S. 105.

S. 110: Das schon seit dem Mittelalter beliebte Bild wurde prägend in die Wissenschaftssoziologie eingeführt von Robert K. Merton: Auf den Schultern von Riesen. Ein Leitfaden durch das Labyrinth der Gelehrsamkeit. Suhrkamp, Ffm, 2.A. 2004.

S. 115: Von den vielen Büchern Wolf Schneiders finde ich am nützlichsten: Deutsch fürs Leben. Was die Schule zu lehren vergaß. Rowohlt, Reinbek 1994. Es komprimiert die Regeln für verständlichen Stil und ist einigermaßen systematisch aufgebaut. Die fehlende Systematik ist das Hauptproblem der amüsanten Artikel von Bastian Sick: Der Dativ ist dem Genitiv sein Tod. KiWi, Köln 2004, und Folge 2, KiWi, Köln 2005.

S. 115: Johan Galtung: Struktur, Kultur und intellektueller Stil. Ein vergleichender Essay über sachsonische, teutonische, gallische und nipponische Wissenschaft. Leviathan 11, 1983, S. 303–338.
S. 120: Ludwig Reiners: Stilfibel. Der sichere Weg zum guten Deutsch. Beck, München 1951, S. 85 f.
S. 121: Mark Twain: The Awful German Language – Die schreckliche deutsche Sprache. Manuscriptum, Recklinghausen 1996, S. 12 und 14 f. Die Übersetzung des ersten Zitats stammt von mir; denn der Manufactum-Versand hat Mark Twains Satire zwar in einem wunderschönen Bändchen zweisprachig neu aufgelegt, aber leider mit einer grottenschlechten Übersetzung.
S. 122: Kurt Tucholsky: Ratschläge für einen schlechten Redner. In: Na und –? Eine neue Auswahl. Rowohlt, Reinbek 1950, S. 35.

Kapitel 5

S. 138: Uwe Pörksen: Plastikwörter. Die Sprache einer internationalen Diktatur. Klett-Cotta, Stuttgart, 6.A. 2004.
S. 139: http://www.vskm.org/literatur/phrasen.html.
S. 139: Die Anekdote wird Georges Clemenceau zugeschrieben, in seiner Zeit als Eigentümer und Herausgeber von *L'Aurore*.
S. 142: Diese nützliche Dreiteilung entnehme ich dem Buch von Gorus/Zoll, a. a. O., S. 87–96.
S. 142: Friedemann Schulz von Thun, Rowohlt, Reinbek 1981/1989/1998.
S. 143: Spencer Johnson, Ariston 2000.
S. 148: Stephen King, a. a. O., S. 13.
S. 156: Paul Mayer: Ernst Rowohlt. Rowohlt, Reinbek 2008, S. 34 f.
S. 156: Wenn Sie nicht täglich bei Amazon nachschauen wollen, nutzen Sie NovelRank (www.novelrank.com). Sie geben einmal den Link zur Amazon-Seite Ihres Buches ein, und ab da protokolliert NovelRank fortlaufenden den Verkaufsrang und erstellt auch noch nette Verkaufsstatistiken.

Sachregister